OEUVRES COMPLETES

DE

CHARLES NODIER.

SOUVENIRS ET PORTRAITS.

EVERAT, Imprimeur, rue du Cadran, n° 16.

ŒUVRES COMPLÈTES

DE

CHARLES NODIER.

VIII.

SOUVENIRS ET PORTRAITS.

PARIS,
LIBRAIRIE D'EUGÈNE RENDUEL,
RUE DES GRANDS-AUGUSTINS, N. 22.
—
1833.

ŒUVRES COMPLÈTES

DE

CHARLES NODIER.

VIII

SOUVENIRS ET PORTRAITS

PARIS.

LIBRAIRIE D'EUGÈNE RENDUEL,

1832

A. M. J. LAFFITTE.

Monsieur,

La dédicace de ces Souvenirs vous étoit adressée il y a cinq ans.

Différentes circonstances ont retardé la publication de la première édition et de la seconde.

Un des événements dont je parle vous a porté depuis

au premier rang dans l'administration des affaires publiques.

Il y a dans le cœur d'un homme indépendant une pudeur qui gêne l'expansion des sentiments les plus légitimes.

Vous n'avez pas entendu parler de moi dans la nouvelle situation où vous avoient placé vos talents, vos vertus, et la juste affection que vous inspirez au pays.

Les hommages que l'on adresse au pouvoir sont trop suspects pour convenir à une âme telle que la vôtre.

Le devoir qui me les imposoit auroit été pénible à une âme comme la mienne, quand vous étiez premier ministre.

Vous êtes rentré dans le rang des citoyens; je les adresse au citoyen.

Je les adresse à l'homme de bien qui m'a entouré pendant quinze ans des sollicitudes d'une bienveillance presque paternelle, sans acception de mes opinions.

Cette foible offrande même sera un gage de la liberté de mes sentiments.

C'est l'œuvre d'un homme sincère, mais impressionnable, dont les impressions ne sont pas toujours d'accord avec les vôtres.

Ce livre prouvera, du moins, à défaut d'autre mérite, que vous n'avez jamais repoussé l'expression d'une conscience droite, et qu'elle n'a jamais aliéné un de vos sentiments aux hommes qui parlent ce langage.

Si je regrette qu'un de mes écrits ne soit pas destiné à vivre, c'est que j'aurois ardemment voulu consacrer quelque part, d'une manière durable, les témoignages de ma reconnoissance et de mon respect.

CHARLES NODIER.

SOUVENIRS ET PORTRAITS.

SOUVENIRS ET PORTRAITS.

PRÉLIMINAIRES.

Pour expliquer le livre que voici, il convient de dire d'abord qu'il n'offre que les débris d'un livre. Ma première pensée avoit été d'écrire des *Mémoires* continus comme tout le monde, et de me faire modestement le héros d'une espèce d'Odyssée à travers les Charybdes et les Scyllas de la révolution. Dans une révolution, en effet, le domaine des notions historiques appartient à tous comme tout. Chacun ayant pu prendre part aux événements selon ses facultés, chacun a le droit de raconter ce qu'il a fait, selon son talent. Pour annoncer des *Mémoires* sur l'intérieur et les ressorts d'un gouvernement absolu, il faut, de toute nécessité, avoir été général, ministre, diplomate, courtisan, courtisane ou valet de chambre. La révolution a mis en jeu plus d'intérêts, plus de passions et plus d'acteurs. Au fort d'une tempête qui entraîne le vaisseau de l'État, les plus grands prennent part à la manœuvre, les plus petits au conseil, et quand le bâtiment touche, on s'en aperçoit au moins aussi vite à fond de cale que dans la chambre du capitaine. Cette considération mettoit sans doute ma pudeur d'écrivain à l'abri; mais qu'auroit fait de plus à mon récit l'individualité de l'historien ? Il n'y avoit rien d'assez spécial dans l'emploi et les accidents de ma vie pour justifier cette forme spéciale. Autrement, il n'est personne qui ne puisse faire aussi sa biographie, et la lancer hardiment dans les cabinets littéraires. Si votre portier a cinquante ans, et qu'il veuille bien avoir pour vous la complaisance des Calenders borgnes, il vous récitera facilement des aventures dans lesquelles il a figuré comme acteur ou comme témoin, et qui feront pâlir celles de *Cléveland* et de *l'Infortuné Napolitain*.

Les anciens disoient très-bien qu'il ne faut pas se plaindre de ses malheurs à Hécube.

Ce qui reste de véritablement individuel à l'homme qui écrit sur ces matières, c'est la sensation. Il n'y a rien de plus vulgaire que les faits, et rien sur quoi on s'accorde moins. Parlez à trois personnes d'un drame nouveau : la première n'y a vu que l'exposition, la seconde que la péripétie, la troisième que le dénouement, et vous n'avez peut-être remarqué aucune des choses qu'elles y remarquent, si votre voisin étoit importun, ou si votre voisine étoit jolie. Quand ces impressions qui nous ont fui ont quelque attrait de sentiment ou d'imagination, quand elles nous sont présentées dans un moment plus favorable avec candeur ou avec enthousiasme, nous y prenons presque autant de plaisir que si elles se réveilloient de notre propre mémoire, et qu'elles se produisissent naturellement en nous-mêmes. Ce n'est pas l'objet qui est changé, c'est l'aspect; ce n'est pas la forme, c'est la couleur.

J'ai entendu dire souvent qu'il étoit trop tôt pour écrire l'histoire. Cela est généralement vrai quant aux lecteurs; mais la masse des lecteurs est un corps instantané, mobile, qui se renouvelle sans cesse, et à mesure qu'il se renouvelle, il devient plus accessible à la vérité, parce qu'il échappe de plus en plus à l'action des intérêts. Quant à l'historien, je crois qu'il ne sauroit être trop près des faits qu'il raconte et des personnages qu'il met en action, pour en saisir la véritable physionomie. Il est vrai qu'il est alors placé sous l'influence immédiate des opinions de parti, et s'il n'a pas l'indépendance de position et la conscience de caractère qui recommandent le témoignage de l'homme de bien, il faut laisser là son livre. Toutefois, l'écrivain qui lui succédera au bout d'un siècle sera-t-il mieux affranchi de ces préventions, s'il s'en rapporte, comme il sera obligé de le faire, aux plaidoyers passionnés des factions; s'il consulte, comme il n'y manquera pas, les traditions encore vivantes des vainqueurs et des vaincus?... Sera-t-il plus exempt de se tromper sur le passé que sur le présent, une fois qu'il y sera transporté de toutes les forces de son âme, qu'il en aura fait le centre de sa vie intellectuelle, et qu'il se sera associé, sans le savoir, par toutes les sympathies de son organisation, à toutes les émotions de son drame et de ses héros? Un écrivain qui saisit partout la vérité avec une grande puissance, et qui l'énonce presque toujours avec des formes vives, lucides et impérissables comme elle, n'a-t-il pas dit un jour : « Les royalistes d'aujourd'hui auroient été des ligueurs! » Cela est exact, dans l'acception qu'il donnoit à l'opinion selon sa pensée intime, et il ne faut pas chercher ailleurs la cause des dissensions qui nous travaillent encore. Les premières révolutions de la monarchie ont été racontées par deux hommes qu'on seroit porté à croire fort étrangers d'affections et de principes à des événements si complétement finis. Cependant lisez Mézeray, vous reconnoîtrez le frondeur; lisez Daniel, vous reconnoîtrez le jésuite.

Je n'aurois pas suivi si loin cette question, si je ne m'étois abandonné à ma plume :

Cet accessoire est grand, mon sujet est petit.

Il y auroit trop d'orgueil ou de distraction à placer une théorie sérieuse de la vraisemblance historique à la tête d'un recueil de causeries sans conséquence, dont le seul mérite, si elles peuvent en avoir un, seroit d'être recueillies sous l'impression d'un souvenir naïf, avec une impartialité d'autant plus facile qu'elle tient beaucoup de l'insouciance. Comme un livre, sous quelque point de vue qu'on l'envisage, est un ouvrage de vanité, et qu'il faut bien passer condamnation sur ce point, je n'ai pas balancé à faire ici les honneurs de la mienne. Ma vanité, puisqu'il faut le dire, ne consiste pas à me croire la moindre des qualités littéraires de l'historien, mais à m'arroger avec confiance la première de ses qualités morales. S'il n'y avoit pas trop d'orgueil à employer les paroles de Montaigne, je dirois volontiers : *Ceci, lecteur, est un livre de bonne foi*; et si cet orgueil n'alloit pas jusqu'à une sorte de profanation, j'aurois pris pour épigraphe celles de saint Paul aux Hébreux : *Je suis persuadé d'avoir une bonne conscience*. Mais j'ai prudemment réservé ces protestations pour ma préface, où je puis du moins en racheter la suffisance trop superbe par quelque réticence modeste. Cette réticence, la voici : c'est que mon impartialité sans effort est tout bonnement le résultat de l'expérience, et que je suis nécessairement impartial, parce que j'ai vu, parce que j'ai senti, parce que j'ai vécu, parce que j'ai trouvé de tous les côtés, à travers une foule de préventions, de préjugés, d'extravagances, d'excès et même de fureurs, de bonnes intentions, des talents supérieurs, des vertus sublimes ; parce que l'habitude et l'obligation de comparer m'ont convaincu que la société ne gagne presque rien à rien ; parce que l'éclectisme du philosophe, scepticisme accommodant qui choisit dans tout pour conserver le droit de tout contester, est, suivant moi, la seule raison de l'histoire.

Jeune, j'ai été sans doute un homme

de parti, et j'ai servi la cause à laquelle je m'étois lié dans l'abandon inexpérimenté de mes premiers sentiments, sinon avec l'éclat qui s'attache aux faits mémorables, au moins avec la ferveur d'une organisation énergique; mais je suis assez heureux pour avoir imprimé dès l'enfance une invariable profession de foi à tous ceux de mes actes et de mes écrits dont quelques personnes peuvent conserver la mémoire.

Ami constant et passionné de la liberté, dans la véritable acception de ce mot si mal compris, je n'ai jamais nourri dans mon cœur qu'une pensée; et suivant l'aspect divers des différentes époques, je l'ai rattachée avec ardeur à tous les systèmes qui pouvoient lui prêter un appui; mais la vie est trop courte, et chez nous qui avons tant vu, elle est trop désabusée pour qu'il nous soit possible de recommencer si tard, dans le chemin que nous y faisons, beaucoup d'amitiés politiques. Heureusement, la direction où j'étois ne m'a pas fait perdre de vue les hommes honnêtes et sincères qui ne m'y accompagnoient point, et qui se trompoient, si je ne me trompois, ou si l'on ne se trompoit des deux parts, ce qui a dû arriver souvent. Il n'est peut-être pas donné à notre nature de voir juste dans des questions qui ont des milliers d'aspects, mais on a quelque droit de se croire l'autorité de la bonne foi, quand on n'a jamais transigé sur les opinions fondamentales, quand on n'a jamais aliéné un sentiment, et quand on peut tendre une main amie aux honnêtes gens de tous les partis, sans craindre qu'elle soit repoussée.

Au reste, le livre que voici, et c'est oser beaucoup que de l'appeler un livre, a subi par hasard l'épreuve la plus extraordinaire à laquelle une composition, écrite sous l'inspiration de la vérité, ait été soumise depuis qu'on écrit l'histoire. Quelques fragments d'essai en sont livrés depuis sept ans au public; le reste en étoit connu par des lectures familières, et entre ces publications, ces lectures, et l'impression de l'ouvrage, une révolution a passé, sans que j'éprouvasse le besoin d'y changer une ligne. Il y a cent ans du 20 au 30 juillet 1830. Il n'y a pas, dans ce que j'ai imprimé et dans ce que j'imprime, la plus petite fraction de temps que puisse marquer une montre de Graham. Je jure sur l'honneur qu'on n'y découvrira pas plus d'une douzaine de mots sacrifiés aux convenances des jours actuels, et les bienséances de la presse libre sont au droit de penser et d'écrire ce qu'est la pudeur à l'innocence, la modestie au talent, la modération à la vertu.

Cette déclaration de principes n'est pas inutile, si je suis parvenu à exécuter mes légères esquisses comme je les ai conçues, c'est-à-dire de manière à laisser si peu de place et de jeu à mes opinions intimes, toutes les fois qu'elles ne sont pas nécessairement en action, qu'il soit impossible ou au moins très-difficile au lecteur de les reconnoître et de les nommer. Ce seroit là, peut-être, la véritable pierre de touche de l'histoire, et si je n'en appelle ici l'application que sur des historiettes sans conséquence et peut-être sans intérêt, c'est que tout me révèle que je n'ai par devers moi ni le talent ni le temps nécessaires pour entreprendre un travail plus étendu, plus compacte et plus sérieux. Je crois pouvoir souhaiter, sans outrecuidance, ma liberté d'âme et d'esprit à ceux qui l'accompliront désormais, et j'estime qu'il ne manqueroit guère à quiconque y réuniroit par hasard la plume de Chateaubriand ou celle de Ballanche, que le premier et le plus essentiel des matériaux d'une longue entreprise; quelques années de vie.

Après m'être si magnifiquement élogié, il me reste à me défendre contre un reproche que ne m'ont épargné ni amis, ni ennemis, ou plutôt il me reste à le subir très-humblement, car je ne sais pas en vérité ce que j'y opposerois. Des critiques dont je reconnois volontiers l'autorité en ces questions ont blâmé dans mes petites narrations une sorte de vernis romanesque assez mal séant, suivant eux, à la gravité des sujets. On a dit qu'elles se ressentoient d'une manière un peu exagérée de considérer les événements et les hommes, qui est propre à mon caractère, et on a spécialisé cette accusation dans des termes dont je ne serai pas le dernier à reconnoître la spirituelle justesse, en me condamnant à n'exploiter que la littérature *nerveuse* et l'histoire *fantastique*. J'y consens de tout mon cœur, et, je le répète, je n'essayerai certainement pas de prouver que des perceptions à demi effacées par le temps ont obtenu, en passant de ma tête et de mon cœur sur le papier auquel je les confie, cette précision absolue des vérités mathématiques qui se fait désirer tous les jours dans des matières plus essentielles et plus positives. Ce que j'atteste, c'est qu'elles sont miennes et qu'elles me sont arrivées ainsi, comme mes organes les ont prises. Aucun homme n'est comptable de ses sentiments qu'en raison des facultés qui lui ont été données pour sentir. *Tot capita, tot sensus.* Je suis garant des faits et non maître des impressions. Que j'aie vu autrement qu'un autre; que d'autres encore aient vu autrement que lui et moi, il n'en résulte pas que, ni moi ni les autres, nous ayons dit ce qui n'étoit pas, mais seulement que chacun de nous a dit ce qu'il a vu comme il l'a vu. Je n'ai pas le regard aussi profond qu'un aigle; je ne l'ai pas aussi obtus qu'une chauve-souris, et c'est dans le même rayon du soleil que plonge le regard de l'aigle, celui de la chauve-souris et le mien. Je me suis trompé souvent sur mes sensations, je pourrois me tromper encore; l'essentiel est que je ne trompe personne de parti délibéré, et il n'y a rien de plus loin de ma pensée. Est-on bien sûr d'ailleurs que tous les portraits historiques dont les anciens et les modernes nous ont transmis le type aujourd'hui consacré offrent cette exactitude de ressemblance que l'on demande aux nôtres? L'amour n'a-t-il point embelli de femmes? L'enthousiasme n'a-t-il point grandi de héros? Je ne sais, mais si c'est à cette puissance négative d'un cœur impassible que se mesure l'impartialité de l'histoire, il ne faut s'en rapporter à moi qu'avec beaucoup de réserve; et, pour me juger en deux mots, j'incline même à croire que lorsqu'il ne restera rien dans mes écrits de l'enthousiaste et de l'amant, il n'y restera pas grand'chose.

On ne peut guère maintenant lancer

un petit ouvrage dans la circulation sans s'expliquer sur l'école littéraire à laquelle on appartient, ou à laquelle on a la prétention d'appartenir. C'est une question qui va de pair avec la question politique dans certains esprits, et qui, dans quelques autres, passe devant. Il y a des *romantiques* si hardis en nouveautés, qu'ils mettent sur le compte du pédantisme *classique* tout ce qui est simple, naturel et raisonnable. Il y a des *classiques* si bornés en érudition, je ne dis pas *classique*, mais *scholaire*, qu'ils anathématisent du nom de *romantique* tout ce qu'ils ne comprennent pas, et c'est partir d'un principe d'exclusion un peu large. Ces discussions me paroissent fort oiseuses quand elles ne sont que cela. Le but des ouvrages de l'esprit est de plaire, le secret de l'écrivain est d'y réussir. A cette condition, tout lui est permis, et si les *classiques* de l'ancien temps n'avoient pas compris cette idée, ils ne seroient pas plus *classiques* aujourd'hui que ne le sont les *classiques* d'aujourd'hui. Ce que j'ose penser d'abord, c'est que l'art du style a été merveilleusement défini par Horace dans une formule très-courte, mais très-pleine et très-complète de sens, et les *classiques* actuels, qui lisent probablement Horace, me sauront gré de cette citation :

Scribendi rectè, sapere est et principium et fons.

Secondement, c'est que sans clarté, aucune composition littéraire n'est assurée de vivre ; enfin, c'est qu'il n'y a point de clarté sans correction. Il y a encore loin de ces concessions aux exigences du purisme dogmatique d'une coterie solennelle d'éplucheurs de mots, et voilà pourquoi je ne me suis pas servilement astreint à n'employer jamais une expression qui n'eût l'autorité du Dictionnaire. Ce ne sont pas les dictionnaires qui font loi dans les langues; c'est l'usage des hommes qui ont reçu du ciel le don de bien écrire, et j'aime autant m'en rapporter, sur le choix des termes propres à rendre nettement et vivement ma pensée, à Rousseau, à Pascal, à Corneille, à Montaigne, et même au vieux Marot, qu'à Furetière, à Conrart et à Chapelain.

Il étoit sans doute inutile de munir de tant de précautions oratoires et grammaticales un mince volume qui passera sans être aperçu. *In tenui labor.* J'ai cédé, presque sans le savoir, à l'habitude de mes confrères les auteurs. Rabelais diroit : *Matière de préface.*

P. S. La nouvelle distribution de mes ouvrages dans cette édition a exigé quelques démembrements qui portent en particulier sur ce volume. Ainsi, les chapitres purement critiques où il étoit traité *de l'Éloquence révolutionnaire*, ont pris place très-convenablement à la suite du *Dernier Banquet des Girondins*, dont ils contiennent une sorte de glose. Une nouvelle, détachée de mes *Souvenirs de jeunesse*, y sera réintégrée en son lieu, de manière à remplir un vide qui nuisoit à leur ensemble. Ces réductions ne diminuent donc qu'apparemment l'importance d'un livre qui n'en avoit pas beaucoup. Entre la présente édition et les autres, il n'y aura de différence que dans l'ordre des matières, sauf quelques corrections du style, où j'ai malheureusement trop laissé à corriger.

SOUVENIRS.

EULOGE SCHNEIDER,

ou

LA TERREUR EN ALSACE.

EULOGE SCHNEIDER.

Mon père, passionné pour les études classiques, s'étoit promis de faire de moi une espèce de savant. Ce n'est pas la seule de ses espérances que j'ai trompée. Il m'avoit appris ce que je sais de latin par une méthode qui lui étoit propre, et dont les fruits m'ont échappé à mesure que j'ai vieilli. À dix ans, je lisois plus couramment qu'aujourd'hui des auteurs assez difficiles. Enchanté de mes progrès, sur lesquels s'aveugloit sa tendresse, quoiqu'il fût plus que personne à portée de les apprécier à leur juste valeur, il ne pensa plus qu'à me faire commencer mes études grecques; mais les occupations multipliées que lui donnoient ses importantes fonctions ne lui permettoient pas de me diriger. Parmi les hommes qui correspondoient avec lui sur des questions de philologie et de littérature ancienne, se trouvoit un certain Euloge Schneider, d'abord capucin à Cologne, puis grand-vicaire de l'évêque constitutionnel de Strasbourg, et très-savant éditeur d'un *Anacréon* allemand. Mon père me recommanda aux soins de M. l'abbé Schneider, qui les lui avoit offerts, et j'allai à Strasbourg apprendre du grec sous les auspices d'un grand-vicaire qui avoit traduit et commenté Anacréon. L'effroyable célébrité que Schneider a acquise depuis, et la tragédie peu connue à laquelle aboutit la voie de sang qu'il s'est faite, m'ont paru propres à exciter quelque curiosité, et à racheter par un intérêt assez vif quelques pages d'ennui *préliminaire*.

M. l'abbé Schneider ne pouvoit pas me donner un logement chez lui, mais il m'avoit fait préparer une chambre propre et commode à l'hôtel de *la Lanterne*, chez une excellente madame Tesch, dont j'aime à me rappeler le nom et le souvenir. C'est la première femme qui m'ait fait concevoir le charme que l'expression d'une âme aimante et d'un bon cœur peut prêter à une jolie figure.

J'étois arrivé de nuit. La plus grande ville que je connusse alors étoit ma ville natale. Dès le point du jour, tourmenté d'une impatience invincible, je parcourois les rues solitaires, étonné de tout, admirant tout, et frappé surtout d'une sorte d'extase devant cette magnifique cathédrale que le monde ancien auroit comptée parmi ses merveilles. Je n'avois rien vu de pareil en ma vie à ce chœur d'anges et de saints qui l'embrassoit de myriades de figures, et qui sembloit s'élever avec elle aux faîtes de la Jérusalem céleste, en perçant les riches broderies et les dentelles transparentes de sa miraculeuse architecture. Je fus tiré de ma méditation par le bruit d'un coup de marteau, et je vis rouler à mes pieds la tête d'un saint. Un autre coup retentit, et ce qui tomba, c'étoit le buste de la Vierge embrassant son fils. Je cherchai d'où venoit cela, et j'aperçus un homme juché au portail sur les épaules d'un apôtre colossal, et frappant à droite et à gauche avec des imprécations épouvantables sur ces représentations gothiques des élus du Seigneur. Le peuple s'étoit amassé peu à peu en groupes agités, d'où partoient des rires éclatans, de sombres vociférations et de sourds murmures. Je fus long-temps à m'expliquer cette frénésie, qui n'étoit pas encore parvenue au pied du mont Jura.

Il étoit neuf heures du matin quand je crus pouvoir me présenter chez le citoyen Schneider. Madame Tesch m'avoit bien dit que c'étoit comme cela qu'il falloit le nommer ; qu'il n'étoit plus abbé, mais rapporteur de la commission révolutionnaire extraordinaire du Bas-Rhin, et que, tout enfant que je fusse, il étoit capable de me faire mourir si je ne le tutoyois pas. Je venois de me répéter cette leçon pendant une heure de promenade sur le Breuil, regrettant, à vrai dire, de commencer ainsi mes nouvelles études, et de ne pouvoir arriver sans ce préambule à la première page des institutions de Clénard.

Je montai trois degrés ; je frappai à une petite porte étroite. Une servante vieille et fort rechignée vint me recevoir, et m'introduisit en grommelant chez le citoyen Schneider, c'est-à-dire dans la salle à manger, où je devois l'attendre. Cette pièce étoit fort propre, quoiqu'elle ne fût boisée que de planches à simples moulures, sans couleur, sans cire et sans vernis. Elle avoit pour tout ornement deux grands sabres en sautoir.

Le déjeuner étoit servi. C'étoit un plat d'huîtres, *rara concha in terris*, un plat d'anchois, une jatte d'olives, et une cruche de bière. Le citoyen Schneider entra, plaça ses deux pistolets sur la table, et s'assit après m'avoir assez brusquement salué.

Je m'approchai de lui, et je lui remis la lettre de mon père. Aux deux premières lignes, il me tendit la main, m'adressa je ne sais quelle phrase grecque à laquelle je répondis en disant que je n'avois pas encore le bonheur de savoir un mot de grec; puis, m'invita à déjeuner, et sur mon refus, à dîner. Je n'avois aucun prétexte pour ne pas accepter. J'aurois cependant mieux aimé dîner chez madame Tesch.

La vieille servante revint, et lui rapporta des gazettes allemandes, une lampe, une boîte à tabac et une pipe. Il alluma sa pipe, et remplit devant moi un verre de bière que je me crus obligé à vider. Pendant qu'il parcouroit ses journaux, je l'aurois peint si je savois peindre.

Euloge Schneider n'avoit pas toujours porté ce prénom académique qui signifie *beau parleur* ou *savant spirituel*. Les érudits le connoissent autrement. Il l'avoit pris pour dissimuler les souvenirs de sa vie monacale, et pour entrer dans le monde en laïque, sous le privilége d'une pseudonymie parlante qui ne manquoit pas de prétention. C'étoit un homme de trente-cinq ans, laid, gros, court, et commun, aux membres ronds, aux épaules rondes, à la tête ronde. Ce qu'il y avoit de plus remarquable dans sa face orbiculaire d'un gris livide, frappée çà et là de quelques rougeurs, et criblée de petite vérole, c'étoit le contraste de ses cheveux noirs, coupés de très-près, avec ses sourcils touffus et bruns sous lesquels étinceloient deux yeux fauves, ombragés de cils roux. Doué d'une immense aptitude à savoir, et d'un esprit tout en ironie que j'ai trouvé presque toujours à côté de la cruauté, il n'avoit rien de ce qui touche, de ce qui émeut, de ce qui lie le cœur, et je crois que cette observation pourroit contenir la solution d'un grand problème. Les méchans sont les hommes malheureusement organisés qui n'ont pas pu être aimés.

Toutes les fois que je me le rappelle comme je l'ai vu, imposant pour le petit nombre des savants qui pouvoient le juger, mais si peu sympathique de sentiment, si maladroit de faconde, et si repoussant d'extérieur pour tout le reste, je me demande avec étonnement de quelle autorité cet homme a balancé pendant six mois l'omnipotence de Saint-Just, opprimé une vaste et forte province, menacé la Convention, et inquiété la République.

Plus le dîner me faisoit peur, plus j'y fus ponctuel. Madame Tesch me l'avoit recommandé en m'embrassant, et elle m'embrassoit volontiers, parce que j'avois l'air, disoit-elle, d'une petite fille déguisée. C'est le premier banquet de ma vie où il ne s'éleva pas au-dessus de la nappe, à l'exception de ma tête, une tête qui n'ait été coupée depuis. Dès lors, cela m'est arrivé deux ou trois fois comme à tout le monde.

Les convives de Schneider se nommoient Edelman, Young et Monnet.

Edelman prendroit de droit une place dans les biographies, même quand la révolution auroit oublié de l'inscrire sur ses listes sanglantes. Mal organisé sous plus d'un rapport, il avoit été bien organisé pour les arts. La génération actuelle a pu admirer encore au théâtre sa belle et pompeuse musique d'*Ariane dans l'île de Naxos*, et je l'ai entendu vanter à l'égal de Gossec pour certains chants d'église. C'étoit un petit homme d'une physionomie grêle et triste. Son chapeau rond rabattu, ses lunettes inamovibles, son habit d'une propreté sévère et simple, fermé de boutons de cuivre jusqu'au menton, son langage froidement posé et flegmatiquement sentencieux, composoient un ensemble trèsmédiocrement aimable, mais qui n'avoit rien d'absolument repoussant. Uni à Diétrich par une longue intimité, fondée probablement sur leur commune passion pour la musique, il devint un de ses premiers et de ses plus acharnés accusateurs. Je me souvenois de lui avoir entendu dire, avec un calme affreux, dans sa déposition contre le fameux maire de Strasbourg, au tribunal criminel de Besançon : « Je te pleurerois parce que tu es mon » ami, mais tu dois mourir, parce que tu es » un traître. »

Young étoit un pauvre cordonnier, mais il s'en falloit de beaucoup que ce cordonnier fût un homme commun. La nature l'avoit fait poète; et sa figure lourde, aux traits massifs et comme mal ébauchés, couronnée de cheveux durs et noirs que hérissoit en touffes divergentes une pommade grossière, s'animoit d'une inspiration toute particulière quand il débitoit ses odes et ses satires. Il ne composoit qu'en allemand, mais il savoit du latin et du grec, et lorsqu'une de ses pièces avoit présenté quelque allusion à un passage célèbre dans les classiques, il ne manquoit jamais de le rapporter en illustration, à la fin de sa lecture. Il est presque inutile de dire que toutes ses inpirations étoient prises dans les événemens contemporains, et qu'il auroit peut-être été incapable d'en trouver ailleurs. Dans ces âmes emportées, violentes, et cependant naïves, la liberté avoit absorbé toutes les autres pensées. Si la définition de la monomanie, si commode aujourd'hui, avoit été inventée de ce temps-là, on auroit pu l'appliquer aux révolutionnaires de bonne foi, aux hommes de conscience et de cœur, qui s'étoient dévoués aveuglément à d'extravagantes et fatales théories, sans ambition et sans intérêt. Je ne parle pas des autres.

J'ai dit que le troisième s'appeloit Monnet. Celui-là m'étoit bien connu, et sa rencontre fut pour moi une sorte de bonheur, car j'ai vu peu d'hommes, dans mon enfance, qui eussent plus de qualités propres à se faire aimer. Monnet avoit été grenadier dans sa première jeunesse. A vingt-cinq ans, il s'étoit fait prêtre; et il étoit devenu préfet du collége de Besançon peu de temps avant sa suppression. La révolution, qui le surprit à vingt-huit ans, lui rendit sa liberté, qu'il regrettoit probablement déjà d'avoir aliénée, et la révolution le trouva reconnoissant. Il étoit grand, beau, bien fait, quoique un peu voûté, plein d'aménité, de politesse, et de je ne sais quelle grâce triste qui attache. Sa physionomie mélancolique étoit comme empreinte d'un pressentiment sinistre. Il ne sourioit pas sans amertume. Si cette vision du passé, plus vive, plus instante que le présent lui-même pour un homme qui ne vit plus que dans le passé, ne trompe pas ma mémoire, il y avoit dans son cœur quelque mystère douloureux, dans son regard quelques traits de défiance et d'effroi. Sa joie à me revoir me tourmentoit, comme si j'avois compris que c'étoit la dernière qu'il eût comprise. Je crois qu'il s'étoit rendu suspect aux hommes exaltés de notre pays commun, par son généreux penchant vers toutes les idées de modération, et que c'étoit ce qui l'avoit décidé à venir chercher dans une ville où il seroit moins connu une nouvelle réputation politique, ou, si l'on veut, un abri contre le danger de son innocence. Cette démarche l'avoit perdu. Il ne s'étoit pas jeté à

Strasbourg dans le parti extrême dont il avoit nécessairement les excès en horreur : il y étoit tombé; et voilà ce que je sentis, sans le concevoir distinctement. Il faut avoir plus de onze ans pour deviner comment la foiblesse peut contracter une solidarité involontaire avec la fureur; comment la timidité peut devenir auxiliaire de la démence ou complice du crime. Cela m'a rappelé depuis ces saints de pierre de la cathédrale, mutilés par la populace, et qui lui fournissoient de nouvelles armes pour lapider ses victimes. Quelques saints de chair sont devenus aussi des instruments de mort dans la main terrible de la révolution. Je me rendois un compte vague de ces idées, pendant que la conversation me révéloit peu-à peu les passions effrayantes de cette génération de malheur. En vérité, j'ai compris depuis que les événements sont bien plus forts que les caractères, et que si certains hommes ont brisé les peuples dans leur passage, c'est qu'ils ont été poussés par une puissance non moins irrésistible que celle qui déchire les volcans, et qui précipite les cataractes. Chez une nation qui a usé le frein de ses lois accoutumées, ou qui l'a rompu, il en est de chaque individu en particulier comme de la nation tout entière. Il va, il va, il ne sait pas où il va.

Je prenois bien peu de part à ce formidable échange de pensées de mort où tout le monde entroit pour son intérêt personnel, et qui étoient alors de droit défensif; mais cela montoit mes idées, comme auroit dit Edelman, à un diapason extraordinaire. Cette alternative de mourir ou de faire mourir, cette question d'assassinat réciproque, devenue un dilemme pressant dont la solution pouvoit avoir lieu le lendemain, cette horrible loterie de têtes dont on balançoit froidement les chances douteuses, et où chacun des interlocuteurs avoit un enjeu encore voyant, parlant et rempli de vie, cela est exécrable à penser! Le dîner fut extrêmement gai.

Ce que je pus saisir dans un entretien si extraordinaire pour moi, c'est que les révolutionnaires de Strasbourg s'étoient partagés sous deux drapeaux. L'un étoit celui des *nouveaux hommes d'état*, représentés dans la Convention nationale par Robespierre, et dans le département du Bas-Rhin par Saint-Just. Qui ne frémiroit de penser aujourd'hui que Robespierre et Saint-Just étoient *modérés* aux yeux de quelques hommes élevés dans ces belles et nobles études qu'on a si justement appelées *humaines*, et qui améliorent le cœur en éclairant l'esprit.....?

L'autre étoit porté par Schneider, qu'une logique d'extermination qui passoit de bien loin les doctrines aveugles et stupides de Marat avoit poussé aux dernières conséquences de ce fanatisme anti-social. Cependant le *modéré* (je dois répéter que c'étoit Saint-Just) affectoit au moins une grande austérité de mœurs; et le capucin de Cologne étoit ami de la joie et de la volupté. Le premier jouoit au stoïcien, le second à l'épicurien ou au cynique. C'est sous ces deux puissances, effrayées l'une de l'autre que palpitoit l'Alsace, effrayée de toutes deux.

Comme la révolution avoit deux grands prêtres à Strasbourg, elle y avoit deux temples consacrés à ses redoutables mystères, la société populaire, épurée par Saint-Just, et la *Propagande* de Schneider. On n'a pas connu cette nuance à Paris même. On a vu les Cordeliers disputer le pouvoir aux Feuillans, et les Jacobins triompher des Feuillans et des Cordeliers ; mais personne ne s'avisa d'y enchérir sur les Jacobins. Le ressort de la Propagande se brisa trop tôt pour cela.

La première leçon que je reçus de mon professeur de grec fut la défense de visiter cette société populaire, infectée des mauvais principes du *modérantisme* conventionnel. Young insista sur la nécessité de me nourrir des précieux enseignements de la *Propagande*, et il appuya cette opinion de quatre vers d'une de ses odes, que Schneider s'empressa de traduire à mon usage, et qui se sont conservés sans altération dans ma mémoire. On le comprendra aisément :

« Il faut que l'enfant lui-même quitte le sein pusillanime de sa mère,
» Qu'il s'ébatte sur le cercueil d'un tyran avec plus de joie que dans son berceau,
» Qu'il agite pour hochets des ossements et des sceptres rompus,
» Et qu'il suce le lait héroïque, le lait sanglant de la liberté. »

Ces recommandations étoient d'autant plus pressantes que le citoyen Schneider alloit me laisser long-temps abandonné à moi-même et aux soins de madame Tesch. Les triomphes de Pichegru, qui reconquéroit nos frontières en courant, et qui débarrassoit le pays de ses ennemis extérieurs dans le temps physique dont ils avoient besoin pour fuir ou pour mourir, le laissoient malheureusement ouvert à d'autres ennemis plus dangereux pour la liberté que tous les rois de la coalition. Schneider partoit le jour suivant, accompagné de ses hussards de la mort, et alloit promener de village en village un échafaud nomade, pour exercer sur les infortunés qui s'étoient laissé piller par les Autrichiens la vengeance nationale. Ce voyage pouvoit être long, car le nombre des proscrits étoit à la discrétion du juge.

Je restai seul : le lendemain, à dix heures du matin un peu passées, je traversois la place d'Armes; il y avoit au bout de cette longue place, du côté de la *Maison rouge*, un échafaudage d'une forme singulière dont je compris rapidement l'usage : on venoit de décapiter une pauvre femme de quatre-vingts ans, qui étoit convaincue, par son propre aveu, d'avoir donné du pain à un Autrichien affamé; l'exécuteur relevoit le couteau sanglant dont la permanence menaçante n'auroit été concédée alors pour aucun des autres priviléges de la liberté. Le tambour roula, et je m'enfuyois quand je vis venir la *Propagande* : je la suivis machinalement.

C'étoit une chose étrange que la *Propagande*. Composée des énergies les plus adultes et les plus vivaces du temps, elle avoit conservé des mœurs de la jeunesse un peu de grâce et d'élégance. Quelques-uns de ses membres se distinguoient même par un costume presque recherché. Ils portoient une veste courte, mais très-propre, qu'entouroit une ceinture tricolore étoffée, munie d'excellentes armes, et à laquelle étoit suspendu un large couteau de chasse. Le bonnet rouge, ombrageant à la phrygienne un front couronné de beaux cheveux bouclés qui descendoient de part et d'autre sur les épaules, ne manquoit pas d'agrément; leur col nu, leurs grands pistolets aux pommeaux brillans, leurs brodequins de cuir écru, l'ensemble entier de leur physionomie pleine d'un calme qui, dans ces jours décisifs, pouvoit passer pour du courage; les chances de mort qui les suivoient de si près, et que j'avois apprises la veille : il n'en falloit pas tant pour exciter quelque curiosité sympathique dans un cœur d'enfant.

Ils arrivèrent au pied de cet horrible échafaud, à travers la foule qui s'éloignoit de crainte de se compromettre. L'orateur s'agenouilla, se releva, et puis, retourné vers nous, il remercia, il *panégyrisa* la guillotine, au nom de la liberté, avec un choix d'expressions si gracieusement effrayantes, avec un *anacréontisme* si désespérant, que je sentis une sueur froide ruisseler sur mon front et baigner mes paupières. Je voudrois oublier tout ce qu'il y a de triste dans mes souvenirs; mais j'écris *mes souvenirs*, et je n'ai pu l'oublier encore, cette procession fanatique de la *Propagande* qui avoit le bourreau pour pontife, et la guillotine pour reposoir!

Ceci se passoit en *frimaire*, du *deux* au *cinq* ou *six décembre;* et je ne devois revoir Schneider qu'une fois. Je ne m'informai pas de ses voyages dont les biographies rapportent d'horribles circonstances, qu'on relègueroit volontiers à l'histoire des vampires et des goules, mais que Saint-Just recueilloit de toutes les bouches, et qu'il avoit quelque intérêt à ne pas atténuer. Bien décidé à n'écrire que ce que j'ai vu, je ne leur emprunte un fait qu'autant qu'il peut se rattacher à mes impressions, et qu'il m'explique ou me développe des idées mal arrêtées dans ma mémoire. Il paroît que cette funeste excursion acheva de briser son intelligence, et qu'il devint fou furieux de l'ivresse du pouvoir absolu, comme Mazaniel. Je ne sais pas ce qu'il y a de vrai dans ces impôts levés en têtes humaines dont on prétend qu'il a frappé quelques villages, et qui motivèrent sa condamnation devant le tribunal de Fouquier. Ce qui paroît certain, c'est l'événement qui causa sa perte, et que je raconterai avec plus de brièveté que cette longue exposition ne le promettoit, parce que je le raconte sur le témoignage presque unanime des ouï-dire, mais seulement sur leur témoignage, c'est-à-dire sur des perceptions qui ne sont pas les miennes, et que je ne sais pas décrire. Je ne devois rentrer comme spectateur dans ce drame affreux qu'à sa péripétie.

Une chose qui paroîtra difficile à concevoir, c'est que la formidable logique de Schneider, tout en atteignant aux dernières conséquences de sa doctrine, n'avoit pu satisfaire à toutes les exigences de quelques esprits rebelles à la conviction, et qui comptoient pour rien toutes les garanties, chez un homme auquel il en manquoit une. L'uniforme presque militaire du commissaire rapporteur n'avoit fait oublier encore ni le froc du capucin, ni la soutane du chanoine, et le moine de Cologne nuisoit souvent à la popularité du terrible dictateur de Strasbourg. Une voix élevée du milieu de la société populaire de Brumpt, dans le cours d'une des excursions tragiques dont j'ai parlé, ne craignit pas de rappeler à Schneider cette tache infamante du sacerdoce qui le rendoit irrémissiblement suspect aux amis de la liberté, et de lui conseiller pour tout moyen de transaction avec les principes un acte qui consacrât du moins solennellement son apostasie. Schneider n'étoit pas marié; son goût effréné pour les femmes se concilioit même assez mal avec les obligations d'un engagement chaste et légitime, et il ne falloit rien moins pour le décider à s'y soumettre que l'intérêt de cette popularité de cynisme et de sang à laquelle il avoit déjà fait tant de sacrifices. Dans cette dernière occasion, il ne vit aucun autre moyen de se soustraire au terrible argument qu'on lui opposoit, et l'amour des richesses put contribuer, d'ailleurs, à vaincre l'instinct d'indépendance et de débauche qui l'avoit dominé jusque-là. Ses regards tombèrent sur une jeune personne de Brumpt, qui joignoit une immense fortune à toutes les perfections du corps et de l'esprit. C'étoit la fille d'un aristocrate en jugement, et Schneider l'avoit remarquée dans la foule des suppliantes qui, tous les jours, inondoient le prétoire. Le lendemain, la mise en liberté de l'accusé fut signée; et, par une apostille singulière dans un pareil acte, le proconsul l'avertit qu'il se proposoit de lui demander à dîner le même jour.

La jeune fille ne se trouvoit pas au banquet. C'étoit l'usage alors de la plupart des communes rurales de l'Alsace et des provinces voisines que les femmes n'y parussent point, et son père n'avoit pas jugé à propos de l'enfreindre ce jour-là. Schneider réclama sa présence, et on obéit. Il se piqua d'abord d'esprit, de grâce, de politesse, et toutes ces qualités ne lui manquoient point. Puis il arriva, sans beaucoup de détours, à l'objet de sa visite. Sa dialectique connue le dispensoit suffisamment d'une recherche laborieuse de précautions oratoires. L'homme qui tenoit le glaive suspendu sur un peuple et sur une armée n'avoit pas besoin de s'envelopper des misérables circonlocutions des rhéteurs. Il demanda la main de sa jolie hôtesse comme s'il avoit pu y prétendre du droit de l'amour, et sans blesser aucune convenance; puis, sans attendre de réponse, il s'approcha de la croisée, l'ouvrit, et jeta un regard satisfait sur la place, à la vue des apprêts qu'il avoit ordonnés. Après avoir arboré de quartier en quartier ses deux poteaux ombragés de panaches tricolores, et décorés de nœuds de rubans, on venoit, pour la première fois, d'y dresser la guillotine [1].

[1] Des faits analogues ont été mis en Angleterre sur le compte de Jefferys; en France, sur celui de Joseph Lebon; Prudhomme impute le même crime à C......... Il est à souhaiter pour l'honneur de l'espèce humaine que tout cela soit faux. Je n'atteste sur

Cet aspect porta une horrible lumière dans le cœur de l'objet infortuné des préférences de Schneider. Elle tomba aux pieds de son père en le suppliant de lui accorder pour époux l'homme bienfaisant auquel il devoit la vie, et en attestant le ciel qu'elle ne se relèveroit qu'après avoir obtenu cette faveur. Puis, se retournant vers Schneider : « Mais, dit-elle, j'exige
» de ta tendresse une de ces grâces qu'on ne
» refuse pas à sa fiancée. Il se mêle un peu
» d'orgueil à mon bonheur. Ce n'est pas à
» Brumpt que le premier de nos citoyens doit
» accorder son nom à une femme ; je veux que
» le peuple me reconnoisse pour l'épouse de
» Schneider, et ne me prenne pas pour sa concubine. Il n'est point de ville, ajouta-t-elle
» en souriant, où tu n'aies été suivi d'une maîtresse : on pourroit aisément s'y tromper.
» Il n'y a que trois lieues d'ici à Strasbourg ;
» j'ai des mesures à prendre pour ma toilette
» de noces, car je veux qu'elle soit digne de

l'histoire de Schneider à Brumpt que la rumeur publique. Je n'étois pas à Brumpt, mais j'étois à Strasbourg le 21 décembre 1793, et il n'y avoit pas deux versions sur l'événement.

» toi; demain, à telle heure que tu voudras,
» nous partons seuls ou accompagnés, à ton
» gré, et je vais te donner la main devant les
» citoyens, les généraux et les représentans. »
Ces paroles que rendoient cent fois plus séduisantes l'élocution coquette et la piquante physionomie d'une Alsacienne; ces paroles accompagnées, dit-on, de quelques caresses, ne laissèrent pas à Schneider la possibilité d'une objection. Cependant la maison fut surveillée toute la nuit; mais personne n'avoit pensé à s'en éloigner; et quand il arriva le matin, il la trouva pavoisée du haut en bas, et présentant tout l'aspect d'une fête. La future en descendit dans ses plus beaux atours, et vint lui présenter la main sur le seuil de cette salle basse où l'on prend ordinairement le thé ou le café. Un déjeuner splendide y étoit servi. Bien qu'étourdi de bonheur et d'orgueil, Schneider ne pensoit qu'à l'abréger. Les portes de Strasbourg se fermoient alors à trois heures; et le temps pressoit. Il devoit d'ailleurs le mettre à profit, pour répondre par de grandes marques d'éclat et de puissance aux profusions de sa nouvelle famille et aux prétentions

de sa fiancée. Un courrier fut dépêché à Strasbourg pour intimer la défense de fermer les portes avant quatre heures. Il est vrai que l'ennemi se retiroit alors, et que Strasbourg n'étoit plus menacé ; mais les arrêtés de Saint-Just, qui avoient eu force de loi pendant l'invasion austro-prussienne, n'étoient point révoqués, et il en étoit un qui portoit peine de mort pour délai de clôture. Schneider lui-même l'avoit fait exécuter.

Il étoit au plus trois heures et demie le 24 décembre, quand un cortége bruyant se répandit dans la plus vaste rue de Strasbourg, et vint s'arrêter au-dessous du balcon de Saint-Just. Il y eut alors deux spectacles qui pouvoient partager à titres égaux l'attention de l'observateur, ce théâtre où se dénouoit le drame de Brumpt, et cette tribune où il alloit se juger.

Schneider s'étoit fait précéder de quatre coureurs revêtus des couleurs nationales. Sa voiture découverte, quoique le temps fût douteux, étoit traînée par six beaux chevaux. Il l'occupoit seul avec sa fiancée, éblouissante de parure, et assurée de regard et de maintien. Autour de lui caracoloient fièrement et le sabre nu les cavaliers d'élite de son escorte, portant la tête de mort sur leur baudrier, sur leur sabredache et sur leur schako, et plus hideux encore que de coutume, d'une gaîté qui ne leur étoit pas familière. Derrière tout cela retentissoit lourdement sur le pavé un char à quatre larges roues, bas, étroit, peint de rouge, traîné par deux chevaux chamarrés et enrubanés, et sur lequel battoient de longs ais rouges avec leur traverse rouge. Cet appareil étoit accompagné de deux hommes à cheval en blouses noires, et dont le bonnet rouge étoit orné d'une large cocarde : il étoit suivi d'une petite carriole dans laquelle étoit assis un homme pâle, maigre et sérieux, que cherchoient tous les regards. Ce n'étoit cependant pas Schneider.

Une légère rumeur qui ne tarda pas à s'étendre au loin annonça que Saint-Just alloit paroître au balcon. Il y avoit dans sa démarche une sorte de brusquerie solennelle : il ne cherchoit pas l'accueil du peuple; il le réprimoit au contraire, d'un geste sec et absolu. Ses cheveux épais et poudrés à neige sur ses sourcils noirs et barrés, sa tête perpendiculaire sur sa haute et ample cravate, la dignité de cette taille petite, l'élégance de cette mise simple, ne manquoient cependant jamais leur effet sur la multitude. Il fit signe qu'on s'arrêtât, et on s'arrêta.

Le représentant du peuple venoit d'apprendre la violation de ses ordres, et tel étoit probablement le motif de la colère qui animoit son regard luisant et profond; mais ce sentiment, tout indomptable qu'il étoit dans son cœur, fit un moment place à la surprise, quand Saint-Just aperçut près de Schneider une jeune fille en habits de fiancée. Celle-ci, profitant du moment où elle excitoit son attention, s'élança hors de la voiture, et se jetant à genoux sur les pavés : « Justice, s'écria-t-elle, » justice, citoyen! J'en appelle à Saint-Just » et à la Convention! » Puis elle raconta en peu de mots, mais avec l'expression la plus éloquente, l'horrible abus de pouvoir du tyran de l'Alsace. — Est-il vrai! dit Saint-Just en appuyant sa main sur son front. Cela peut-il être vrai! — Tout le monde fut d'accord sur les faits, sans en excepter l'homme de la petite voiture que son intimité cordiale avec Schneider rendoit un témoin imposant, et qui déclara qu'il avoit reçu l'ordre de se tenir prêt pour l'exécution du père de la *Young frau*, s'il avoit refusé son consentement au mariage. Saint-Just ne parloit pas, ou tout au plus il murmuroit à basse voix quelques mots confus : « Le voilà donc dévoilé, l'exé-» crable capucin de Cologne! » Et puis, il mordoit ses poings, et frappoit à coups réitérés sur la barre de son balcon. « Qu'aurois-tu fait, dit-il enfin à la fiancée, si tu ne m'avois pas trouvé disposé à te rendre justice? — Je l'aurois tué ce soir au lit, rependit-elle en montrant un poignard qu'elle avoit caché sous son corset. Maintenant, je te demande sa grâce. — Sa grâce! cria Saint-Just dont ce mot réveilla la fureur ! La grâce du capucin de Cologne! A la guillotine! continua-t-il avec une explosion incroyable dans un caractère si méthodique et si mesuré. Qu'on le mène à la guillotine! — Couperai-je la tête? répondit respectueusement l'homme maigre de la petite voiture. — Je n'en ai pas le droit, dit Saint-

Just, en frémissant de dépit. Au supplice que le monstre a inventé! qu'on l'attache à la guillotine jusqu'à nouvel ordre. »

Et en effet, Schneider avoit inventé cettte exposition à l'instrument permanent de la mort pour les cas peu nombreux de la législation révolutionnaire qui n'entraînoient pas nécessairement la peine capitale. On se rappelle à Strasbourg un négociant qui y a passé seize heures.

Comme j'étois à un point trop éloigné du lieu de la scène pour en saisir tous les détails, et que ces détails se traduisoient en allemand dans la conversation de la foule, je n'emportai aucune idée distincte de l'événement. J'avois passé quelques minutes au Breuil, dont la tristesse, dans cette saison rigoureuse, convenoit déjà à mes rêveries d'enfant, et je me dirigeois vers l'hôtel de madame Tesch, quand en débouchant du passage de la Pomme-de-Pin, je me trouvai entraîné par une nouvelle cohue, qui se grossit bientôt de toute la population de Strasbourg, et qui se déborda comme un torrent sur la place d'Armes, en roulant vers l'échafaud. Un moment elle se resserra encore pour faire place à quelque chose de terrible : c'étoit Schneider saisi des deux côtés par ces deux valets de bourreau, en blouses noires, qui lui servoient d'heiduques un moment auparavant, précédé par cet homme pâle que j'avois vu dans une petite calèche, et suivi de deux de ses hussards de la mort, qui le piquoient, en riant, de la pointe de leurs sabres, pour le faire avancer. Je frissonnai d'horreur et de pitié ; mais je ne pus pas même me détourner pour éviter ce spectacle. Heureusement je pense qu'il ne me vit pas. Ses petits yeux paroissoient fondus dans leur orbite. Sa pâleur étoit affreuse ; et cependant il essuyoit de la sueur sur son front. A mesure qu'il approchoit de la guillotine, les acclamations redoubloient de violence ou d'allégresse ; car je les entendois sans les comprendre. Bientôt il se fit un grand silence, et je compris que Schneider montoit à l'échafaud : mais je ne savois pas si c'étoit pour mourir ; et c'est ce qu'aucun de mes voisins ne pouvoit m'expliquer parce qu'il n'y en avoit pas un qui parlât françois. Après cela, les acclamations se succédèrent et s'interrom-

pirent avec des intermittences effrayantes. C'étoient des cris menaçants, et puis une attente silencieuse, et puis des applaudissements éclatants ; et à chaque fois, je croyois que sa tête tomboit, et je m'élevois sur mes pieds pour chercher le sommet de l'appareil de mort, et m'assurer que le couteau étoit encore suspendu ; et je me trouvois heureux de voir tout en haut ce fer sanglant dont l'aspect m'avoit épouvanté la veille. Les efforts que je faisois pour m'éloigner, et peut-être aussi le mouvement de cette masse ivre de fureur et de joie, me rapprochèrent d'un volontaire du midi, qui dépassoit cette multitude de toute la tête, et qui se croyoit obligé à communiquer au loin le programme de cette cruelle cérémonie. « On lui a fait ôter sa co-
» carde ! crioit-il. Respect aux couleurs na-
» tionales ! On lui a enlevé son chapeau ! Res-
» pect au peuple ! On lui fait déposer main-
» tenant son habit...; mais pourquoi cela ?
» c'est que c'est un habit militaire. Et la pluie
» qui tombe si froide ! — C'est du givre. —
» Cela le pénètre comme des aiguilles ; aussi
» voyez comme il grelotte. En vérité, ce se-

» roit lui rendre service que de le guillotiner
» tout de suite. » Et il n'avoit pas fini qu'un
cri universel s'éleva. — Qu'est-ce que cela veut
dire? dis-je à un de mes nouveaux voisins.
Cela veut dire: *sous le couteau*, répondit-il. —
Cette voix m'étoit connue; je regardai : c'étoit
— Monnet. Ah! monsieur Monnet, m'écriai-
je! — Tais-toi, reprit-il, en posant son doigt
sur sa bouche.... — Le tuera-t-on? — Non,
dit Monnet; voilà des cavaliers qui s'appro-
chent, et le bourreau qui descend : c'est pour
une autre fois.

La foule s'étoit dissipée à la suite d'une
chaise de poste que Saint-Just venoit d'en-
voyer, et qui conduisoit Schneider à Paris,
sous bonne et sûre garde. Monnet me prit les
mains, et me dit : « L'illusion du pouvoir a
» rendu Schneider furieux. C'est un monstre;
» mais on va tirer de là des inductions fu-
» nestes contre les vrais républicains. Saint-
» Just a triomphé, et la liberté est perdue au
» bénéfice d'un tyran. Dis cela à ton père. »
Il m'embrassa et me quitta.

La nuit suivante on arrêta les complices
de Schneider, et ils furent traduits, comme

Schneider, au tribunal révolutionnaire de Paris.

Euloge Schneider, de Vipefeld, fut décapité le 12 germinal an II, 1ᵉʳ avril 1794, « comme convaincu d'avoir, par des concus- » sions et vexations immorales et cruelles, » par l'abus le plus révoltant et le plus san- » guinaire du nom et des pouvoirs d'une com- » mission révolutionnaire, opprimé, volé, » assassiné, ravi l'honneur, la fortune et la » tranquillité à des familles paisibles. » Ce sont les termes du jugement.

Young, Edelman et mon pauvre Monnet, moururent sur le même échafaud les jours suivants.

DE LA

RÉACTION THERMIDORIENNE,

ET

DES COMPAGNIES DE JÉHU.

DE LA

RÉACTION THERMIDORIENNE

ET

DES CONJURÉS DE 1815.

RÉACTION
THERMIDORIENNE.

On peut juger de ce qu'on appelle les réactions politiques par les lois ordinaires de la mécanique. Elles sont en raison de l'action qui a précédé; ce n'est que lentement et à la suite d'un grand nombre d'oscillations que l'action affoiblie est suivie d'une réaction plus foible, et ainsi graduellement, jusqu'à ce que l'action et la réaction se confondent dans un mouvement imperceptible, suivi d'une entière immobilité. Dans les révolutions, les réactions sont couvertes de je ne sais quel prétexte de représailles qui les légitime jusqu'à un certain point aux yeux des mauvais casuistes et des moralistes relâchés. L'application d'une nécessité physique à une théorie morale est cependant tout-à-fait abusive. L'obéissance des masses inertes à une impulsion donnée ne sauroit justifier celle de l'être sensible et raisonnant dont l'intelligence est éclairée par l'éducation et par la religion. Aussi les réactions de l'an III et de l'an IV m'ont laissé un souvenir presque aussi pénible que les scènes de la terreur. Je les percevois d'ailleurs avec des organes plus développés, et par conséquent plus propres à subir des impressions tendres et profondes, car la sensibilité des enfants s'exerce peu au dehors. Elle est personnelle et presque animale; il faut avoir quelque temps vécu, pour apprendre à aimer les autres sans acception de ses intérêts ou de ses besoins. Cette source d'amour commence à s'ouvrir pour l'adolescence; elle est tarie pour la vieillesse. La vie d'un homme bien organisé est un cercle d'affections, mais il y a de l'égoïsme aux deux points les plus rapprochés de la soudure.

Ce qui justifie cette réaction thermidorienne devant le grand nombre est peut-être ce que j'y trouve de plus odieux. La révolution avoit une horrible franchise; elle marchoit au chaos, mais elle l'avoit dit. Les idées de droit, d'ordre, d'équilibre, la seule pensée d'une institution la mettoit en fureur, mais sa fureur étoit brute et naïve comme celle du tigre. Elle versoit du sang parce que le sang étoit bon, mais ses bourreaux ne mettoient pas de gants sur leurs mains sanglantes, ils les montroient toutes nues. C'étoit cruauté, c'étoit rage, ce n'étoit pas déception. La réaction thermidorienne se plaçoit au contraire sous les auspices des idées les plus solennelles de la société. Elle s'armoit au nom de la civilisation, au nom du culte renversé par des mains sacriléges, au nom de l'humanité impitoyablement outragée par des cannibales, au nom des arts que les Vandales révolutionnaires avoient proscrits.

Elle s'annonçoit comme l'aurore d'un âge de restauration, de paix, de félicité publique, et elle assassinoit. Voilà ce qui se concilioit mal dans ma jeune pensée. C'étoit l'énigme du sphynx avec ses belles formes, et ses paroles insidieuses, et sa curée de victimes humaines.

La terreur avoit affecté un grand cynisme dans les vêtements, une sobre austérité dans les banquets, un profond mépris pour les spectacles et pour les fêtes qui ne lui rappeloient point, dans leurs pompes sauvages, les mystères tragiques de ses saturnales. La réaction fut élégante et même parée; elle réveilla le goût des festins et des bals, les fantaisies du luxe et les frénésies de la volupté. Quelques hommes encore jeunes qui avoient formé leur éducation morale dans les boudoirs de la Dubarry devinrent les arbitres des bonnes manières. Les mœurs de la terreur avoient été d'une grossièreté hideuse. Celles de la réaction furent d'une impudence raffinée, et quand la détestable politesse du vice prête son vernis à la férocité, il me semble qu'elle l'enlaidit encore. Il se trouva des hommes alors tout aussi cruels que Marat, mais beaux de jeunesse et de manières, qui entraînoient les cœurs après eux quand ils entroient dans un salon au milieu d'un nuage d'ambre. S'ils n'avoient pas senti l'ambre, ils auroient senti le sang.

Ces faits si remarquables sont fort peu connus à Paris, où cette réaction ne s'est manifestée que par quelques vexations de la police et quelques pasquinades du théâtre. Ce que tout le monde vous dira de ce temps-là, c'est qu'il y avoit alors un bal *des victimes*, où une femme n'étoit pas admise si quelqu'un de sa famille n'avoit péri sur l'échafaud, et où le costume de rigueur d'une danseuse étoit celui dans lequel sa mère ou sa sœur étoit tombée sous la main du bourreau, c'est-à-dire le schall rouge, et les cheveux coupés à fleur du cou. Ce que tout le monde se rappelle encore, grâce aux spirituelles caricatures de Carle Vernet, c'est *l'élégant de* 1795, avec son habit court et carré, son gilet de panne chamoise à dix-huit boutons de nacre, ses longs cheveux poudrés et flottant des deux côtés sur les épaules, qu'on appeloit des *oreilles de chien*, sa cadenette retroussée, sa cravate verte et son bâton noueux. Mais n'en demandez pas davantage à la mémoire des Parisiens sur la réaction thermidorienne; et par conséquent n'en demandez pas davantage à l'histoire, car il en est de l'histoire comme de la langue. Elle n'est faite que pour Paris, et il faut le savoir pour ne pas s'étonner de ne trouver aucuns renseignements développés sur cette singulière époque, une fois qu'on a épuisé les registres des modistes et les cartons des marchands d'estampes. L'ouest et le nord de la France ne furent guère moins étrangers que Paris au mouvement de la réaction. Lyon étoit sa capitale, et de là elle étendoit ses ramifications vers l'est, en s'appuyant sur Bourg-en-Bresse et Lons-le-Saulnier, et au midi, sur Nîmes, Tarascon et Marseille.

Cette ligue presque innocente à Paris n'y a été connue que sous le nom de la *Jeunesse de Fréron*. Fréron, répudié par la Montagne, qui l'abandonna aux lourdes atteintes de Moïse Bayle, repoussé avec horreur par l'ancien parti de la Gironde, qui le dévoua aux imprécations foudroyantes d'Isnard; Fréron, comme disoit ce prodigieux Isnard, demeuré *tout nu et tout couvert de la lèpre du crime*, avoit besoin de

se retrancher sous la bannière d'une faction.
Il y a dans les révolutions des antipathies que
l'on a peine à concevoir. Il y a aussi dans les
révolutions des alliances que l'on ne conçoit
pas. Fréron, qui n'étoit rien, ni par son esprit, ni par son caractère, ni par sa considération politique; Fréron, qui ne s'étoit jamais
distingué en rien du plus obscur vulgaire, pas
même chez ces journaliers littéraires qui travaillent pour du pain, sans acception de leur
réputation et de leur honneur, quoiqu'il eût
fait ce triste métier à la suite de son père;
Fréron se trouva tout à coup à la tête d'un
parti puissant de jeunesse, d'énergie, de vengeance, de ces passions du temps qui menoient à tout, et du silence des lois qui souffroient tout. Mais ceci, je le répète, est bien
spécial à Paris. Le chef de la *Jeunesse de Fréron*, dans tout l'éclat de ses succès, n'auroit
pas traversé impunément la place des Terreaux.

A part ces détails, qui sont connus et qui
méritent à peine de l'être, il est difficile de
parler de la réaction thermidorienne sans dire
du nouveau. Au moins faudroit-il examiner

une fois, sous ses rapports avec nos mœurs traditionnelles, cette institution des *Compagnies de Jésus*, qui n'avoit plus de type dans nos annales depuis le moyen âge, mais qui se rattache, par une filiation très-sensible, à ces redoutables *chevaleries* de brigandage et d'assassinat dont un jeune savant nous promet l'histoire. Il est peu de personnes qui sachent que cette armée étoit organisée avec beaucoup de puissance, qu'elle avoit sa hiérarchie, ses cadres, ses statuts, sa discipline, ses volontaires, ses mercenaires, ses *enfants perdus*. Je n'ai même jamais vu son nom écrit correctement, car je viens de me conformer à un usage ridicule pour ne pas étonner le lecteur par une désignation insolite. Le nom sacramentel des *Vengeurs* étoit *Compagnons de Jéhu*, et fort bien approprié à leur cruel ministère, Jéhu étant, comme on sait, un roi d'Israël qui avoit été sacré par Élisée sous la condition de punir les crimes de la maison d'Achab et de Jézabel, et de mettre à mort tous les prêtres de Baal. La révolution, habile à ne pas se laisser surprendre, essaya de jeter quelque contre-poids dans la balance, en créant ou en renouvelant, sur la foi d'une charte plus qu'apocryphe, un ordre de Templiers, aujourd'hui tout-à-fait oublieux de son origine, et propre, tout au plus, je suppose, à fournir quelque appendice à l'histoire innocente et puérile des mascarades maçonniques, d'ailleurs si candidement inoffensives. A l'époque dont je parle, il pouvoit en être autrement. L'action du gouvernement étoit suspendue, et le sort de la France se débattoit dans les LOGES, dans les VENTES, dans les SYNODES, et surtout dans les cafés. La *Compagnie de Jéhu*, toute bien organisée qu'elle étoit, n'avoit aucun ascendant moral sur ses adversaires, dont l'esprit étoit plus mûr, le caractère plus éprouvé et la clientèle plus large; mais elle jouissoit d'un avantage de fait qu'on ne peut pas contester. Elle occupoit la rue, la place, les lieux publics; elle marchoit à découvert, et ses poignards étoient tirés du fourreau.

Ce fut un étrange, un épouvantable spectacle! On n'a peut-être jamais vu aussi long-temps chez aucun peuple l'autorité légale mise en interdit, et la vengeance arbitraire hardiment érigée en place de la loi. Ce n'étoit pas une question, c'étoit *un droit!* On exécutoit un assassinat comme un jugement, et les gens qui passoient n'avoient rien à dire. La théorie du meurtre étoit montée dans les hautes classes. Il y avoit dans les salons des secrets de mort qui épouvanteroient les bagnes. On faisoit *Charlemagne* à la bouillotte pour une *partie* d'extermination, et on ne prenoit pas la peine de parler bas pour dire qu'on alloit tuer quelqu'un. Les femmes, douces médiatrices de toutes les passions de l'homme, avoient pris une part offensive dans ces horribles débats. Depuis que d'exécrables mégères ne portoient plus la guillotine en boucles d'oreilles, d'*adorables furies*, comme auroit dit Corneille, portoient le poignard en épingle, à l'imitation des Catalanes, qui le glissent jusque dans leurs cheveux. Un beau jeune homme étendoit un doigt sanglant sur la bonbonnière d'une dame, et c'étoit (*horresco referens*) la seule partie de sa main délicate qui eût été soigneusement soustraite à la pâte d'amande et au savon d'Angleterre. Si vous aviez le bonheur de vous sauver de la *bonne com-*

pagnie, vous ne traversiez pas le Rhône sans entendre la chute de quelque *Mathevon* qui tomboit dans le fleuve, et si l'infortuné étoit assez adroit pour gagner la rive à la nage, et pour se réfugier dans un corps-de-garde, un long cri vous avertissoit bientôt qu'il venoit d'y mourir sous les baïonnettes. Quand vous opposiez quelques objections de sentiment à ces épouvantables excès, on vous menoit aux Brotteaux, on vous faisoit marcher, malgré vous, sur cette terre élastique et rebondissante, et on vous disoit : *C'est là que sont nos parents*. Chose étrange! nous sommes mille fois plus loin de cette époque que du moyen âge, car les chances du moyen âge sont éternellement rédivives, et celles-ci ne se reproduiront peut-être jamais. Dans ces réminiscences amassées sans ordre, et traduites sans méthode, je ne me suis certainement avisé d'aucun système de composition ; mais quel tableau, grand Dieu, pour ces grands écrivains qui sont de grands peintres, un Walter Scott, un Victor Hugo, un Alfred de Vigny, que celui de ces jours d'exception dont le caractère indéfinissable et sans nom ne peut s'exprimer que par les faits eux-mêmes, tant la parole est impuissante pour rendre cette confusion inouïe des idées les plus antipathiques, cette alliance des formes les plus élégantes et des plus implacables fureurs, cette transaction effrénée des doctrines de l'humanité et des actes des anthropophages! Comment faire comprendre ce temps incompréhensible où les cachots ne protégeoient pas les prisonniers, et où le bourreau qui venoit chercher sa victime s'étonnoit d'avoir été devancé par l'assassin, ce long 2 septembre tous les jours renouvelé par d'aimables jeunes gens qui sortoient d'un bal et qui se faisoient attendre dans un boudoir? Je ne l'entreprendrai pas. Dans cette galerie, vide encore, il m'est tout au plus permis de laisser un croquis, et je me suis pris au premier souvenir qui m'est venu.

On ne peut pas se le dissimuler, jamais il ne s'est élevé une horrible passion devenue contagieuse qu'elle n'ait suscité quelques supériorités effrayantes sans doute, mais notables. Le crime aussi a des héros, et des héros dont le nom retentit long-temps dans la mémoire du peuple. On ne le croiroit pas au silence absolu des Biographies, sur les *Compagnons de Jéhu*. Dans toutes celles que j'ai consultées, on n'en nomme qu'un dont je n'aurois jamais rien dit si on ne l'avoit pas nommé, car c'étoit incontestablement l'homme le plus nul et le plus obscur de son parti; mais on le nomme tout simplement, comme on auroit nommé Poulailler ou Cartouche, et sans rattacher son histoire à une époque ou à une série d'événements. Voici les premiers mots de cet article, sur lequel je brode, à mon ordinaire, un commentaire plus étendu que le texte, mais qui n'est pas sans intérêt s'il contient quelques faits neufs ou quelques observations nouvelles.

« Amiet, voleur de diligences, s'est fait,
» à force d'audace et de brigandages, une
» odieuse célébrité. Il avoit organisé une
» troupe qui ravagea long-temps le département
» de l'Ain, mais dont une partie tomba
» enfin entre les mains de la justice avec son
» chef, etc., etc., etc. »

Amiet seroit bien surpris s'il pouvoit lire

cette notice, mais il le seroit moins que ses juges. Le hasard m'avoit jeté dans la prison d'Amiet et de ses complices, à un âge où l'idée du crime est plus repoussante que dans tout le reste de la vie, à l'âge où l'on conçoit à peine les passions. J'ai vécu avec ces gens-là, j'ai couché sur leur paille, j'ai rompu leur pain, et j'en ai conservé une idée toute différente.

Amiet n'étoit pas le chef de la bande de *voleurs* dont il est question dans les Biographies. J'ai dit que c'étoit le moindre des condamnés. Au reste, cette dénomination même de *voleurs de diligences* a besoin d'être expliquée. Je ne m'adresse à aucun souvenir de parti, car je suis placé dans la position la plus avantageuse de toutes pour écrire quelque chose qui ressemble à de l'histoire. Il y a du bon et du mauvais, il y a du beau et du hideux dans toutes les opinions. Il n'est point de pouvoir qu'on ne puisse accuser. Il n'est point de révolte qu'on ne puisse défendre. Tant que ces questions ont été pour moi une affaire de vie ou de mort, j'ai pu les juger assez mal. Je les vois aujourd'hui d'une manière plus impassible que la postérité elle-même, car elle les verra nécessairement à travers quelques préventions dominantes, et toutes les impressions que l'histoire contemporaine m'a laissées se sont converties en indifférence et en dédain.

On sait qu'à l'époque culminante de la réaction thermidorienne, les espérances de l'opinion royaliste s'étoient vivement réveillées. Il n'étoit question que d'une restauration prochaine de la maison de Bourbon, qui ne devoit pas se faire attendre plus de six mois. Lyon étoit, comme je l'ai dit, le quartier-général de cette conspiration, assez ouverte pour mériter un autre nom. C'étoit un véritable gouvernement provisoire avec son comité royal, son administration royale, son état-major royal, et presque ses armées royales. Une de ces armées s'organisoit dans les montagnes d'Auvergne, sous les ordres de M. de Chardon, une autre dans les montagnes du Jura, sous les ordres de M. de Teyssonnet. Il est même vrai de dire que l'honneur périlleux des épaulettes étoit fort recherché, mais les soldats manquoient. Il n'y a rien de plus difficile que d'organiser une armée sans argent, et le budget de la contre-révolution n'étoit pas riche. Il arrivoit bien de l'étranger quelques grosses sommes chez les caissiers patentés de *la bonne cause*, mais elles n'en sortoient guère. Ces prodigalités extra-nationales nous ont du moins fait quelques éligibles.

Dans cet embarras, on comprit qu'il n'y avoit que la République qui pût solder ses ennemis. Or, il n'étoit pas probable qu'elle s'y décideroit de gré à gré, et sans essayer cette négociation scabreuse, on jugea qu'il valoit mieux lui prendre de l'argent que de lui en demander. On organisa donc des bandes ou des compagnies chargées de l'enlèvement des recettes et de l'attaque des transports de fonds publics. Je suis obligé de déclarer que cette mesure étant la seule qu'il fût possible de pratiquer, je la trouve très-naturelle. Dans un état de guerre civile, la spoliation de la diligence du trésor n'est pas un crime caractérisé par les lois ordinaires. C'est une opération, et, suivant les cas, un fait d'armes. Au reste, on n'a plus d'idée de l'influence que de pareils événements pouvoient exercer sur la manière d'apprécier les choses. Tel homme, dont la légèreté avec laquelle je parle de ces monstrueuses aberrations révolte l'esprit et le cœur, les auroit comprises comme moi s'il avoit vécu de mon temps.

Je ne dis pas, Dieu m'en garde! que les Compagnies qui furent chargées de ces horribles opérations se composèrent de l'élite du parti. Personne ne me croiroit; c'étoient, en général, des jeunes gens perdus de dettes, de débauches, de crimes, qui se réfugioient au hasard sous le premier étendard venu, où ils pouvoient trouver quelque garantie d'impunité, ou quelque solidarité de dévouement et de sang. Tout le monde ne sait pas au juste ce que le sentiment de l'honneur peut produire de grand dans le cœur d'un brigand désespéré, qui croit s'ennoblir en s'associant à une noble cause. Près de ces misérables, on comptoit quelques-uns de ces esprits exaltés, si communs alors, que l'entraînement d'une opinion décidoit moins que l'appât d'un danger aventureux. Quelques-uns, comme Hyvert, dont je parlerai tout à l'heure, faisoient ce métier en amateurs, et pour jouer leurs têtes dans des exploits de bandits qui ne leur paroissoient pas condamnables aux yeux de la morale. J'ai vu beaucoup de ces malheureux, j'ai vu surtout ceux dont il est question ici, et je les vois encore, téméraires, exaltés jusqu'au délire, passionnés jusqu'à la fureur, mais incapables de faire tort d'un denier au trésor d'un riche, et prêts à racheter de leur sang les larmes d'un enfant; semblables enfin à ces compagnons de *Charles Moor* ou de *Robert chef de brigands*, qu'ont illustrés la tragédie et le mélodrame. Au reste, il est à remarquer qu'ils n'ont jamais été accusés en justice d'un vol exercé sur les particuliers. Quoique les voleurs de profession n'eussent pas manqué de s'étayer sur cette anomalie si nouvelle dans l'ordre social, de voler de vive force au nom du Roi, la distinction des uns et des autres s'est toujours manifestée d'une manière si claire, qu'on ne peut la nier sans mentir à la conscience d'une génération. Je me souviens qu'un honnête vieillard s'étant plaint dans une table d'hôte de Lyon d'avoir été volé ce jour-là d'un *groupe* de cent louis qui s'étoit trouvé joint par hasard au *groupe* de l'État, cette somme lui fut rapportée le soir même, et qu'il manifesta le lendemain, sans le faire partager, un étonnement plein de naïveté et de joie. De ses cinquante auditeurs, il n'y en avoit pas un qui ne comprît très-bien cela.

Les voleurs de diligences dont il est question dans l'article Amiet, que j'ai cité tout à l'heure, s'appeloient Leprêtre, Hyvert, Guyon et Amiet. Leprêtre avoit quarante-huit ans ; c'étoit un ancien capitaine de dragons, chevalier de Saint-Louis, doué d'une physionomie noble, d'une tournure avantageuse et d'une grande élégance de manières. Guyon et Amiet n'ont jamais été connus sous leur véritable nom. Ils devoient ceux-là à l'obligeance si commune des marchands de passeports. Qu'on se figure deux étourdis d'entre vingt et trente ans, liés par quelque responsabilité commune qui étoit peut-être celle d'une mauvaise action, ou par un intérêt plus délicat et plus généreux, la crainte de compromettre leur nom de famille, on connoîtra de Guyon et d'Amiet tout ce que je m'en rappelle. Ce dernier avoit la figure sinistre, et c'est peut-être à sa mauvaise apparence qu'il doit la mauvaise réputation dont les biographes l'ont doté. Hyvert étoit le fils d'un riche négociant de Lyon, qui avoit offert au sous-officier de gendarmerie, chargé de son transfèrement, soixante mille francs pour le laisser évader. C'étoit à la fois l'Achille et le Pâris de la bande. Sa taille étoit moyenne, mais bien prise; sa tournure gracieuse, vive et svelte. On n'avoit jamais vu son œil sans un regard animé, ni sa bouche sans un sourire. Il avoit une de ces physionomies qu'on ne peut pas oublier, et qui se composent d'un mélange inexprimable de douceur et de force, de tendresse et d'énergie. Quand il se livroit à l'éloquente pétulance de ses inspirations, il s'élevoit jusqu'à l'enthousiasme. Sa conversation annonçoit un commencement d'instruction bien faite et beaucoup d'esprit naturel. Ce qu'il y avoit d'effrayant en lui, c'étoit l'expression étourdissante de sa gaieté, qui contrastoit d'une manière horrible avec sa position. D'ailleurs, on s'accordoit à le trouver bon, généreux, humain, facile à manier pour les foibles, car il aimoit à faire parade, contre les autres, d'une vigueur réellement athlétique, que ses traits un peu efféminés étoient loin d'indiquer. Il se flattoit de n'avoir jamais manqué d'argent et de n'avoir jamais eu d'ennemis. Ce fut sa seule réponse à l'imputation de vol et d'assassinat. Il avoit vingt-deux ans.

Ces quatre hommes avoient été chargés de l'attaque d'une diligence qui portoit quarante mille francs pour le compte du gouvernement. Cette opération s'exécutoit en plein jour, presque à l'amiable, et les voyageurs, désintéressés dans l'affaire, s'en soucioient fort peu. Ce jour-là un enfant de dix ans, bravement extravagant, s'élança sur le pistolet du conducteur, et tira au milieu des assaillants. Comme l'arme pacifique n'étoit chargée qu'à poudre, suivant l'usage, personne ne fut blessé, mais il y eut dans la voiture une grande et juste appréhension de représailles. La mère du petit garçon fut saisie d'une crise de nerfs si affreuse, que cette nouvelle inquiétude fit diversion à toutes les autres, et qu'elle occupa tout particulièrement l'attention des brigands. L'un d'eux s'élança près d'elle en la rassurant de la manière la plus affectueuse, en la félicitant sur le courage prématuré de son fils, en lui prodiguant les sels et les parfums dont ces messieurs étoient ordinairement munis pour leur propre usage. Elle revint à elle, et ses compagnons de voyage remarquèrent que, dans ce moment d'émotion, le masque du voleur étoit tombé, mais ils ne le virent point.

La police de ce temps-là, retranchée sur une observation impuissante, ne pouvoit s'opposer aux opérations des bandits, mais elle ne manquoit pas de moyens pour se mettre sur leur trace. Le mot d'ordre se donnoit au café, et on se rendoit compte d'un fait qui emportoit la peine de mort d'un bout du billard à l'autre. Telle étoit l'importance qu'y attachoient les coupables et qu'y attachoit l'opinion. Ces hommes de terreur et de sang se retrouvoient le soir dans le monde, et parloient de leurs expéditions nocturnes comme d'une veillée de plaisir. Leprêtre, Hyvert, Guyon et Amiet furent traduits devant le tribunal d'un département voisin. Personne n'avoit souffert de leur attentat que le trésor qui n'intéressoit qui que ce fût, car on ne savoit plus à qui il appartenoit. Personne n'en pouvoit reconnoître un, si ce n'est la belle dame, qui n'eut garde de le faire. Ils furent acquittés à l'unanimité.

Cependant la conviction de l'opinion étoit si manifeste et si prononcée que le ministère public fut obligé d'en appeler. Le jugement fut cassé; mais telle étoit alors l'incertitude du pouvoir, qu'il redoutoit presque de punir des excès qui pouvoient le lendemain être cités comme des titres. Les accusés furent renvoyés devant le tribunal de l'Ain, dans cette ville de Bourg, où étoient une partie de leurs amis, de leurs parens, de leurs fauteurs, de leurs complices. On croyoit avoir satisfait aux réclamations d'un parti en lui ramenant ses victimes. On croyoit être assuré de ne pas déplaire à l'autre, en les plaçant sous des garanties presque infaillibles. Leur entrée dans les prisons fut en effet une espèce de triomphe.

L'instruction recommença. Elle produisit d'abord les mêmes résultats que la précédente. Les quatre accusés étoient placés sous la faveur d'un *alibi* très-faux, mais revêtu de cent signatures, et pour lequel on en auroit trouvé dix mille. Toutes les convictions morales devoient tomber en présence d'une pareille autorité. L'absolution paroissoit infaillible, quand une question du président, peut-être involontairement insidieuse, changea l'aspect du procès. « Madame, dit-il à celle qui avoit été si aimablement assistée par un des voleurs, « quel est celui des accusés qui » vous a accordé tant de soins? »

Cette forme inattendue d'interrogation intervertit l'ordre de ses idées. Il est probable que sa pensée admit le fait comme reconnu, et qu'elle ne vit plus dans la manière de l'envisager qu'un moyen de modifier le sort de l'homme qui l'intéressoit. « C'est monsieur, » dit-elle en montrant Leprêtre. Les quatre accusés, compris dans un *alibi* indivisible, tomboient, de ce seul fait, sous le fer du bourreau. Il se levèrent, et la saluèrent en souriant. « Pardieu, dit Hyvert, en retom- » bant sur sa banquette avec de grands éclats de » rire, voilà, capitaine, qui vous apprendra à » être galant. » J'ai entendu dire que, peu de temps après, cette malheureuse dame étoit morte de chagrin.

Il y eut le pourvoi accoutumé; mais cette fois il donnoit peu d'espérances. Le parti de la révolution, que Napoléon alloit écraser un mois plus tard, avoit repris l'ascendant. Celui de la contre-révolution s'étoit compromis par des excès odieux. On vouloit des exemples, et on s'étoit arrangé pour cela, comme on le pratique ordinairement dans les temps difficiles, car il en est des gouvernements comme des hommes : les plus foibles sont les plus cruels. Les compagnies de Jéhu n'avoient d'ailleurs plus d'existence compacte. Les héros de ces bandes farouches, Debeauce, Hastier, Bary, Le Coq, Dabri, Delboulbe, Storkenfeld, étoient tombés sur l'échafaud ou à côté. Il n'y avoit plus de ressources pour les condamnés dans le courage entreprenant de ces fous fatigués, qui n'étoient pas même capables dès-lors de défendre leur propre vie, et qui se l'ôtoient froidement, comme Piard, à la fin d'un joyeux repas, pour en épargner la peine à la justice où à la vengeance. Nos brigands devoient mourir.

Leur pourvoi fut rejeté; mais l'autorité judiciaire n'en fut pas prévenue la première.

Trois coups de fusil tirés sous les murailles du cachot avertirent les condamnés. Le commissaire du directoire exécutif qui exerçoit le ministère public près des tribunaux, épouvanté par ce symptôme de connivence, requit une partie de la force armée dont mon oncle étoit alors le chef. A six heures du matin, soixante cavaliers étoient rangés devant la grille du préau.

Quoique les guichetiers eussent pris toutes les précautions possibles pour pénétrer dans le cachot de ces quatre malheureux, qu'ils avoient laissés la veille si étroitement garrottés et chargés de fers si lourds, ils ne purent pas leur opposer une longue résistance. Les prisonniers étoient libres et armés jusqu'aux dents. Ils sortirent sans difficulté, après avoir enfermé leurs gardiens sous les gonds et sous les verrous; et, munis de toutes les clefs, ils traversèrent aussi aisément l'espace qui les séparoit du préau. Leur aspect dut être terrible pour la populace, qui les attendoit devant les grilles. Pour conserver toute la liberté de leurs mouvements, pour affecter peut-être une sécurité plus menaçante encore que la renommée de force et d'intrépidité qui s'attachoit à leur nom, peut-être même pour dissimuler l'épanchement du sang, qui se manifeste si vite sous une toile blanche, et qui trahit les derniers efforts d'un homme blessé à mort, ils avoient le buste nu. Leurs bretelles croisées sur la poitrine, leurs larges ceintures rouges, hérissées d'armes, leur cri d'attaque et de rage, tout cela devoit avoir quelque chose de fantastique. Arrivés au préau, ils virent la gendarmerie déployée, immobile, impossible à rompre et à traverser. Ils s'arrêtèrent un moment, et parurent conférer entre eux. Leprêtre, qui étoit, comme je l'ai dit, leur aîné et leur chef, salua de la main le piquet, en disant avec cette noble grâce qui lui étoit particulière : « Très-bien, » messieurs de la gendarmerie! » Ensuite il passa devant ses camarades, en leur adressant un vif et dernier adieu, et puis se brûla la cervelle. Guyon, Amiet et Hyvert se mirent en état de défense, le canon de leurs doubles pistolets tourné sur la force armée. Ils ne tirèrent point, mais elle regarda cette démonstration comme une hostilité déclarée : elle

tira. Guyon tomba roide mort sur le corps de Leprêtre, qui n'avoit pas bougé. Amiet eut la cuisse cassée près de l'aine. La *Biographie des contemporains* dit qu'il fut exécuté. J'ai entendu raconter bien des fois qu'il avoit rendu le dernier soupir au pied de l'échafaud. Hyvert restoit seul : sa contenance assurée, son œil terrible, ses pistolets agités par deux mains vives et exercées qui promenoient la mort sur tous les spectateurs, je ne sais quelle admiration peut-être qui s'attache au désespoir d'un beau jeune homme aux cheveux flottants, connu pour n'avoir jamais versé le sang, et auquel la justice demande une expiation de sang, l'aspect de ces trois cadavres sur lesquels il bondissoit comme un loup excédé par des chasseurs, l'effroyable nouveauté de ce spectacle suspendirent un moment la fureur de la troupe. Il s'en aperçut et transigea : « Messieurs, dit-il, à la mort! j'y vais!
» j'y vais de tout mon cœur! mais que per-
» sonne ne m'approche, ou celui qui m'ap-
» proche, je le *brûle*, si ce n'est monsieur,
» continua-t-il en montrant le bourreau. Cela,
» c'est une affaire que nous avons ensemble,

» et qui ne demande de part et d'autre que
» des procédés. »

La concession étoit facile, car il n'y avoit là personne qui ne souffrît de la durée de cette horrible tragédie, et qui ne fût pressé de la voir finir. Quand il vit que cette concession étoit faite, il prit un de ses pistolets aux dents, tira de sa ceinture un poignard, et se le plongea dans la poitrine jusqu'au manche. Il resta debout, et en parut étonné. On voulut se précipiter sur lui : « Tout beau! messieurs, » cria-t-il en dirigeant de nouveau sur les hommes qui se disposoient à l'envelopper les pistolets dont il s'étoit ressaisi pendant que le sang jaillissoit à grands flots de la blessure où le poignard étoit resté, « vous savez nos con-
» ventions : je mourrai seul ou nous mour-
» rons trois; marchons. » On le laissa marcher. Il alla droit à la guillotine, en tournant le couteau dans son sein. « Il faut, ma foi,
» dit-il, que j'aie l'âme *chevillée* dans le ven-
» tre! je ne peux pas mourir. Tâchez de vous
» tirer de là. » Il adressoit ceci aux exécuteurs.

Un instant après, sa tête tomba. Soit par

hasard, soit par quelque phénomène particulier de vitalité, elle bondit, elle roula hors de tout l'appareil du supplice, et on vous diroit encore à Bourg que la tête d'Hyvert a parlé.

COMPAGNIES DE JÉHU,

SUITE DU PRÉCÉDENT.

L'ORGANISATION des *Compagnies de Jéhu* fut en général trop spontanée pour qu'on puisse l'éclaircir par des documens bien positifs; mais comme il n'y a pas un épisode de la révolution sur lequel les auteurs *de rebus gestis in nostro tempore* se soient moins exercés, et qui ait laissé moins de traces dans les monuments écrits de cette époque, ainsi que je le disois tout à l'heure, je rattacherai encore à ce sujet quelques souvenirs qu'il réveille dans ma pensée, et qui, à défaut d'une page curieuse pour la galerie de l'histoire, peuvent fournir, si je ne me trompe, quelques scènes au drame ou au roman. On sait que j'ai plutôt cet objet-là que tout autre, et que c'est même le seul but littéraire qui me soit permis. Cependant, les impressions de la première jeunesse ont je ne sais quoi de si vif et de si pénétrant, elles se colorent de tant d'autres prestiges aux yeux de l'imagination, elles reprennent dans le mystère de cette palingénésie de l'âme qui nous fait revivre nos fortes années, tant de séductions invincibles, qu'il ne seroit pas étonnant que je me trompasse souvent sur l'importance des faits qui m'émeuvent encore le plus. Aussi, ne me hasarderai-je pas à garantir leur intérêt, je ne garantis que leur authenticité.

Je me suis plus d'une fois demandé quel étoit le nœud intime, quel étoit le pôle sympathique des *jéhuistes*. Ce n'étoit pas la religion du pays, puisque la moitié de ceux que j'ai connus étoient libertins et athées. Ce n'étoit pas l'amour de la dynastie déchue; il n'y avoit pas un homme sur cent parmi eux qui en eût approché ou qui en attendît quelque chose. Ce n'étoit pas la vengeance. Les jeunes hommes de cette monstrueuse association, qui appartenoient aux familles des proscripteurs, étoient plus nombreux de beaucoup que ceux qui appartenoient aux familles des proscrits. Ce n'étoit pas la cupidité; sortis pour la plupart de la classe aisée, et moins jaloux d'agrandir leur fortune par de mesquines spoliations de diligences et de recettes, que de l'épuiser dans des prodigalités extravagantes, ils jouoient des quadruples qu'ils aimoient à perdre contre des sous qu'ils ne ramassoient pas. Leurs vols tomboient dans des coffres d'où ils alloient engraisser quelques misérables aventuriers, décorés de leur chef du titre de commissaires du roi, et ils n'en recueilloient, quant à eux, que l'infamie et l'échafaud. Ce n'étoient pas, sinon par exception, des antipathies de maison ou des haines personnelles. On tuoit, sans doute, un ennemi, un rival, un créancier, quand l'occasion s'en présentoit; on tuoit, à tout moment, un étranger, un inconnu, un voisin, un camarade d'école, un ami d'enfance; on l'embrassoit quelquefois auparavant.

Ce que c'étoit, il faut le dire! c'étoit une monomanie endémique, un besoin de furt et d'égorgement éclos sous les ailes des harpies révolutionnaires, un appétit de larcin aiguisé par les confiscations, une soif de sang enflammée par la vue du sang. C'étoit la frénésie d'une génération, nourrie comme Achille de la moelle des bêtes féroces, et qui n'avoit plus de types et d'idéalités devant elle que les *brigands* de Schiller et les francs-juges du moyen âge. C'étoit l'âpre et irrésistible nécessité de recommencer la société par le crime, comme elle avoit fini. C'étoit ce qu'envoie toujours dans des temps marqués l'esprit des compensations éternelles, les Titans après le chaos, Python après le déluge, une nuée de vautours affamés après le carnage, cet infaillible talion de fléaux inexplicables qui acquitte la mort par la mort, qui demande le cadavre pour le cadavre, qui se paie avec usure, et que l'Écriture elle-même a compté parmi les trésors de la Providence.

La composition inopinée des *Compagnies de Jéhu* offroit bien un peu de ce mélange inévitable d'états, de conditions et de personnes qu'on remarque dans tous les partis, dans toutes les bandes qui se ruent au travers d'une société en désordre; mais il y en avoit moins qu'il n'en fut jamais ailleurs. La partie des classes inférieures qui y prenoit part ne manquoit pas de ce vernis de manières que donnent les vices dispendieux : populace aristocrate qui couroit de débauches en débauches et d'excès en excès, après l'aristocratie de noms et de fortunes, comme pour prouver qu'il n'y a rien de plus facile à outre-passer que le mauvais exemple. Le reste couvroit sous des formes plus élégantes une dépravation plus odieuse, puisqu'elle avoit eu à briser le frein des bienséances et de l'éducation. On n'avoit jamais vu tant d'assassins en bas de soie; et l'on se tromperoit fort si l'on s'imaginoit que le luxe des mœurs fût là en raison opposée de la férocité du caractère. La rage n'avoit pas d'accès moins impitoyables dans l'homme du monde que dans l'homme du peuple, et on n'auroit pas trouvé la mort moins cruelle en raffinements sous le poignard du petit-maître que sous le couteau du boucher.

La classe proscrite s'étoit d'abord jetée avec empressement dans les prisons pour y chercher un asile. Quand cette triste sauve-garde de l'infortune eut été violée, comme tout ce qu'il y avoit de sacré chez les hommes, comme les temples et les tombeaux, l'administration essaya de pourvoir à la sûreté des victimes en les dépaysant, pour les soustraire au moins à l'action des vengeances particulières. On les envoyoit à vingt, à trente lieues de leurs femmes et de leurs enfants, parmi des populations dont elles n'étoient connues ni par leurs noms, ni par leurs actes, et la caravane fatale ne faisoit que changer de sépulture. Les *Jéhuistes* se livroient leur proie par échange d'un département à l'autre, avec la régularité du commerce. Jamais la conscience des affaires ne fut portée aussi loin que dans cette horrible comptabilité. Jamais une de ces traites barbares qui se payoient en têtes d'hommes ne fut protestée à l'échéance. Aussitôt que la lettre de voiture étoit arrivée, on balançoit froidement l'*avoir* et le *devoir*, on portoit les créances en avance, et le mandat de sang étoit soldé à vue.

C'étoit un spectacle dont la seule idée révolte l'âme, et qui se renouveloit souvent. Qu'on se représente une de ces longues charrettes à ridelles sur lesquelles on entasse les veaux pour la boucherie, et là, pressés confusément, les pieds et les mains fortement noués de cordes, la tête pendante et battue par les cahots, la poitrine haletante de fatigue, de désespoir et de terreur, des hommes dont le plus grand crime étoit presque toujours une folle exaltation dissipée en paroles menaçantes. Oh! ne pensez pas qu'on leur eût ménagé à leur entrée, ni le repas libre des martyrs, ni les honneurs expiatoires du sacrifice, ni même la vaine consolation d'opposer un moment une résistance impossible à une attaque sans péril, comme aux arènes de Constance et de Galère! Le massacre les surprenoit immobiles; on les égorgeoit dans leurs liens, et l'assommoir rouge de sang retentissoit encore long-temps sur des corps qui ne sentoient plus. Pendant ce temps-là, des femmes regardoient paisibles, leurs enfants dans leurs bras, et les enfants battoient des mains. J'ai vu un vieillard septuagénaire, connu par la douceur de ses habitudes, et par cette politesse maniérée qui passe avant toutes les autres qualités dans les salons de province, un de ces hommes de bon ton dont l'espèce commence à se perdre, et qui étoient allés une fois à Paris pour faire leur cour au ministre, et pour assister à la chasse ou au jeu du roi, mais qui devoient à ce souvenir privilégié l'avantage de dîner de temps en temps chez l'intendant, et de donner leur avis dans les cérémonies importantes sur une difficulté d'étiquette; je l'ai vu, dis-je, fatiguer ses bras débiles à frapper d'un petit jonc à pomme d'or un cadavre où les assassins avoient oublié d'éteindre le dernier souffle de la vie, et qui venoit de trahir son agonie tardive par une dernière convulsion!

Tout cela ressembloit étrangement aux exécutions des cannibales, et, comme chez eux, l'affreux sacrifice se passoit au bruit des chants. Dans la bouche des *tueurs*, c'étoit le *Réveil du Peuple* qui alloit toujours augmentant d'éclat et de sauvage expression à mesure que les fumées du sang leur montoient au cerveau; c'étoit le refrain de la *Marseilloise*, qui expiroit de mort en mort dans la bouche des mourans. Seulement on ne les mangeoit pas. Chez les peuples civilisés, qui ont perfectionné par-dessus tout l'art des jouissances, on a compris autrement les voluptés des festins. Voilà toute la différence.

L'aspect de ces tragédies devoit être plus sinistre encore dans les cachots, où, à l'exception du geôlier consterné qui ouvroit la porte, l'action se passoit tout entière entre Marius et le Cimbre. L'assassin s'arrêtoit quelque temps sur le seuil pour exercer son regard à l'obscurité du souterrain; il le promenoit ensuite avec une cruelle avidité dans tous ses recoins, jusqu'à ce qu'il eût à demi discerné sur une poignée de paille quelque chose de vivant qui palpitoit d'épouvante. Alors le tigre bondissoit en poussant son cri de mort, et on n'entendoit plus qu'un gémissement. Quels adversaires, grand Dieu! Quel combat! quel champ de bataille! quelle histoire!

Souvent les victimes déployoient dans ces terribles angoisses un courage digne d'une meilleure destinée. Un aubergiste de Saint-Amour, nommé Tabé, gisoit malade sur un mauvais pliant dans un des angles les plus retirés de la prison. Protégé par son état de souffrance et par les ténèbres où on l'avoit caché, il avoit vu dix fois les égorgeurs passer près de lui en allant au carnage; il les avoit vus dix fois revenir sanglants. La troupe s'éloignoit. Tout à coup la rumeur reflue vers son lit, car ils avoient oublié quelque chose. « Tabé! Tabé! crient des voix furieuses. — Le voici, répond-il en se soulevant péniblement sur ses genoux, c'est moi qui m'appelle Tabé. » Une balle part et lui fracasse le bras; l'assassin inexpérimenté n'avoit pas pris le temps d'ajuster sa victime. Tabé se relève en s'appuyant de l'autre bras. « Ce n'est pas là, dit-il, c'est
» là qu'il faut frapper.... » et il découvre sa poitrine. Cette fois, on eut l'humanité de le tuer à bout portant.

Loin de moi l'idée d'intéresser personne en faveur des misérables qui souillèrent l'est et le midi de la France de tant d'excès d'anthropophages; mais qu'on ne me refuse pas le triste bonheur d'insister sur la pensée consolante pour l'espèce humaine qu'il y avoit dans ces aberrations plus de frénésie que de crime, plus de *tétanos* moral, si l'on peut s'exprimer ainsi, que de scélératesse combinée. Notre savant ami le docteur Marc nous dira sans doute un jour que les anciens, qui savoient tout ce que nous savons, ont probablement voulu figurer cet orgasme désordonné de l'âme dans les fables d'Hercule infanticide et d'Oreste livré aux furies. Ce qu'il y a de certain, c'est que tous les *Jéhuistes* que j'ai vus de près, et qui n'ont pas payé en nature au bourreau le sang qu'ils avoient versé, ont fini par le marasme ou par le suicide comme les monomanes ordinaires. Quand ces gens-là ne savoient plus qui tuer, ils se tuoient.

A les prendre hors de leurs accès (et je n'écris pas cela sans défiance du jugement qu'on en portera, quoique je sois accoutumé à écrire librement tout ce que je pense fermement), c'étoient quelquefois des hommes doux, indulgents, sensibles, qui trouvoient de la pitié et des larmes pour les veuves et les orphelins qu'ils avoient faits. Il y a cinquante exemples pour un d'un jacobin ou d'un *Mathevon* qui a passé avec sécurité les jours de proscription chez un *compagnon de Jéhu*, dont le poignard ne l'auroit pas épargné en prison ou sur la place publique. On en citoit qui avoient caché, nourri, protégé le spoliateur de leur fortune ou le dénonciateur de leur père, parce qu'il étoit venu placer chez eux son malheur sous la sauvegarde de l'hospitalité. C'étoit le cas de dire comme Réal, dans sa belle défense du comité révolutionnaire de Nantes : *Jurés, sont-ce là des hommes de sang ?*

J'ai nommé ailleurs quelques-uns des *Jéhuistes* les plus formidables de l'Est. On comprendra aisément pourquoi je ne désigne que par son prénom celui dont il me reste à parler ici. La nature avoit comblé Laurent d'un luxe éblouissant de faveurs comme pour en faire la plus étrange de ses antithèses. Sa mâle beauté n'excluoit pas une charmante expression de bienveillance et d'aménité qui appeloit la confiance. Élevé sans beaucoup de soin, et livré de bonne heure aux écarts d'une dissipation orageuse, il n'avoit ni une grande force dans l'esprit, ni une solide instruction acquise, mais de l'aisance, de la facilité, une grâce particulière d'élocution qui donnoit du prix à ses moindres paroles, et cet attrait insinuant et doux de l'homme aimable qu'on éprouve sans l'expliquer. Poussé par son organisation nerveuse, et, selon un bruit généralement répandu, par les suites d'un accident très-grave de sa jeunesse, à de fréquents accès d'expansion turbulente, la vue d'une seule personne que son irritation pouvoit blesser, suffisoit pour le contenir. Un bataillon d'ennemis déployé devant lui l'auroit fait bouillonner d'indignation et de rage. Un enfant l'auroit désarmé. Si on lui avoit attribué alors, dans un des cercles où il étoit le plus intimement connu, quelque action violente, il ne se seroit élevé qu'une voix contre la calomnie, et cependant la calomnie elle-même n'auroit pu exagérer. Laurent furieux ne ressembloit plus à l'homme des soirées paisibles, des spectacles et des promenades. Il n'appartenoit plus à l'espèce humaine. Le peuple disoit dans les rues : « Laurent est en colère, Laurent est

» malade, Laurent a mis son habit de carnage;
» il y aura des morts! »

Ces horribles cruautés eurent un terme. La justice tenta enfin de reprendre ses droits et de frapper à leur tour ces usurpateurs des vengeances publiques qui s'étoient mis si audacieusement à sa place; mais elle ne montra long-temps qu'un vain simulacre de vigueur, toujours prêt à s'évanouir devant des passions plus puissantes que les lois. Soixante-douze *compagnons de Jéhu* des départements de l'Est furent envoyés en jugement à Yssengeaux, dans la Haute-Loire, en présence d'un tribunal extraordinairement convoqué pour eux. Dans ce moment où le pouvoir mobile et mal assuré passoit de main en main, comme au hasard, pendant le court intervalle qui séparoit l'arrivée de deux courriers ou le glas de deux tocsins, et où les partis fatigués, mais non pas anéantis, mesuroient encore d'un œil menaçant leurs forces à peu près égales, un pareil nombre d'hommes déterminés, plutôt casernés que captifs dans les prisons d'une petite ville, auroient aisément décidé du sort d'une province; aussi les débats de la procédure présentèrent un de ces tableaux bizarres qui caractérisent les temps d'anxiété publique : l'accusation fut timide, le témoignage inquiet et presque suppliant, la défense insouciante ou teméraire. Tous les prévenus furent absous, deux seuls exceptés, sur lesquels les charges s'étoient accumulées d'une manière si grave qu'ils n'essayèrent pas même de se soustraire à l'évidence accablante des faits. On reconduisit Laurent et un de ses camarades au cachot pour y attendre la mort jusqu'au lendemain.

Il faut avoir vu Laurent pour se faire une idée de l'empire que pouvoit exercer l'héroïque et douce beauté de ses traits sur la multitude la moins sensible à l'ascendant de cette *recommandation corporelle* dont Montaigne parle quelque part. On imaginera sans peine l'effet qu'elle avoit dû produire sur un cœur de femme, et il y avoit une femme chez le geôlier d'Yssengeaux ; étoit-elle sa fille, ou sa nièce ou sa sœur ? c'est ce que l'histoire ne nous dit pas ; mais ce qu'elle nous dit se retrouve si fréquemment, de temps immémorial, dans la tradition conteuse des veillées de village et dans les romances du peuple, que le récit ne mérite presque pas d'en être fait, et que j'en aurois ajusté un autre à mon chapitre, si j'aspirois à l'honneur difficile d'être neuf, au lieu d'écrire scrupuleusement sous la dictée de mes souvenirs. A deux heures de la nuit, la lourde porte de Laurent s'ouvrit, et il reçut la visite d'un ange sauveur, moins pur peut-être que celui qui s'introduisit pour le même dessein au milieu des gardes endormis d'un saint martyr, mais animé aussi de cet esprit de protection et de salut qu'inspire l'amour, et qui procède du même Dieu. C'étoit une jeune et jolie fille, qu'il n'avoit jamais entrevue qu'à travers ses barreaux, mais sur laquelle il avoit agi, sans le savoir, de cette puissance de séduction qui lui étoit naturelle. En pareille occasion, on ne discute guère sur les convenances d'un établissement. L'échange de deux bagues fit tous les frais de l'engagement nuptial, et Laurent se trouva libre, avec le regret de ne pouvoir sauver son compagnon d'infortune, qu'on avoit placé dans un cachot séparé à l'autre extrémité du bâtiment. Un cheval l'attendoit au village voisin, où il alloit être, avant le jour, rejoint par sa fiancée, dont

quelques circonstances différoient le départ.
Le jour parut. Elle tarda. L'impatience le ga-
gnoit, elle s'augmentoit en raison des progrès
que le soleil faisoit sur l'horizon, et une autre
impatience agitoit la foule déjà rassemblée,
parce que l'exécution devoit avoir lieu de
bonne heure. Il avoit poussé à plusieurs re-
prises sur Yssengeaux, et en s'en rapprochant
toujours, des reconnoissances inutiles. Sa tête
s'exalte de cette exaltation passionnée dont il
ne savoit pas réprimer les élans; il suppose
que sa bienfaitrice a été surprise dans sa fuite,
et qu'elle le remplace dans sa prison. Il entre
dans la ville, traverse, au bruit des voix qui
le nomment, la place où des exécuteurs impassibles essayoient l'instrument de son supplice pendant que les gendarmes alloient
chercher les condamnés, reconnoît parmi les
groupes, au milieu desquels elle essayoit de
se frayer un passage, la femme qui l'a délivré,
s'ouvre un chemin vers elle, s'en saisit, la
jette en croupe derrière lui comme un paladin
de l'Arioste, et disparoît au galop. Je voudrois
bien savoir s'il y a beaucoup de faits où s'allie
plus de générosité chevaleresque et d'abnéga-

tion de soi-même, dans les fantaisies romantiques du moyen âge.

Après ce mépris si noble ou si brutal de ce que la plupart des hommes redoutent le plus, le prétendu malheur de cesser de vivre, on se tromperoit, à la vérité, si l'on attendoit beaucoup encore des amis de Laurent. Leurs qualités généreuses elles-mêmes étoient plutôt l'effet d'une organisation particulière que le résultat d'un principe, l'instinct forcené d'un aveugle courage que le développement d'une vertu de l'âme. Ils étoient parvenus à recevoir la mort sans s'émouvoir, sans se soucier, précisément comme ils la donnoient, et c'est tout.

DE LA MAÇONNERIE

ET

DU CARBONARISME.

DE LA MAÇONNERIE

ET

DU CARBONARISME.

On a dit tant de choses, on a écrit tant de volumes sur la *Maçonnerie*, depuis qu'elle a le privilége d'occuper les hommes, qu'il paroît difficile aujourd'hui de dire et d'écrire du neuf sur ce sujet. Toutefois, il est certaines questions, usées en apparence, sur lesquelles il reste quelque chose de neuf à dire, la vérité; et celle-ci est de ce nombre. L'origine de la *Maçonnerie*, qu'on a obscurcie de tant de voiles, est une des choses les plus simples et les plus communes qui se puissent imaginer; mais on a mieux aimé la chercher dans les mystères d'Éleusis et dans la fable d'Adonhiram que dans un fait de tous les pays et de tous les moments. Le naturel est presque toujours le dernier point dont on s'avise dans les sciences de l'homme.

Un instinct propre à l'espèce a fondé la société universelle, mais cet instinct ne s'est pas épuisé dans cette vaste création. L'intérêt général s'est subdivisé en grand nombre d'intérêts particuliers. Des besoins, des prétentions, des droits analogues ont nécessairement rapproché les individus auxquels ils étoient communs. Il n'y a si petite fraction de l'état social qui n'ait reconnu à son tour l'avantage de se fortifier du concours de tous ses membres, soit pour assurer sa conservation, soit pour parvenir plus sûrement à son dernier degré de perfectionnement et de bien-être. La plupart des peuples ont reconnu ce principe dans l'établissement des castes; la plupart des polices l'ont consacré dans l'établissement des corporations.

Comme toutes les agrégations possibles d'hommes aspirent à s'attribuer des priviléges qui leur soient propres, il a fallu se défendre dans toutes de l'intrusion et de l'envahissement des intérêts étrangers; il a fallu se circonscrire et s'isoler; il a fallu inventer des mots de passe, des mots d'ordre et des mystères. Tout cela est très-social; l'harmonie publique ne peut même se concevoir autrement, car c'est de l'esprit intime de ces associations particulières que se compose l'esprit unanime de la société humaine, qui a aussi ses mots d'ordre et ses mystères, c'est-à-dire ses gouvernements et ses religions. Les petites sociétés sont l'élément de la grande; elles en sont l'image abrégée, comme chacune des existences que la nature a produites est typiquement en soi un des éléments, une des images abrégées, un des microcosmes du grand monde.

Les sociétés de métiers sont probablement anciennes comme les métiers. On retrouve des traces de leur existence et de leur action dans toutes les histoires.

La *Maçonnerie* n'est autre chose, dans son origine comme dans ses emblêmes, que l'association des ouvriers maçons ou bâtisseurs, complète en ses trois grades, l'*apprenti*, le *compagnon* et le *maître*.

Comment cette société a entraîné dans son mouvement la plupart des sociétés occultes, c'est une autre question. L'accroissement de la civilisation, l'agrandissement progressif des villes, l'importance des monuments séculaires du moyen âge, dont le plan et les travaux se léguoient de génération en génération, peuvent fort bien expliquer la suprématie qu'elle obtînt sur toutes les autres, et qui a fini par la rendre aussi patente que les institutions avouées. Les grandes et solennelles entreprises de Christophe Wren ont-elles réellement influé sur ses développements? Sa position de ce temps-là au milieu des troubles régénérateurs de l'Angleterre a-t-elle déterminé sa première extension politique, et attiré dans son tourbillon, comme autant de satellites d'une planète puissante, des agrégations inférieures en nombre, en richesse et en capacités? Cela est possible et même vraisemblable; mais, dans tous les cas, ce ne seroit pas là une origine, ce ne seroit qu'une époque. L'origine réelle de la *Maçonnerie*, c'est le *Compagnonage*.

Ce n'est qu'à dater du dix-septième siècle et des guerres de la Fronde, que la politique devint une science populaire. Elle avoit été subordonnée jusque là au système religieux que la réforme venoit de détruire ou au moins d'ébranler d'une manière irréparable.

Ce n'est que vers le milieu du dix-huitième siècle que cette science passa dans toutes les perceptions de l'homme, et qu'elle choisit pour sanctuaire les sociétés occultes, parce qu'elle ne pouvoit encore marcher à découvert dans la société publique. Dès ce moment, les intérêts de celle-ci et ceux de ses fractions se scindèrent. Tout s'agitoit dans un tout qui persistoit à rester immobile, et tout tomba.

Quoique tous les individus ne fussent pas également préparés à ce progrès ou à cet accident dans les sociétés secrètes, ils furent tous emportés également dans le courant des révolutions qui renouveloient le monde. Il ne falloit pour cela que subdiviser les sociétés d'invasion, en laissant à l'arrière-garde les esprits méticuleux ou stationnaires, et il n'y avoit rien de plus facile en multipliant les grades. Cette innovation ne choquoit personne, parce qu'elle marquoit dans l'ordre une augmentation d'importance qui flattoit tous les orgueils et qui tentoit toutes les ambitions. Cependant il est vrai de dire qu'à partir du jour où le grade de *maître* fut dépassé, le *Compagnonage* maçonnique n'exista plus. Il ne resta que des faiseurs et des masses.

Il faut convenir encore que cette action se ressentoit peu des intentions du moteur inconnu qui l'avoit communiquée. Jusqu'au grade de rose-croix, emprunté à de mauvais charlatans des siècles précédents, et dont le thème mystique paroît au moins assez significatif, ces grades n'étoient le plus souvent que des fictions de vanité dont le premier objet, fort étranger au principe essentiel d'égalité sur lequel reposoit l'ordre, sembloit être de fonder dans les *Orients* une aristocratie de mœurs et d'intelligences. L'artisan s'en effaça de plus en plus, et l'institution tomba en proie à quelques gentillâtres aigris des rebuts de la cour, et à quelques avocats turbulents, au-dessus desquels s'élevoient seulement de loin en loin un petit nombre de capacités supérieures qui avoient compris qu'une société secrète est le plus sûr de tous les leviers pour remuer l'autre.

Comme ce n'est pas l'histoire de la *Maçonnerie* que je fais ici, je ne chercherai point à expliquer ses alliances avec l'*Illuminisme*, et sa tendance toujours croissante à entrer d'une pièce dans une nouvelle organisation politique. Je n'aurai pas besoin de dire pourquoi elle s'éteignit dans la révolution, dès le commencement de la République; la raison en saute aux yeux. La révolution l'avoit complétement débordée, parce que les révolutions vont toujours beaucoup plus loin que la prévision indiscrète et présomptueuse de ceux qui les font. Je n'aurai pas besoin de dire pourquoi elle reparut, quand la révolution eut reculé sous la main puissante de Bonaparte. La liberté proscrite essayoit de se réfugier quelque part, et elle revenoit à son premier gîte, mais il ne lui appartenoit plus : elle y trouva la belette.

Bonaparte connoissoit trop bien le pouvoir

des sociétés secrètes pour abandonner la *Maçonnerie* à son propre mouvement. Il jeta ses adeptes personnels à la tête de l'ordre, et cette fois il n'y eut plus moyen de se soustraire de degrés en degrés à l'invasion de sa police. Elle se saisit de cet artifice elle-même pour faire rétrograder l'esprit maçonnique, en feignant de le pousser à travers des ampliations postiches. Tout au plus elle daigna livrer çà et là quelques idées généreuses aux esprits les plus actifs, comme une folle pâture, et fournit avec adresse ces aliments sans substance aux âmes impatientes pour les dédommager de la perte de la liberté. On alla jusqu'à ménager à de certains caractères que n'auroient pas contentés les émotions communes, des impressions violentes qui rappeloient quelque chose de la véhémence des passions révolutionnaires; tel fut l'objet de l'institution des *Templiers*, dont le principe vital étoit la haine de la papauté et de la vieille race royale dépossédée par la révolution. Il y avoit là tout ce qu'il falloit pour occuper, en jeux de théâtre, l'activité remuante des patriotes d'action, sans danger pour le pouvoir colossal qui s'élevoit sur les débris de la

République, et c'est à ces fictions niaisement hostiles que se réduisirent les dernières splendeurs de la *Maçonnerie* et de l'*Écossisme*. Le reste ne présente guère qu'une farce sérieuse, jouée par d'honnêtes oisifs, entre des châssis de bateleurs, et dont la représentation, bonne pour amuser les loisirs d'une vieille femme, n'a jamais ému le sommeil d'un tyran.

Les amis obstinés de la liberté plaçoient ailleurs leurs espérances; seulement, ils avoient procédé dans le sens inverse de la *Maçonnerie*, en descendant du grade complet qui contenoit leur pensée dans toute son intensité, à des grades subordonnés qui reprenoient sa place relative, puis disparoissoient à leur tour derrière un grade inférieur qui se croyoit toujours le premier, jusqu'au moment où une masse immense se trouvoit embrassée de toutes parts. C'étoit chose aisée que de rattacher à ce système ainsi conçu les *adelphies* d'écoliers et les *compagnonages* d'artisans; mais au lieu de les appeler à soi pour les absorber, on se faisoit appeler par eux-mêmes, et on les forçoit à créer en quelque sorte la progression ascensionnelle dans laquelle on les amenoit, comme si on y étoit amené. C'est ainsi que les sociétés inférieures, si peu redoutées du pouvoir, avoient fini par contenir à leur insu tout ce qu'il y avoit d'essentiel dans l'organisation générale; et si cette combinaison, qui déjouoit toutes les prévoyances du despotisme, n'étoit pas exempte d'hypocrisie, il faut convenir au moins qu'elle ne manquoit pas d'esprit. Je l'ai expliquée sans scrupule, parce que je suis bien convaincu qu'en matière de conspiration, le même mode général ne réussit jamais deux fois.

La *Maçonnerie* promettoit peu de conquêtes aux ennemis du despotisme, et j'en ai dit les motifs : mais il existoit en France un *compagnonage* bien moins connu, dont l'envahissement offroit tous les avantages desirables, celui des *bons cousins charbonniers*. Plus ancien probablement que celui des *maçons*, car il comprend dans sa nomenclature technique des archaïsmes de notre langue, dont il ne reste presque pas d'autres monuments; il conservoit au premier degré toute la naïveté de son institution primitive. Le *bon cousin charbonnier* de ce grade étoit en effet le plus souvent un charbonnier ou un bûcheron, ordinairement nomade, selon les mœurs de cette profession, et pour qui la combinaison et les devoirs de l'institut n'étoient pas un simple divertissement d'imagination, mais bien une nécessité d'existence. A côté, se développoient des aggrégations urbaines, presque toutes formées dans la classe inappréciable des artisans industrieux et honnêtes, qu'une éducation saine et appropriée à leur état rendoit susceptibles de participer vivement à un certain ordre de jouissances morales. Ceux-ci, acquis graduellement par la société, n'en avoient altéré ni le principe ni les cérémonies, et, comme aux premiers temps de sa fondation, les *ventes* solennelles se tenoient encore dans les bois. Il s'étoit bien mêlé à ces éléments un peu de cet amalgame inévitable qui a fini par corrompre la *Maçonnerie*, c'est-à-dire des *lettrés*, des légistes, des médecins; mais ils n'y concouroient qu'à titre de superfétation, et la faconde vide, le jargon sentimental, le lycophrontisme philanthropique de l'université, de l'académie, du barreau, avoient peu de prise sur des âmes ingénues, éclairées de doctrines pures, et fidèles avant tout à des pratiques héréditaires consacrées par l'usage des ancêtres. Les dogmes du *Carbonarisme* étoient simples et frappants, les mœurs graves et exemplaires, les rits empreints d'une majesté naturelle que les imitateurs n'ont jamais pu qu'imparfaitement contrefaire. Il n'y avoit point chez les *charbonniers* de ce faste de charité qui se réduit communément à de brillantes apparences, mais un véritable esprit de *compagnonage* bien plus sincère et bien plus effectif, parce qu'il étoit animé d'une conscience et d'un besoin de réciprocité bien plus intelligible à tous, et qui entretenoit avec une exactitude parfaite de généreuses sympathies entre tous les membres de l'ordre. Le titre même de *cousins*, moins emphatique et moins obligatoire que celui de *frères*, donne la mesure de cette affinité loyale et modeste qui ne promettoit pas tant, mais qui assuroit davantage. Le *maçon* a quelquefois proscrit le *maçon*. Jamais l'assistance du *charbonnier* n'a manqué au *charbonnier*, sans acception de parti, et quand nous avions atteint la forêt, on savoit bien qu'on ne nous y retrouveroit pas. Le *Carbo-*

narisme, comme toutes les bonnes sociétés, s'appuyoit sur un principe religieux placé hors de toute discussion, et qui n'a peut-être pas en mille ans excité une controverse, croyance pour les uns, emblème pour les autres, également respecté de tous. C'étoit une piété tolérante, un christianisme libre, cette foi large et cependant docile qu'on appelle, sans savoir pourquoi, *la foi du charbonnier*. Il en étoit de même pour les mœurs, pour les devoirs, pour les bienséances sociales, où l'indulgence, compassionnable à toutes les erreurs, se révoltoit contre tous les excès, mais avec des formes de répression qui soumettoient irrésistiblement le cœur. L'orgueil des décorations et des titres, cette plaie qui dévore les sociétés secrètes comme la société entière, ne pouvoit avoir d'accès parmi les *charbonniers*, où toute autorité est essentiellement transitoire et passe à perpétuité de main en main, par une suite d'abdications spontanées; gouvernement sublime, selon moi, qui réunit toute la vigueur du pouvoir absolu à toutes les libertés de la démocratie la plus complète; qui exclut toutes les ambitions illégitimes en encourageant toutes les nobles émulations; qui impose l'obéissance de tous par la certitude unanime de l'imposer à tous à son tour; qui n'a aucun des inconvénients de l'élection populaire, le dernier titulaire étant toujours électeur; aucun des inconvénients de la réélection prolongée, le chef amovible ne pouvant se réélire lui-même, et qui, si admirable qu'il soit, n'a jamais eu de type chez aucun peuple.

En vérité, si j'avois porté quelque prétention dans ma vie, je n'aurois pas beaucoup à me louer de ses chances. Aucun des événements dont j'ai été l'acteur ou le témoin n'a varié mon existence d'un épisode favorable; ma destinée m'a jeté à califourchon sur une tangente du globe qui me ramène nécessairement aux antipodes de toutes ses révolutions; mais je lui sais gré d'avoir caché quelque temps ma triste jeunesse dans les *ventes des charbonniers;* — et c'est pourtant dans cet ordre innocent et paisible qu'un amour effréné de la liberté nous fit essayer de répandre, sous le règne de Napoléon, des semences de troubles, si fertiles en malheurs!

Je dois interrompre ici le fil de mes souvenirs, plutôt que de le rattacher à des conjectures hasardées et délicates. Si je ne me trompe toutefois, il y avoit trop de droite raison, trop d'amour de l'ordre et de la paix, trop de simplicité de conduite chez nos *charbonniers* de cette époque, pour qu'ils aient dû prêter, en France, une coopération bien active aux entreprises des partis. En Italie, ce fut autre chose; mais le récit de leur organisation de 1809, sous l'habile direction de Chasteler, et de leur alliance avec les sociétés passionnées et magnanimes des étudians d'Allemagne, demande une autre plume que la mienne, et le temps de l'écrire n'est d'ailleurs pas venu. S'il n'est point de spectacle plus noble et plus touchant que le mouvement d'une population généreuse, qui se soulève contre la tyrannie intérieure ou contre l'invasion étrangère, il y a dans la mise en scène de ce grand drame politique des ressorts dont son succès peut dépendre une autre fois, et qu'il seroit dangereux de ravir à l'adresse du machiniste et au talent de l'acteur. *Proximus ardet Ucalegon*. L'histoire des peuples n'est pas finie.

Ces notions mêmes, toutes vagues qu'elles

sont, n'auroient pu paroître il y a quelques années; aujourd'hui elles seront loin de satisfaire la curiosité de tous les lecteurs. C'est une des conditions infaillibles de la matière que je traite, et je ne pensois d'ailleurs qu'à en tirer une induction qui peut être livrée avec quelque utilité aux gouvernements de bonne foi, qu'on nous promet depuis si long-temps, et qu'on nous donnera peut-être. Le *Compagnonage*, abandonné à lui-même, à la spontanéité de son admirable institution et de ses excellents instincts, sera toujours, dans tout ordre établi, un des meilleurs auxiliaires de l'ordre, et j'étends cette proposition à toutes les associations publiques ou secrètes qui dérivent du *Compagnonage*, ou qui en ont emprunté leur forme. Il est naturellement soucieux et remuant, mais il est indispensablement intelligent et moral. Les hommes ne se réunissent jamais que sous l'empire d'une idée d'harmonie; et toutes les fois que vous découvrirez dans le conciliabule le plus suspect un cérémonial convenu, vous pouvez être certain d'y trouver un profond sentiment d'ordre. Pascal a dit que les voleurs mêmes

avoient des lois : Pascal s'est trompé comme
se trompent les philosophes qui ne jugent les
choses que par spéculation. Les méchants
n'ont point de lois; ils n'ont point de société;
ils ont des intérêts mobiles, passagers, fu-
gaces, dénués de sympathie et de simultanéité,
à peine garantis par des mots ou des signes de
convention, et devant lesquels ils reculeroient
s'ils étoient convoqués, assemblés, assis, éclai-
rés par des lampes distribuées avec symétrie,
distingués par des costumes, instruits par des
emblèmes, et présidés par un chef. Partout où
il y a collection d'hommes, s'il y a en même
temps un principe fondamental d'association,
la majorité finira par devenir bonne, et si elle
ne le devenoit pas, l'association périroit toute
seule, sans que la force s'en mêlât. Si un grand
nombre de conjurés se sont long-temps entendus pour un crime, soyez sûrs que ce crime
offroit au moins l'apparence d'une vertu, et
qu'il n'y avoit dans leur obstination que cette
erreur de jugement qui n'implique pas la per-
versité de l'âme, puisque vos tribunaux et vos
sénats n'en sont pas exempts. Soyez sûrs encore
qu'ils ne se seroient pas perpétués, car les in-

stitutions placées hors de la morale ne se perpétuent pas plus que les monstres.

Les sociétés secrètes sont indestructibles de leur nature ; elles sont menaçantes pour le despotisme lui seul ; elles sont inquiétantes pour les pouvoirs temporaires qui ne cèdent qu'avec timeur et pusillanimité les libertés légitimes. Sous les pouvoirs loyaux et bien pondérés, elles offrent un appui aussi essentiel à l'ordre moral que les administrations provinciales à l'ordre politique. Ce sont des pièces de l'économie universelle jetées dans le même moule. Je n'en excepte certainement pas la *Maçonnerie*, qui est très-bonne, très-respectable, très-innuisible en tout point, et qui peut occuper fort convenablement les veillées d'un honnête citoyen, quand les soirées deviennent longues, et surtout quand il pleut.

LES
PRISONS DE PARIS
SOUS LE CONSULAT.

LES PRISONS DE PARIS,

SOUS LE CONSULAT.

I.

LE DÉPOT DE LA PRÉFECTURE ET LE TEMPLE.

Le *moi* est odieux, dit Pascal. Le *moi* est bien pis que cela, quand on n'a pas eu de part essentielle aux affaires, et qu'on figure tout au plus dans le drame de l'histoire comme un *comparse* inutile. Alors, il est ridicule, et c'est ce qu'il y a de pis en France.

Cette considération m'auroit détourné d'écrire mes *Souvenirs*, si j'avois jamais imaginé que je les écrivisse pour un autre que pour moi. Cependant, je ne vois aucun moyen de traiter le sujet qui m'occupe, sans prendre un rôle dans ma narration. C'est l'inconvénient inévitable de ce genre d'ouvrage; l'exemple de l'obscur Constantin de Renneville peut seul me rassurer. Il s'est fait le héros de cinq gros volumes sur la Bastille, et je me propose de n'être ni si fier ni si prolixe.

Je crois que tous les hommes qui ne se laissent pas dominer par des préventions ou duper par des livres sont d'accord sur la sensibilité de Napoléon. C'est injustice que d'en faire une âme implacable et cruelle; en faire une âme affectueuse et bienveillante, c'est mystification. Il faisoit peu de cas de la vie des autres, mais c'est pour cela même qu'il n'en étoit prodigue que sur le champ de bataille. Hors du champ de bataille, il n'avoit point d'intérêt à verser du sang, et il n'y prenoit point de plaisir. Mais je ne vois pas de raisons pour lui savoir beaucoup de gré de cette mansuétude négative. Ce qui stimule les grandes cruautés, ce sont les grandes résistances, et le peuple françois, du temps du consulat et de l'empire, est certainement le peuple le moins réfractaire qui se soit jamais courbé sous un sceptre. Il est tout simple de ne rien briser quand on ne trouve rien de cassant. L'opposition étoit formée alors dans tout le pays, et je le sais pour l'avoir vue de près, d'une cinquantaine de vieux jacobins qui ne faisoient plus peur même aux petits enfants, et d'une cinquantaine de vieux royalistes, dont la moitié pour le moins faisoit mourir de rire, à force de sottes prétentions et de rêveries ridicules. L'armée seule renfermoit des éléments à redouter pour la tyrannie; mais elle se vainquit elle-même en triomphant de l'Europe; elle s'enivra de son sang; elle s'éblouit de ses triomphes, et la gloire finit par la distraire de la patrie.

Ce qui caractérise d'une manière unique chez tous les peuples et dans toutes les histoires le règne de Napoléon, c'est l'excès de l'arbitraire et de l'illégalité; je dis chez tous les peuples et dans toutes les histoires, parce que mes lectures, mes observations, mes voyages ne m'ont rien présenté de pareil, sinon dans la gravité des applications, au moins dans l'intensité du principe. Certainement il n'y a aucune comparaison à faire entre la pénalité de cette époque et celle des proscriptions triumvirales, de la jurisprudence en matière de sortilége, du tribunal sanglant d'un Jefferys ou d'un Fouquier-Tainville; mais dans ces exceptions monstrueuses, il faut au moins reconnoître je ne sais quelle audacieuse loyauté, je ne sais quelle franchise féroce qui annonce que toutes les idées sociales ne sont pas subverties. C'est l'assassinat juridique, si l'on veut, mais ce seul mot *juridique* suffit pour sauver la pudeur d'un gouvernement et d'une nation. Il n'y a rien là d'occulte, de latent, de clandestin; on y voit bien l'abus le plus épouvantable, le plus sacrilége des formes, mais les formes y sont encore, et tant qu'elles subsistent, il peut rester un refuge à la justice, une espérance à l'humanité. Sous le règne de Napoléon, et dès la fin du consulat, les formes, d'abord enfreintes avec violence, tombèrent bientôt dans un tel mépris qu'on ne les auroit pas réclamées sans exciter la dérision. Ce que l'on en conserva, quant aux délits politiques dont il est exclusivement question ici, n'eut pour objet qu'un petit nombre d'événements peu vulgaires et d'accusés trop connus pour qu'il fût possible de soustraire leur sort à la notoriété publique. Le reste obscur des malheureux suspects au pouvoir fut mis en masse hors de la loi commune. La justice, faite pour tous, fut déniée au proscrit. La prison devint une espèce de colonie d'ilotes jetée en dehors des limites de la société, et qui y avoit perdu tous ses droits. L'autorité reconnoissoit probablement un corps de délit, puisqu'elle infligeoit une peine, mais c'étoit sans jugement, sans information contradictoire, sans débats, sans instruction, sans interrogatoire; car on ne sauroit donner ce nom à une série de questions plus ou moins vagues, faites dans les bureaux de la police par un officier de police, et qui n'avoit le plus souvent pour objet que de constater l'identité du prisonnier. On négligeoit quelquefois jusqu'à cette formalité. J'ai connu un vieillard respectable et incapable de feindre, qui étoit depuis deux ans en prison sans avoir été interrogé, et qui me juroit sur l'honneur qu'il lui étoit impossible de deviner la cause de son arrestation. J'ai vu un papetier nommé Métivier, qui ne fut interrogé qu'au bout de huit mois. Ce jour-là, on s'aperçut qu'il y avoit eu erreur sur la personne; il fut mis en liberté. Quand il arriva chez lui, sa marchandise étoit sequestrée et sa mère étoit morte. — Chose étrange! ces formes conservatrices de la justice, qu'on feignoit de respecter à l'égard de quelques prévenus, ne les protégeoient que jusqu'à la condamnation inclusivement. Un accusé déclaré innocent étoit encore coupable. Dix de mes amis, acquittés à l'unanimité par des juges qu'on n'a jamais soupçonnés d'une arrière-pensée séditieuse, ont subi dix ans de captivité depuis leur absolution, et les portes des cachots pèseroient encore sur eux, si la fortune lassée n'avoit pas abrégé les destinées du grand empire. Ce jugement après jugement avoit même un nom, mais un nom hibride, un nom monstrueux, un nom qui fait frémir; il s'appeloit *le jugement administratif*.

Je serois désolé qu'on pût supposer qu'il

reste dans mon cœur quelque levain qui l'aigrit. J'ai conçu peu de haines en ma vie, et je me crois bien sûr de n'en avoir point conservé; mais je ne puis parler sans un peu d'amertume du régime de l'absolu, parce que je n'en connois point de plus flétrissant pour le caractère de l'homme, de plus contraire à la morale publique, de plus funeste à l'organisation sociale. Quant au foyer d'oppression et de cruauté de ce temps-là, je pense qu'il étoit pour le moins autant dans les choses que dans les personnes. On auroit tort de s'imaginer que Napoléon lui-même a suivi le principe de son pouvoir dans toutes ses conséquences. J'ai lu dans les Mémoires de ses amis qu'il s'excusoit de la violation du dogme social de la liberté individuelle, en assurant qu'il ne l'avoit tolérée qu'à l'égard de vingt-six personnes, et je suis convaincu qu'il croyoit parler vrai. Malheureusement, j'en ai vu six cents exemples dans peu de prisons et dans peu de mois, et cela est tout simple. Ce que le maître a toléré par exception, l'esclave l'exécute par système. Cette exception devient sa règle, parce qu'elle étoit une exception. Ce qui contribue le plus à aggraver l'horreur que les tyrans inspirent à la postérité, c'est une responsabilité inévitablement attachée à leur triste condition, celle de tous les crimes que l'on commet pour eux. Ils sont trop bien servis.

Si l'on daigne se rappeler que j'écris sous l'impression d'un sentiment et non dans l'intérêt d'une composition régulière, on me pardonnera peut-être ces causeries, qu'il est bien facile d'ailleurs de me laisser finir tout seul, quand elles tombent dans la redite et dans le verbiage. Il n'y a rien de diffus comme la mémoire, lorsqu'elle suit à travers le passé le fil des jours anéantis, trouvant tout bon pour s'occuper, parce qu'il n'y a point de pièce si mesquine dans le fatras de ses réminiscences qui n'ait été en son lieu une des pièces essentielles de la vie. J'ai promis d'ailleurs plus de traits que de portraits, et plus d'anecdotes que d'histoires, la conversation d'une veillée et point la matière d'un livre. En retournant par la pensée dans ces jours d'amertume et de misère, mais d'imagination et d'espérance, que des mois de volupté ne rachèteroient pas à trop haut prix, j'y discerne je ne sais combien de physionomies ou naïves ou fortes que je rencontrerois avec plaisir dans une galerie biographique, si un écrivain sans prétention et sans prévention me les montroit avec un peu de candeur et de chaleur d'âme. Il ne faut pas m'en demander davantage, c'est tout ce que j'ai promis. Il n'y a pas, au reste, dans tout le temps que j'ai vécu, de faits qui me soient propres, et que je puisse croire dignes d'être recueillis. Je n'en place ici quelques-uns que comme des points d'intersection entre des objets qu'ils rapprochent, un fond de mauvaise tenture derrière quelques tableaux plus recommandables par le sujet que par le travail, la trame grossière du tisserand sous la broderie machinale du tapissier.

Je fus arrêté à trois heures du matin, hôtel Berlin, rue des Frondeurs, par un inspecteur de police, nommé M. Veyrat, qui a acquis depuis une certaine célébrité. C'étoit un homme de bonnes manières et de bons procédés, qui se présentoit fort bien, et remplissoit avec toute la politesse requise sa pénible mission. Il s'est chargé trois fois de la même opération à mon égard, et deux fois au moins, par une sorte de bienveillance, pour m'épargner les formes acerbes et grossières de ses confrères. Arrivé dans ma chambre, il disoit à ses acolytes : « Retirez-vous, messieurs, je réponds » du prisonnier corps pour corps; » et nous échangions quelques paroles amènes et gracieuses, qui aboutissoient toujours de sa part à de vives offres de service de la sincérité desquelles je n'ai jamais douté. La première fois, indigné d'être palpé de la manière la plus indécente par deux agents qui me fouilloient pour s'assurer que je ne dérobois ni papiers ni armes, je les étendis sur le parquet, et un des soldats qui faisoient briller leur sabre nu à ma porte, n'en attendit pas davantage pour se persuader que j'étois en état flagrant de rebellion. Mon sang coula. M. Veyrat congédia la garde, et voulut me panser lui-même avec sa cravate. Si j'avois à être encore arrêté, il est probable que je regretterois M. Veyrat.

L'automne de 1803 étoit fort avancé. Le jour commençoit à peine à poindre quand je fus introduit au *Dépôt de la préfecture*, c'est-à-dire dans une salle basse, placée sur les limbes des bureaux, au côté gauche de la grande cour; la lumière, qui y pénétroit plus rare encore à travers des vitres presque opaques, et garnies de grilles épaisses, me permit à peine de distinguer, dans cet Érèbe, quelques formes confuses et effrayantes. Je crus remarquer un mouvement en face de moi; c'étoient des têtes qui se soulevoient et retomboient périodiquement, comme si elles avoient obéi à un ressort. Je fis un pas, et je fus arrêté par une longue traverse de bois qui occupoit la salle dans toute sa largeur: j'allongeai la main, et je touchai un sabot; je la retirai, et elle tomba sur un escarpin. Je compris que c'étoit là un lit de camp, et que le bruit du verrou, qui annonçoit mon arrivée, avoit réveillé quelqu'un.

Le jour croissoit, et mes yeux se familiarisoient d'ailleurs avec les ténèbres permanentes du nouveau domicile pour lequel on venoit de me faire quitter le plus joli appartement de garçon qu'il y eût alors dans tout le quartier du Palais-Royal. Le lit de camp étoit couvert d'hommes pressés les uns contre les autres, sur le bois cru. Dans l'espace libre qu'on appeloit *la rue*, il y avoit un matelas sur un pliant, et un vieillard sur ce matelas. L'objet de ce privilége étoit un journaliste septuagénaire, qui comptoit alors sept ans de prison, et que l'humidité des cachots auroit criblé toute seule de gouttes et de rhumatismes, s'il n'y avoit pas eu quelque disposition; il étoit ce jour-là en transfèrement, et il y étoit avec son lit, parce qu'on n'avoit pas pu le lui refuser. Ses formes anguleuses et ramassées par la douleur, comme celles de Scarron, n'avoient pas été calculées dans la répartition des places étroites du lit de camp. Elles en auroient troublé l'économie.

Il fit jour, ou plutôt les ténèbres devinrent visibles. Deux ou trois prisonniers descendirent du lit de camp et passèrent devant moi pour me reconnoître. Un autre se mit à genoux contre la croisée pour faire sa prière du matin. Plusieurs battirent le briquet, et allumèrent le cigare. Un homme qui occupoit la place extrême de droite, et dont la physionomie méridionale paroissoit animée de tout ce feu d'esprit et de courage que Bordeaux entretient dans la longue jeunesse de ses enfants, s'assit avec autorité, jeta au loin le madras dont ses cheveux étoient retenus, et après avoir passé sa main avec une sorte de coquetterie à travers leurs longues boucles noires; il ordonna le silence, et on se tut. C'étoit le prévôt du dépôt. Il étoit dans ce *dépôt* depuis quatre mois.

M. de Prune, c'est son nom, devoit m'interroger. C'étoit le droit du prévôt de la chambrée dans toutes les prisons; c'étoit même son obligation, et il n'y a point d'institution sociale qui s'explique mieux que cette belle institution de la société fortuite et forcée des prisons. Si la chimère de l'égalité s'est jamais réalisée quelque part, j'imagine que c'est dans un cachot. Cependant au cachot même il y a une sorte de hiérarchie; l'innocence et le malheur y ont de grands priviléges. Les méchants s'y rendent justice; ils ne se mêlent pas aux honnêtes gens; ils les respectent de loin. L'interrogatoire du prévôt a pour objet cette séparation provisoire, qui est soudainement déterminée par la nature du délit et par le caractère de l'individu. Après un quart d'heure de conversation on est classé; au bout d'une heure on a trouvé ce qu'il y a de plus précieux au monde, et surtout en prison, des amis. Cela donneroit envie de n'en pas sortir.

Je ne manquois pas de vanité. C'est un vice dont j'ai eu le bonheur de me guérir, mais qui m'a fait faire bien des sottises. J'étalai donc avec complaisance les motifs de mon arrestation, dont je me glorifiois comme un enfant. Ma petite allocution produisit tout l'effet que je pouvois en attendre. A peine eus-je articulé mon nom qui avoit apparu cinq ou six fois au bas d'une colonne du *Citoyen François* de Lemaire, que dix mains pressèrent la mienne. M. de Prune descendit de son lit de camp, et me donna une accolade cordiale. Le vieux journaliste se souleva sur sa couchette, et quand il fut parvenu à y prendre à peu près la position d'un homme assis, il m'adressa la parole en renversant en arrière son bonnet de loutre, de manière à me découvrir tout entière une des figures les plus vénérables que j'ai vues de ma vie : « Je » te connois, me dit-il avec cette solennité oratoire qu'on apprenoit quelques années auparavant dans le forum de la révolution; « je » suis de ton pays; je m'appelle Eve Démail- » lot, vieux républicain, et profès dans l'ap- » prentissage que tu commences. On m'a

» parlé de toi; on m'a dit que, tout jeune, tu
» avois quelque chose de cette énergie franc-
» comtoise qui est inébranlable comme notre
» Jura. Je suis enchanté de te voir ici; le
» monde et les plaisirs gâtent les meilleurs
» naturels; ces polissons de Girondins se sont
» perdus dans les salons de Roland. C'est la
» prison qui est le séminaire des patriotes. Il
» faut que tu t'accoutumes à souffrir pour de-
» venir digne d'être un jour le bâton de vieil-
» lesse de la liberté. » J'embrassai tendrement ce bon vieillard, dont j'ai long-temps
partagé depuis la captivité, et que je retrou-
verai tout à l'heure.

A dix heures on vint faire l'appel. Je connus à mon tour mes camarades d'infortune.
C'étoit un singulier mélange de noms : M. Ré-
camier, M. Brentano, M. Titus, premier dan-
seur du théâtre de Bordeaux; M. de Goville,
ancien commandant de dauphin-cavalerie;
M. Bette d'Étienville, homme de lettres, déjà
fameux dans l'affaire du collier; M. Edouard
de Molière, garde-du-corps; M. Renou, ancien chef de division vendéen, dont M. de
Châteaubriand a si avantageusement parlé.

Nous étions en tout vingt-huit dans ce parallélogramme étroit qui n'avoit certainement pas trente-six pieds de longueur. Un homme ne répondit pas à l'appel : il s'appeloit Octave : c'étoit un noir qui avoit servi de secrétaire à Toussaint-Louverture, et qu'on venoit de traîner en France avec son chef pour y apprendre les douceurs de la civilisation perfectionnée. Octave! répéta impérieusement le concierge, et le nom d'Octave n'éveilla pas un prisonnier endormi. « Attendez, » dit de Prune après un moment de réflexion; « c'est » ce noir si spirituel et si éloquent qu'on a » amené ici il y a neuf jours, et qui depuis » sept jours a refusé de manger; il est à la » droite du lit de camp. » Il y étoit en effet, couché sur le ventre selon son habitude. « Eh! » répondez donc, mauricaud, » dit le valet du concierge en agitant violemment la main de cet infortuné, et en la laissant retomber. Octave ne répondit pas; il étoit mort.

Pendant qu'on emportoit ce cadavre, on amenoit d'autres prisonniers. Il y avoit eu alors une grande conspiration à Paris. Une centaine d'honnêtes citoyens s'étoient avisés qu'il n'y avoit rien de légal dans la suspension des garanties de la liberté individuelle et du droit de pétition que la constitution de l'an VIII avoit sanctionnés, comme toutes les constitutions du monde; et ils avoient rédigé cette réclamation légitime dans les formes les plus respectueuses, sous le titre de *Pétition au Tribunat.* La France se lèveroit aujourd'hui tout entière pour appuyer une pareille réclamation s'il se trouvoit jamais un gouvernement assez insensé pour y donner lieu. Dans ce temps-là elle se mettoit à la fenêtre pour voir passer quelques prisonniers bâillonnés, et elle trouvoit cela très-bien. C'étoit véritablement l'âge d'or pour le despotisme. On nous jeta quinze ou vingt pauvres imprimeurs ou libraires, Charles, de la rue Guénégaud, Pilardeau, Maison, Dabin, et je ne sais qui encore, et puis avec eux un nommé Aubry, qui les passoit de toute la tête comme le Turnus de Virgile. C'étoit un géomètre qui s'avisoit d'appliquer les idées exactes de sa science aux fantaisies de la politique. Il se déclara l'auteur de la pétition, et il fit à merveille, car elle étoit fort belle, fort noble;

fort mesurée. Cependant l'écrivain qui osoit attester la liberté sous ce gouvernement de liberté couroit d'autres chances qu'une de ces disgrâces de bureau que nous voyons maintenant si fécondes en succès populaires. Aussi ce bonhomme fut tout au plus avec un autre, si je ne me trompe, le dernier François qui osa pousser un cri d'indépendance; mais ce cri intempestif ne retentit ni dans la commission de la liberté individuelle ni dans la commission de la liberté de la presse, brillantes pépinières de ces généreux amants de nos institutions que nous avons retrouvés depuis si ardemment zélés pour les intérêts du peuple. Retenus alors par une sublime prudence dont l'avenir goûtera les fruits, ils s'exerçoient de loin à combattre le despotisme quand il se seroit usé par ses excès. Ils fuyoient devant lui, à l'exemple de l'aîné des Horaces, pour profiter de sa fatigue, et se préparoient en silence aux triomphes de la tribune affranchie. Que Dieu les y maintienne long-temps!

Le surlendemain ce fut autre chose; le vent des conspirations avoit soufflé du nord, et on arrivoit en prison en descendant de la diligence de Bruxelles ou du paquebot de Calais. C'étoit un théâtre d'oppositions dramatiques relevées par quelques ridicules touchants. La fusion de tous ces sentiments passionnés que la tyrannie soulevoit contre elle étoit si rapide et si affectueuse, qu'une nouvelle génération aura peine à la comprendre [1]. Royalistes et républicains se précipitoient les uns vers les autres pour se prendre la main ; et, par une exception plus commune dans nos cachots que dans les salons du consul, ces mains, étonnées de se presser, étoient pures de rapines et de sang. L'abus du pouvoir n'a jamais manqué de produire le même rapprochement ; et cette leçon est écrite si distinctement dans l'histoire, qu'on est consterné de voir que les gouvernements l'épellent encore.

Au bout de quelques jours nous étions cinquante-six. Si l'on se rappelle la circonscription étroite de notre prison, on concevra que cinquante-six personnes n'y étoient pas exactement à l'aise. Le lit de camp pouvoit en recevoir une vingtaine, qui étoient moins gênées de-

---

[1] Je me trompois. Il est bon de rappeler que tout ceci étoit écrit en 1826.

puis que le cadavre étoit parti. La barrière du lit de camp en recevoit tout autant, mais on n'y étoit qu'assis sur un siége étroit et anguleux. Les plus forts passoient la nuit debout autour du lit de Démaillot, qui ne dormoit jamais, à l'entendre racontant ses magnifiques histoires de la révolution, palpitantes de la vérité d'une époque, et vivantes, et animées, et tragiquement solennelles, comme une émeute des faubourgs, comme une séance des Jacobins, comme une journée de la Convention, et nous autres jeunes, nous échangions quelques idées entrecoupées, tout empreintes du regret d'être nés trop tard pour bien mourir. Nous comptions sans l'avenir.

Tant de nuits sont longues à être debout. Si peu d'heures de sommeil, sur un pavé de briques ou sur un lit de bois, suffisoit mal à réparer les fatigues de cette exaltation fiévreuse qui nous dévoroit. Le quinzième jour je m'assis sur un siége un peu plus commode : on m'interrogeoit ; et mon interrogateur étoit un M. Bertrand, chef de la première division de la police, homme très-massif de formes et très-délié d'esprit, presque borgne, tout-à-fait boiteux, et dont l'aspect n'avoit rien de séduisant, ni d'ensemble, ni dans les détails. C'étoit un ancien imprimeur-libraire de Compiègne, qui avoit l'érudition de son état, l'expérience de son temps, et deux choses avec lesquelles on arrive à tout à Paris, de la souplesse et du savoir-faire; homme de meilleure composition, d'ailleurs, qu'on ne l'a dit, pour cette couvée d'enfants mutins qu'on épouvantoit de son nom comme de celui de l'ogre, et très-disposé à ne faire de mal à personne, quand il pouvoit s'en dispenser sans nuire à son crédit.

J'abrégeai beaucoup mon interrogatoire, qui menaçoit de tirer en longueur, en allant droit au fait à la confession duquel on vouloit m'amener par une suite d'inductions. Comme je m'attendois à un dénouement sérieux, je cherchois à me montrer digne de mon rôle, au moins à la dernière tirade; et je n'avois pour cela d'autre moyen de me faire valoir que cette ingénuité un peu fière qui n'est ni sans abandon ni sans audace. Je fus très-content de moi; et c'étoit alors mon habitude. La seule chose qui m'interdit, c'est que mon interrogateur exigea que je restasse les yeux fixés sur lui à chaque réponse. Dans les intervalles seulement je pouvois regarder à droite ou à gauche. J'ai passé vingt-cinq ans sans pénétrer ce mystère, et je doute encore que la psychologie de la police fût assez perfectionnée pour comprendre la puissance de ce regard qu'une habitude effrontée a scellé à la prunelle du questionneur sur le malheureux qui le subit. Quand je pense à cette spéculation de la curiosité insidieuse d'un homme grave et froid qui poursuit industrieusement un secret de vie ou de mort dans l'âme intimidée d'un enfant, je ne puis m'empêcher de croire quelquefois que les précautions dont la société s'est armée contre le crime n'ont rien à envier au crime lui-même en bassesse et en férocité.

L'intérêt de l'état *essentiellement compromis* par quelques bluettes éphémères exigeoit qu'on débrouillât le chaos de mes papiers, qui devoit recéler je ne sais combien de rêveries suspectes et d'amplifications séditieuses. Dieu sait quelles belles choses il y avoit là-dedans ! Au bout de je ne sais combien de temps un agent de police me secoua le bras pour m'avertir qu'il falloit retourner au dépôt, car j'avois profité de la lecture de mes manuscrits pour dormir. Rendu à mes camarades, je mimai de toute ma verve de jeunesse la scène de ce libraire devenu homme d'état, qui se fait lire comme naguère les manuscrits d'un pauvre auteur, mais avec une autre latitude, et qui au lieu de se dire : Ferai-je imprimer cela?... se demande si les membres du poète sont bons pour le corset de force, et sa tête pour la guillotine. Ce joyeux contraste, lancé dans ce monde de libraires et de littérateurs dont nous étions inondés, et entretenu par cette source de saillies qu'on n'a jamais tarie en prison, nous amusa toute la nuit. Le soir du jour suivant, je fus transféré au Temple; et je laissai notre chambre immonde et fétide avec le regret amer qui vous obsède long-temps sur votre cheval, quand vous quittez le matin une auberge de campagne où vous avez remarqué en soupant une jolie nièce du bourgeois, à l'œil transparent, aux cils noirs, à la cornette blanc de neige, qui a oublié, contre sa promesse, de se lever de bonne heure pour vous regarder depuis la porte. Cette comparaison même est très-froide, car il n'y a rien à comparer aux amitiés des prisonniers.

L'agent de police qui me conduisoit en fiacre je ne savois où, étoit un peu ivre. Je n'aurois pas été en peine de le tromper sur l'identité, s'il n'y avoit pas eu des gendarmes sur la banquette de devant et des gendarmes aux portières. « Hélas ! mon ami, » me dit-il avec une sentimentalité burlesque, « il faut pâ-
» tir pour la bonne cause. Vous êtes probable-
» ment émigré. Dieu ! que j'honore les émi-
» grés ! — Je n'avois pas cet honneur-là,
» Monsieur ; j'étois trop jeune à l'époque de
» l'émigration pour savoir jeter la Manche
» ou les Alpes entre l'échafaud et moi, et cette
» démarche, d'une louable prudence ou d'une
» bravoure aventureuse, indique un tact ou
» une prévision qui n'auroient pas été de mon
» âge. — Comment donc êtes-vous poursuivi,
» mon pauvre jeune homme ? » Empressé de répudier cette sale pitié, « Je suis pour-
» suivi comme Jacobin », lui dis-je; et il me sembloit que la conversation finiroit là. —
« Les Jacobins ! » s'écria-t-il, « à qui en par-
» lez-vous ! Un jacobin ! je le porte dans mon

» cœur! Je l'ai été jacobin! et des durs, mon
» cher enfant. Je ne sais pas si vous m'en croi-
» rez : Henriot m'aimoit comme un frère; et
» ce pauvre Hébert! il n'a jamais passé près
» de moi sans me serrer la main. Quelle âme
» qu'Hébert! quelle âme!... Sa femme étoit
» un peu bigote, mais lui, c'étoit un charme
» que de l'entendre! Un Brutus! un Marius!
» un Scévola!... Il auroit tué son père. — Et
» comment se fait-il qu'avec tant de prédilec-
» tion pour toutes les opinions extrêmes au
» milieu desquelles l'usurpateur de nos liber-
» tés s'est placé, vous serviez d'instrument à
» ses proscriptions? — Hélas! répondit-il,
» quand on est père de famille, on veut de
» l'avancement. » Le misérable avoit peut-être
envie d'être bourreau.

Enfin, et il en étoit temps pour mettre un terme à cette scène de dégoût, nous arrivâmes au Temple. On m'écroua dans le bureau de M. Fauconnier; on me conduisit à une petite chambre carrée, garnie de quatre couches assez propres, dont trois étoient occupées; et je goûtai avec un ravissement qui ne retarda pas de long-temps mon sommeil, la fraîcheur d'un gros linge blanc, et la souplesse voluptueuse d'un oreiller de paille.

Le lendemain, il fit un peu plus jour à mes yeux qu'à la salle de dépôt. Des commencements de démolition déblayoient de tous côtés nos tourelles; et nous avions de l'air et de la lumière à nous quatre pour vingt prisonniers de la Préfecture. Un de ces messieurs se leva de très-bonne heure, parce qu'il alloit être transféré, et qu'il en étoit prévenu. Je ne remarquai d'abord en lui qu'une obésité énorme, qui gênoit assez ses mouvements pour l'empêcher de déployer un reste de grâce et d'éloquence dont on retrouvoit des traces dans l'ensemble de ses manières et de son langage. Ses yeux fatigués conservoient cependant je ne sais quoi de brillant et de fin qui s'y ranimoit de temps à autre comme une étincelle expirante sur un charbon éteint. Ce n'étoit pas un conspirateur; et personne ne pouvoit l'accuser d'avoir pris part aux affaires politiques. Comme ses attaques ne s'étoient jamais adressées qu'à deux puissances sociales d'une assez grande importance, mais dont la stabilité entroit pour fort peu de chose dans les instructions secrètes de la police, c'est-à-dire la religion et la morale, l'autorité venoit de lui faire une grande part d'indulgence. Il étoit envoyé au bord des belles eaux de Charenton, relégué sous ses riches ombrages; et il s'évada quand il voulut. Nous apprîmes, quelques mois plus tard, en prison, que M. de Sade s'étoit sauvé.

Je n'ai point d'idée nette de ce qu'il a écrit. J'ai aperçu ces livres-là; je les ai retournés plutôt que feuilletés, pour voir de droite à gauche si le crime filtroit partout. J'ai conservé de ces monstrueuses turpitudes une impression vague d'étonnement et d'horreur; mais il y a une grande question de droit politique à placer à côté de ce grand intérêt de la société, si cruellement outragé dans un ouvrage dont le titre même est devenu obscène. Ce de Sade est le prototype des victimes *extra* judiciaires de la haute justice du consulat et de l'empire. On ne sut comment soumettre aux tribunaux, et à leurs formes politiques, et à leurs débats spectaculeux, un délit qui offensoit tellement la pudeur morale de la société tout entière, qu'on pouvoit à peine le caractériser sans danger; et il est vrai de dire que les matériaux de cette hideuse procédure étoient plus repoussants à explorer que le haillon sanglant et le lambeau de chair meurtrie qui décèlent un assassinat. Ce fut un corps non judiciaire, le conseil d'état, je crois, qui prononça contre l'accusé la détention perpétuelle; et l'arbitraire ne manqua pas d'occasions pour se fonder, comme on diroit aujourd'hui, sur ce *précédent* arbitraire. Je n'examine pas le fond de la question. Il y a des cas de publicité où la publicité est peut-être plus funeste que l'attentat; mais il faudroit alors un Code réservé pour des cas réservés; il faudroit que la loi eût ses grands pénitenciers comme l'église. Parmi les images de Némésis que les anciens nous ont laissées, il y en a une qui porte un voile : autrement il est aisé de comprendre comment cette usurpation du droit de juger, tout exceptionnelle qu'on ait voulu la faire, tombe de degré en degré aux derniers agents des derniers pouvoirs; et remarquez que lorsqu'un de ces attentats a été commis deux ou trois fois, il change tout à coup de nom. Il s'appelle *ju-*

risprudence. Les sociétés ne périssent que par des abus légitimés.

J'ai dit que ce prisonnier ne fit que passer sous mes yeux. Je me souviens seulement qu'il étoit poli jusqu'à l'obséquiosité, affable jusqu'à l'onction, et qu'il parloit respectueusement de tout ce que l'on respecte.

Le second a été célèbre depuis par un ouvrage ridiculement pensé et détestablement écrit, dont la suppression légale sera pour sa mémoire une espèce de bienfait; c'est le comte de Barruel Beauvert, personnage singulièrement composé de deux êtres fort distincts, qu'il est impossible d'identifier logiquement. J'ai rencontré peu de causeurs plus spirituels, et je n'ai jamais lu d'auteur plus commun. Placé au hasard et partout, un tact exquis l'associoit sur-le-champ à l'esprit de ses auditeurs, et il enchantoit tout le monde. Assis au bureau de l'homme de lettres, il rappeloit, dès la première ligne, ce joli mot qu'il avoit inspiré à Rivarol : *Quand il écrit, il ne sait plus ce qu'il dit.* Naturellement aimable et conciliant, comme il étoit ingénieux et piquant sans amertume, il puisoit dans son écritoire de la morgue et du mauvais ton. Personne n'a plus perdu que Barruel Beauvert à l'invention de l'imprimerie.

Ce prisonnier, c'est le second. Je tombai dans les bras du troisième, parce que je le connoissois bien. Il s'appeloit Nicolas Bonneville, et, avant la révolution, le chevalier de Bonneville. C'étoit le contemporain et l'ami de Fontanes, de Roucher, d'André Chénier; le collaborateur de ce vertueux Fauchet, évêque du Calvados, dont les passions politiques de notre époque ont méconnu la vie et la mort. Mon intention est de parler ailleurs, si l'on daigne m'écouter encore, du mouvement littéraire de cette génération sur laquelle il me semble qu'on s'est mépris en beaucoup de choses. Je prouverois facilement alors que la révolution poétique de la nouvelle école s'est faite presque simultanément avec la révolution politique qui remuoit les peuples; mais cette question déborde les demi-cercles étroits d'une parenthèse; elle me ramènera nécessairement à Bonneville.

Comme homme d'opinion, il n'avoit fait sa cour qu'au malheur. Pour lui, les causes perdues étoient les bonnes, les infortunes étoient les droits, et il auroit pu arborer un *væ victoribus* pour devise. Les caractères de cette nature ne sont jamais redoutables aux tyrans. « Espères-tu épouvanter le crime, lui disoit Mercier, avec tes joues couleur d'églantine et tes yeux couleur de pervenche ? — Fais-toi vipère !... »

Cependant Marat demanda un jour la tête de Bonneville. Cela se trouve dans le *Moniteur* de janvier à février 1793. Bonneville étoit si beau et si doux, que les furies des tribunes elles-mêmes l'escortèrent pour le sauver, jusqu'au dehors du jardin, comme ces protégés de Salomon que des esprits de malice transportent au loin, sous la condition qu'ils ne prononceront pas en chemin le nom du Seigneur. Depuis ce temps-là, tantôt fugitif, tantôt prisonnier, tantôt préparant des asiles aux proscrits de toutes les opinions, sans acception de leurs fautes et leurs excès, il avoit ouvert dans son appartement de la rue du Four-Saint-Germain un refuge de sûreté *pour les blessés de tous les partis*, comme on l'a dit avec tant d'esprit, à l'honneur d'une politesse pleine de grâce, mais un peu moins périlleuse. Cette fois, Bonneville étoit en prison pour avoir caché Barruel Beauvert, bien que ces deux hommes-là fussent aux deux extrêmes d'une opinion. Mais dans les gens de bonne foi le diamètre de l'opinion est rétractile. Il y a un point sur lequel on se retrouve.

J'avois été introduit deux ans auparavant chez Bonneville par un docteur Seyffert que le monde a oublié, et c'est ingratitude, s'il en fut jamais, car le docteur Seyffert n'avoit de pensées que pour le bonheur du monde. Il est vrai que cela ne regardoit ni vous ni moi, ni personne en particulier, mais un monde éventuel qui doit exister un jour, et une société de bâtisseurs occultes qui apportent depuis une centaine d'années des matériaux à la Babel intellectuelle de Weissaupt. Il étoit si facile alors de me faire monter sur les ailes mystiques des anges de Swedenborg, ou de m'enterrer tout vivant dans les entéléchies massives de Saint-Martin, que je fus néophyte au premier appel, comme saint Paul. Le docteur Seyffert qui savoit tout (c'étoit un des priviléges de notre initiation), ne savoit presque pas le françois, et je ne l'en trouvois que plus imposant. Cela me faisoit comprendre au moins pourquoi je ne le comprenois pas.

Un de nos dîners chez Bonneville, et cette fantaisie de la mémoire me revient à propos et non à la suite de ceci, m'a laissé une telle impression que lorsque je repasse dans ces idées-là il me semble que je rêve. Nous nous trouvâmes six dans la chambre immense du poète. Elle avoit quatre croisées sur la rue. La nappe étoit jetée sur une table oblongue, chargée à ses deux pôles de bronzes, de sphères, de cartes, de livres, de bustes, de portraits. Je ne connoissois de nos convives que cet impénétrable Seyffert, avec son répertoire de pensées, mille fois plus profond mais mille fois plus obscur que l'antre de Trophonius, et ses hiéroglyphes de mots, qui auroient laissé Thèbes sans roi et Jocaste sans mari. Le vieux Mercier entra et s'assit, le menton appuyé sur sa haute canne à pomme d'ivoire, sans se découvrir d'un grand chapeau poudreux que ses excellentes filles, si tendres et si attentives, avoient cependant oublié de brosser ce jour-là. Le cinquième convive étoit un militaire de cinquante ans, à la figure inverse et retroussée, réservé de langage comme un homme d'esprit, commun de manières comme un homme du peuple. On l'appeloit le Polonois. L'autre étoit un Anglo-Américain à la tête toute profilée, longue, maigre, étroite, macérée, sans expression, car la douceur, la bienveillance et la timidité en donnent peu. L'étude des langues étrangères étoit alors fort difficile, à cause de nos guerres et surtout à cause de nos préventions nationales, imprudemment nourries par une école étroite et envieuse. Bonneville, puissant d'instruction comme de génie, soutenoit sans se gêner cette conversation polyglotte, qui n'arrivoit que par lambeaux à mon attention si curieuse et si émue. Cependant ce repas cosmopolite est, comme je le disois tout à l'heure, une des idées culminantes de mon passé. Il est vrai que cet Anglo-Américain, c'étoit Thomas Payne, et que ce Tartare aux traits maussades, c'étoit Kosciuszko.

Le premier matin de ma captivité au Temple n'étoit pas bien avancé; nous avions à peine eu le temps, Bonneville et moi, de nous raconter réciproquement le sujet et les circonstances de notre arrestation, et de nous féliciter au moins du hasard consolant qui nous réunissoit, quand la porte de la chambrée s'ouvrit pour laisser entrer l'agent de police qui devoit procéder au transfèrement de M. de Sade. Un instant après nous fûmes visités par Baudin, dit Lahaye, vieux Chouan aux cheveux roux, qui habitoit la maison depuis je ne sais combien d'années, et que cet *avantage* de position, moins encore que l'heureuse facilité d'un caractère ouvert et jovial, faisoit participer, jusqu'à un certain point, à l'indépendance et aux priviléges des guichetiers : « Notre-Dame, dit-il en m'envisageant » avec un gros sourire, voici une bonne pra- » tique ! ce n'est pas de deux ans que j'aurai les » étrennes de sa barbe ! » En effet, Baudin étoit le barbier banal des prisonniers, et, en sa qualité de barbier, notre gazette vivante. Aussi étoit-il toujours bien accueilli, quoique son opération toute bienveillante s'impliquât d'une disgracieuse formalité· « Allons, reprit- » il, M. le comte, la petite cérémonie ! » Barruel Beauvert, à qui il s'adressoit, s'empressa de s'asseoir, et Baudin, tirant deux fortes ficelles de sa poche, assujétit vigoureusement ses bras pendants aux deux montants de la chaise de bois, avant d'exhiber les instruments essentiels de son art. Cela me remplit d'un étonnement qui n'étoit pas sans terreur. « Cette précaution qui doit te surprendre, me » dit Bonneville, est d'un usage assez récent. » On ne s'en est avisé que depuis qu'un M. de » Christoval, qui t'a précédé dans le lit où tu » viens de passer la nuit, s'est servi du rasoir » du barbier pour se couper la gorge. On » prétend qu'il a porté le coup si profondé- » ment que la tête ne tenoit plus que par les » vertèbres. » Je me retournai vers mon lit avec une vive émotion, et je vis sur la muraille la trace d'un long jet de sang.

La vie du Temple étoit assez bonne. On y étoit nourri aux dépens de l'État, et quoique les repas n'y fussent pas servis avec cette élégance lucullienne de la Bastille, qui a inspiré à Marmontel une description si résignée et si appétissante dans la drôle d'histoire de ses malheurs, ils ne faisoient pas regretter à Bonneville les haricots classiques de Montaigu. Malheureusement, mon nom se trouva impliqué dans des affaires toutes nouvelles, suivies de précautions plus sévères, et qui, en me réduisant au pain et à l'eau, élargissoient d'autant le budget de la police. Au bout de neuf jours, je fus encore transféré, et tout changea horriblement. J'avois achevé la lune de miel des prisons.

LES PRISONS DE PARIS,

SOUS LE CONSULAT.

II.

SAINTE-PÉLAGIE.

Si j'avois à retrancher par la pensée quelques milliers de jours de ma vie, je ne sais si j'y comprendrois un seul des quarante-deux jours de secret rigoureux que je passai à Sainte-Pélagie, *sous les plombs*, quoiqu'il ne leur ait certainement rien manqué de ce luxe de privations et de misères auquel on ne sauroit refuser un peu d'intérêt et de pitié. Mes rapports avec les hommes se réduisoient à la visite quotidienne d'un guichetier silencieux, qui venoit à midi me jeter un pain noir, remplir mon écuelle d'un potage abondant, mais désagréable à la vue, et s'assurer que l'eau de ma cruche n'étoit pas gelée. Cette écuelle et cette cruche, auxquelles une planche scellée au mur servoit de support, étoient les pièces essentielles de mon ameublement; le reste se composoit d'un baquet et d'un sac de toile grise, dont l'usage avoit singulièrement obscurci la couleur modeste, et qui laissoit échapper de toutes parts, à travers le large réseau de sa trame relâchée, de courts fragments d'une paille sale et pourrie, sur laquelle, depuis dix ans, on pleuroit et on dormoit : c'étoit mon lit. On n'avoit pas pensé d'ailleurs, dans la distribution architecturale de la maison, à rendre cette pièce commode pour la promenade; et le seul exercice qui me fût possible consistoit à exposer incessamment mon sac à l'influence des pâles rayons du soleil d'hiver, dans les jours rares et pendant le petit nombre d'heures où ils descendoient de la bée courte et étroite qui me fournissoit un peu de lumière. Mais mon âme ne manquoit pas pour cela d'étude et d'occupation. A vingt ans, il n'y a point de solitude où l'imagination ne se fasse un monde, point d'ennuis qu'elle ne charme d'amour, d'espérance et de poésie. L'avenir est si long, si brillant et si sûr, et les innombrables jours qu'il déroule sont peuplés de si riantes chimères! Aurois-je osé gémir de goûter si jeune la gloire de souffrir pour une noble cause, qui est la plus haute ambition des nobles âmes? N'étoit-il donc personne dans la France dégénérée qui enviât mon infortune, au prix d'une couronne civique? C'est ainsi que raisonne la vanité dans les jeunes gens, et quelquefois dans les hommes faits. Et puis n'étoit-ce rien que d'exciter, dans un joli salon bleu de la rue Saint-Georges, une émotion tendre et peut-être passionnée qu'on auroit longtemps cachée à l'amour, et qu'on ne pouvoit refuser au malheur? Si quelque idée trop sombre prenoit un moment le dessus, si toutes les probabilités de salut échappoient à mes calculs et à mes raisonnements, n'avois-je pas à ma merci les ressources du merveilleux, aujourd'hui les anges, demain les fées, pour m'endormir bercé par un épisode de la *Vie des Saints*, ou par un conte des *Mille et une Nuits?* D'ailleurs je me croyois poète, et je trouvois à composer des vers un plaisir d'autant plus difficile à expliquer, qu'il m'étoit impossible d'en conserver un seul; car ma mémoire ne conserve que ce que j'ai écrit, et je n'avois pas même une épingle pour les tracer sur la muraille. Ainsi, chaque nuit détruisoit l'ouvrage du jour, et chaque jour cependant je recommençois, avec l'intrépide constance de Pénélope, un travail qui devoit avoir le sort de celui de la veille, et disparoître de ma pensée avant le lendemain. Je dois compter enfin, parmi les faveurs particulières de mon organisation, une aptitude très-prononcée pour le sommeil, dans les mauvais temps de ma vie. Les heures du plaisir m'ont paru souvent trop longues, mais j'ai eu meilleur marché de celles de la douleur : je les abrégeois en dormant.

Malgré l'inappréciable douceur de ces compensations, qui ne seront peut-être un objet d'envie pour personne, mon corps souffrit. La rareté du jour et de l'air, le défaut absolu d'activité et presque de mouvement, l'austérité d'un régime dont je n'avois fait l'apprentissage ni au café Hardi, ni dans les cabinets de Rose et de Naudet, l'intensité du froid surtout, qui fut très-rigoureux cette année-là, quelques-unes de ces causes prises à part, ou toutes ces causes réunies, me firent contracter une infirmité nerveuse de la nature la plus bizarre. C'étoit une espèce de crampe, ou plutôt c'étoit un engourdissement des extrémités, dont l'invasion n'avoit rien de très-pénible, mais qui devenoit horriblement douloureux quand il étoit parvenu au torse. Enfin le cerveau lui-même étoit envahi, et c'étoit le temps heureux du paroxisme. Alors je perdois connoissance pendant quelques minutes, et lorsque je revenois à moi, mes membres étoient affranchis des liens de fer qui les brisoient un moment auparavant ; j'étendois sans effort mes bras assouplis, mes poumons jouoient librement dans ma poitrine élargie. Il ne me restoit de cette crise qu'un long et morne abattement sans douleur ; mais elle se renouveloit souvent, et quelquefois dans la même heure. Un guichetier de service me surprit dans un de ces accès, et je dus sans doute à sa bienveillance de voir finir la triste épreuve du secret, car il y a des guichetiers bienveillants ; il y a même peu de guichetiers qui ne le soient pas, et c'est pour cela qu'on les fait passer de semaine en semaine aux différents services de la prison, de sorte qu'ils ne soient ramenés qu'à leur numéro d'ordre, à la chambrée ou au cachot où l'on pourroit craindre qu'ils n'eussent conçu quelques prédilections propres à les détourner d'un devoir. C'est là, sans contredit, une des plus cruelles rigueurs de la captivité. Il est si doux de rencontrer tous les jours, ne fût-ce que pour un moment, une figure connue, dont le silence forcé paroît éloquent à force de bonté, et qui daigne au moins vous aimer du sourire et du regard !

Ma nouvelle résidence fut fixée au n° 6 du troisième étage de l'arrière-bâtiment. On nommoit cet étage *l'Opinion*, parce qu'il étoit spécialement destiné aux détenus pour des faits politiques. Les étages inférieurs s'appeloient le premier et le second des *Pailleux* ou des *Grinches*, c'est-à-dire des voleurs. Il arrivoit toutefois fréquemment, quand les chambrées de l'*Opinion* étoient au complet, qu'on déposât un nouveau détenu de l'*Opinion* chez les *Grinches*, et réciproquement on nous donnoit des *Grinches* et quelquefois pis, quand les corridors du vol et de l'assassinat regorgeoient d'habitants. Peu de temps avant mon arrivée au n° 6, la couche que je venois y prendre étoit occupée par un épicier de la place Maubert dont le crime est horriblement fameux : c'est ce Trumeau, qui avoit empoisonné sa fille. Quand j'appris cette particularité j'étois couché ; mon sang se glaça de consternation et d'horreur. Aucune circonstance ne m'avoit encore révélé au même degré la misère de ma position ; il me sembloit que cette assimilation odieuse imprimoit à ma vie une tache ineffaçable d'infamie, et je me retournai du côté de ma muraille pour y dévorer quelques pleurs de rage et de désespoir. Mes yeux n'étoient pas encore tellement obscurcis cependant, que je n'aperçusse, à la hauteur de ma tête, des caractères tracés à la pointe d'un instrument aigu ; je cherchai machinalement à m'en rendre compte, et je lus :

Mᵐᵉ. JEANNE PHLIPON,
femme Roland.

Madame Roland ! m'écriai-je, madame Roland ici ! — J'étois à genoux, et ce lit qui me révoltoit tout à l'heure, je ne l'aurois pas donné pour le divan d'une belle princesse ou pour l'édredon d'une nymphe. Je pleurois encore, mais c'étoit d'enthousiasme et d'ivresse, et tant que le jour dura, je ne cessai de nommer madame Roland, et de montrer à tout le monde, avec une pieuse effusion, ces augustes reliques d'une des plus pures héroïnes de la liberté ! — Ce que je trouve de plus surprenant aujourd'hui dans mon ravissement, c'est qu'il étoit compris. Il me semble que les fondateurs de nos lois et de nos polices n'ont jamais connu la juste portée d'une mesure de répression appliquée à la pensée, en matière d'opinion et de croyance. Que font-ils quand ils ferment les cachots sur un jeune homme d'ailleurs sensible et bien organisé *qui pense mal?* Ils se débarrassent d'un étourdi sans conséquence, et ils arment un fanatique.

J'avois retrouvé dans ma chambrée quelques-uns de mes amis du dépôt : le respectable M. de Goville, le vieux journaliste Démaillot, toujours inamovible sur son lit de douleur, mais se dédommageant amplement de la complète immobilité du podagre par l'infatigable mobilité du sophiste ; le brave Renou, que sa force et son intrépidité avoient fait surnommer *Bras-de-fer* par les Vendéens, et dont on cite encore plus de traits d'humanité que de beaux faits d'armes. Notre cinquième camarade étoit un médicastre octogénaire, nommé Guérin, praticien expert, mais totalement illettré, que le docteur Seyffert avoit cependant trouvé bon pour en faire un de ses adeptes, et qui s'étoit élevé du temple d'Adhoniram au sanctuaire des Théophilantropes, en passant par les Jacobins. Ce pauvre homme, dont aucune expression ne sauroit peindre la désespérante nullité, avoit été investi un moment de l'autorité la plus effrayante qui ait jamais reposé dans les mains d'un tyran. A l'instant de cette courte péripétie qui suspendit à peine les angoisses de Robespierre, le 9 thermidor, comme pour les rendre plus hideuses, et dont les promesses furent trahies par la lâcheté d'Henriot, le dictateur empressé d'aviser à la marche de son gouvernement nomma Guérin directeur-général de la police, avec les attributions réunies des comités de salut public et de sûreté générale. Ces nouvelles fonctions permettoient du moins au potentat éphémère qui en étoit revêtu de se soustraire au devoir périlleux de la permanence, et Guérin eut le bon esprit de sortir de la commune pour se cacher. Là se bornoient les faits notables de sa vie politique; mais ce témoignage clinique de la confiance de Robespierre, ce codicile d'un homme dans lequel Bonaparte reconnoissoit le talent de gouverner porté au suprême degré, l'avoit tellement préoccupé de l'importance de Guérin, qu'il souffrit qu'on fît expier à ce vieillard par des mois de captivité chaque minute de sa toute-puissance imaginaire. Il auroit été bien surpris s'il l'avoit vu.

On voit que notre petit cercle ne manquoit pas des éléments nécessaires d'une bonne conversation. M. le comte de Goville, qui avoit long-temps vécu à la cour, et qui en conservoit les belles manières et l'exquise politesse, relevoit ce mérite commun à la plupart des hommes de son époque et de son rang par une sagacité extraordinaire, et par une modération invariable dans les opinions et dans les mœurs. L'habitude du malheur lui avoit enseigné deux choses merveilleuses auxquelles on peut réduire toute la philosophie, la résignation pour lui-même, et l'indulgence pour les autres. Cette sagesse expérimentale ne s'est pas démentie dans de nouvelles épreuves. Il est du petit nombre des émigrés que la restauration n'a pas ramenés en France, et qui ont préféré, dans leur patrie adoptive, la modeste exploitation d'une industrie vulgaire à la chance banale de la faveur et aux profusions d'une aumône dorée, ruineuse pour le pays.

J'ai déjà parlé ailleurs d'Ève Démaillot, et de ces trésors de mémoire qu'il prodiguoit autour de lui, sans se lasser jamais. C'est qu'il falloit l'entendre, appuyé contre son large oreiller, une main déployée sur sa tabatière de buis, agitant de l'autre, avec une chaleur oratoire et des gestes pittoresques, son madras rouge à grands carreaux, et donnant carrière à l'essaim fantasque de ses souvenirs. Il savoit des histoires de tous les pays et de tous les jours, et il les enchaînoit avec une volubilité sans égale, reproduisant tour à tour, au gré des caprices de sa verve adondante et de sa faconde imperturbable, les soirées académiques de Frédéric-le-Grand, les délicieuses causeries du prince de Ligne, les séances gourmées du bureau d'esprit de madame du Deffand, les spinthriades en action du honteux Tusculum de la Popelinière, les discussions verbiageuses et vides de résolution des hommes d'État, les orgies cadavéreuses des massacreurs et des bourreaux. On sait avec quelle énergique naïveté le vieux Mercier mettoit sous les yeux de ses auditeurs une figure historique, en la caractérisant par quelques rapprochements inattendus : Mirabeau étoit un lion marqué de la petite vérole; Danton, un dogue coiffé d'ailes de pigeon; Robespierre, un loup cervier en toilette de bal; Marat, un vautour ivre. Démaillot avoit quelque chose de ce talent. Le premier état qu'il eût exercé étoit celui de comédien, et l'âge ne lui avoit rien ôté de cette variété de débit et de cette vérité de pantomime et de physionomie qui font illusion. Ce n'étoit plus Démaillot, c'étoit le personnage même qu'il mettoit en scène, et à juger de ceux qui ne m'étoient pas connus par ceux qui m'étoient familiers, jamais imitation ne fut plus fidèle.

Nous venions, Renou et moi, à la suite de ces improvisations dramatiques, jeter timidement dans l'entretien du soir quelques-unes de nos compositions de la journée, car le Vendéen faisoit des vers remarquables par la grâce et le naturel. Ainsi un vieux paralytique prêtoit à nos longues veillées l'enchantement des récits de Schéérazade, et à quelque élégance de formes près que l'habitude seule peut donner au style, Bras-de-fer nous tenoit lieu d'Anacréon et de Parny.

Les vingt autres chambrées de *l'Opinion* étoient composées à peu près suivant le même système, c'est-à-dire de manière à mettre en présence des opinions fortement contrastées, entre lesquelles on ne supposoit aucune possibilité de sympathie, et par conséquent aucune cohérence à redouter, soit pour la tranquillité publique, soit pour l'ordre intérieur de la prison; erreur profonde qui révèle une profonde ignorance du cœur humain. Quand un pouvoir neutre a fait passer sous les fourches caudines deux partis acharnés l'un contre l'autre, ces deux partis n'en font plus qu'un, et les guichets, c'étoient nos fourches caudines. Là nous déposions toutes nos haines, excepté celle de l'oppresseur commun, et nous venions contracter cordialement, sans explications, sans reproches, sans concessions réciproques, avec des hommes qui étoient nos ennemis la veille, une ferme et loyale solidarité de dévouement, qui, pendant toute la durée de l'empire, ne s'est pas démentie une fois. Napoléon a pénétré plus tard ce mystère, mais Bonaparte n'y entendoit rien.

Ab Jove principium. L'aristocratie de Sainte-Pélagie rappeloit quelques beaux noms: M. de Custines, parent du malheureux général; M. de Fénélon, officier supérieur de Chouans, sous le nom de Télémaque; M. de Beauvoir, dit Chabrias, aide-de-camp de

George; M. de Resseguier, aujourd'hui (1828) commandant d'une de nos colonies; M. de Navarre, M. d'Astorg, M. d'Hozier l'aîné, si soigneusement recherché, si compassé, si perpendiculaire, si fidèle à sa tenue d'étiquette, qu'on l'auroit toujours cru paré pour une présentation solennelle, ou pour un *gala* de Versailles; M. Émile Duclos, de Bordeaux, dont M. d'Hozier lui-même auroit peut-être eu quelque peine à illustrer la généalogie, mais qui se faisoit remarquer entre nos patriciens les plus huppés par la majesté de sa tournure, par la politesse de son esprit, par la libéralité magnifique de ses dépenses, par la dignité affable de ses manières. M. Émile Duclos est cet infortuné dont la raison a cédé au plaisir de flétrir l'ingratitude par une satire animée, et chez qui cette saillie d'une ironie sanglante a dégénéré en monomanie. C'est *l'homme à barbe* du Palais-Royal.

Le peuple étoit en majorité à Sainte-Pélagie comme dans le monde; il n'avoit pas encore donné sa démission, s'il l'a donnée [1].

[1] On sait aujourd'hui à quoi s'en tenir sur cet axiome inconsidéré d'un homme fort spirituel, mais qui n'avoit jamais observé la

Personne n'a oublié qu'immédiatement après cet attentat du 3 nivôse, que deux aventuriers royalistes (Saint-Régent et Carbon) payèrent plus tard de leur tête, un sénatus-consulte officieux avoit déporté cent cinquante Jacobins, plus ou moins, comme véhémentement soupçonnés de l'avoir commis. Justifiés de la manière la plus invincible par l'instruction du procès, ils sembloient avoir droit à une de ces réparations éclatantes qui expient les funestes erreurs de la justice et qui ne les réparent pas; mais la mesure étoit prise, et comme ces gens-là n'étoient pas de caractère à se façonner aisément au joug, la mesure passa pour bonne, malgré son évidente iniquité, et fut exécutée sans réclamation au nom des constitutions de la république et à la face de ses législateurs et de ses tribuns. Je doute même qu'on ait pris la peine d'en changer le *Considérant*. Cinquante-deux des proscrits avoient été arrêtés. Il furent livrés aux sables de feu de l'Afrique, qui en dévo-

société que dans les salons; et c'est cependant sur un mot bien accueilli à la cour, parce qu'il étoit un peu clinquanté de notre esprit françois, que s'est fondée la politique d'un règne! Tout ceci est écrit trois ans avant la révolution de juillet.

rèrent cinquante dans la première année. Ce n'est pas une hyperbole, c'est un chiffre. Le reste tomboit en détail entre les mains de la police, et venoit s'entasser à Sainte-Pélagie, en attendant que la mer plus libre permît à une de nos voiles de les transporter vivants au même tombeau. Nous n'avions pas moins d'une douzaine de ces malheureux, cassés de toutes les fatigues d'une vie errante, obérés de misère, navrés de désespoir, et n'ayant pour perspective qu'une mort raffinée en douleurs qu'ils auroient rachetée avec joie en baignant l'échafaud de leur sang. Comme leur départ pouvoit s'effectuer à tout moment, ils avoient déjà ce privilége des adieux dont la volupté amère précède de si peu le supplice, et il ne se passoit pas de jour où nous ne vissions leurs grosses larmes couler sur une troupe affamée de femmes et d'enfants en haillons, pour lesquels leur pain noir auroit été d'un petit secours, si nous n'y avions pas quelquefois ajouté le nôtre. — De ces pauvres fanatiques de liberté dont il faut au moins reconnoître l'abnégation et la bonne foi, il ne reste pas même un nom, car je ne rappellerois plus rien à personne, en consignant ici celui du cordonnier Chalandon, alors si fameux de la barrière du Trône à la barrière d'Enfer; sauvage grossier, mais sensible et passionné, qui gâtoit malheureusement des liaisons du beau Léandre une éloquence digne du paysan du Danube, et dont la voix connue avoit vibré avec puissance aux oreilles des Parisiens dans toutes les journées mémorables. Il étoit cependant un des chefs de cette partie énergique du peuple qui s'étoit trouvée prête pour la démocratie; mais comme ce n'est pas là qu'ont germé les insignes lâchetés et les noires trahisons, ce n'est pas là non plus qu'en ont été recueillis les fruits. Dans ce peuple de la révolution qui a tenu pendant deux ans le reste du monde en haleine, le nom des centeniers est devenu aussi obscur que celui des soldats.

Nos Jacobins et nos Chouans avoient été les premiers à s'entendre, et quoi que j'aie dit jusqu'ici de cette alliance bizarre, ce n'est pas sans réflexion qu'on en saisira la cause sympathique. En vérité, si l'on ôtoit de cette période critique de l'histoire qu'on appelle la révolution, d'un côté le patriote exalté de l'armée et du peuple avec son admirable enthousiasme, de l'autre le pieux Vendéen avec son dévouement sublime, vous trouveriez des gens qui feroient bon marché du reste. Le reste, grand Dieu! une spéculation de la ruse sur le sentiment, de la cupidité et de l'ambition sur le désintéressement et la candeur; et puis, une mauvaise tragédie à l'angloise mêlée d'horreurs et de bouffonneries, un jeu de saltimbanques ensanglanté par des gladiateurs, une saturnale d'avocats, d'histrions et de sophistes, une parade jouée sur la guillotine, et payée, aux dépens de la France, en dotations, en titres, en cordons et en broderies! Il y a dans les temps d'exception des vertus d'exception; mais il ne faut pas les demander aux hommes qui raisonnent et qui calculent.

Cette population spéciale de la prison appartenoit donc, selon mon cœur, à l'élite morale du pays, et c'est ce qui doit toujours arriver sous une tyrannie qui commence; il résultoit de cet amalgame étrange une assemblée politique plus étrange encore, une espèce de sénat de condamnés, qui, tout-à-fait désintéressés de leur vie, jugeoient les juges de la terre sans crainte et sans espérance. On n'auroit trouvé là ni droite ni gauche, ni souvenirs amers du passé, ni précautions intéressées pour l'avenir, ni les froids calculs d'une hypocrite vengeance, ni les combinaisons insidieuses d'une ambition masquée de popularité : la discussion vivoit sur une pensée unanime, et chacun avoit la parole à son tour pour dire la même chose; cette indépendance de la parole, si sévèrement réprimée au dehors, florissoit sous nos barreaux, et on auroit imaginé à nous entendre que Bonaparte, en s'élevant au pouvoir absolu, avoit daigné laisser dans les cachots une constitution modèle, et une république expérimentale aux amants de la liberté. Il n'étoit question que de lui, et Dieu sait de quelles couleurs il étoit peint! On se tromperoit de beaucoup en pensant que l'expression du sentiment qu'il inspiroit ne se modifioit que de la haine à l'exécration : c'est trop peu, elle descendoit au-dessous du mépris ; elle enchérissoit sur le dégoût. Tout le monde l'avoit connu parmi nous, et tout le monde avoit quelque anecdote infamante à attacher au pilori de sa renommée. Déplorables préventions des partis qui obscurcissent les esprits les plus sains, et qui font mentir la conscience elle-même! Voilà cependant comme on apprenoit l'histoire aux oubliettes de Sainte-Pélagie, et en vérité, ceux de mes quinze ou vingt amis qui ont eu le bonheur de mourir jeunes, intrépides et résignés, en face de l'Hôtel-de-Ville, sous l'administration du premier consul, seroient bien surpris s'ils voyoient apparoître aujourd'hui dans les poëmes et dans les journaux les gloires épiques du règne de l'Empereur. Quant à moi, j'avouerai naïvement que je n'ai jugé de la grandeur de ce géant que lorsqu'il a été couché; mais je suis fort excusable de ne l'avoir pas plus tôt mesuré du regard : il avoit le pied sur ma tête.

Nous vivions donc en paix, sur la foi d'une garantie réciproque dont les effets ne devoient pas tarder à se faire connoître. Comme il étoit évident que le Consulat touchoit à sa fin, et en cela du moins nous étions assez bien informés, car nous devions recevoir, deux ou trois mois plus tard, les constitutions de l'Empire libellées selon la forme ordinaire, chacun s'occupoit, de son côté, à saisir l'instant de sa chute, pour jeter à la place vide un gouvernement tout prêt, qui seroit nécessairement le meilleur des gouvernements possibles. Pour réaliser cette utopie à la manière de Thomas Morus ou de Pangloss, les royalistes comptoient sur un plan qui devoit réussir bientôt, et les patriotes sur un système qui ne pouvoit jamais mourir. Il y a vingt-six ans que cette discussion se débattoit chaudement, et il est douteux qu'elle soit parvenue à ce degré de clarté favorable où il n'y a plus qu'une opinion pour la clôture.

Dans cette expectative infaillible, tout le monde arrangeoit froidement ses intérêts et ses vengeances pour l'événement. Je ne saurois trop répéter que les deux partis s'étoient mis sincèrement hors de cause; mais il restoit entre les extrêmes nombre de gens qui n'avoient nul droit d'exciper de leur large indulgence. Du côté de Chalandon et des siens, c'étoient les Thermidoriens, toujours coupables à leurs yeux de l'assassinat de *l'incorruptible*, et surtout ces transfuges intéressés de la révolution qu'on voyoit s'atteler complaisamment au char du premier tyran venu, sans égard à leur foi jurée aux lois de la république. Le vieux Bouillé auroit pu lever hardiment parmi nous son front tout sillonné des foudres de la *Marseilloise*; mais malheur à Cambacérès, à Fouché, à Boulay de la Meurthe, à Barrère, à Merlin, à Réal, si un Mallet de ce temps-là étoit venu les écrouer à *l'opinion!* Les efforts d'une poignée de prisonniers, moins implacables dans leurs souvenirs et moins âpres en leurs colères, ne les auroient pas soustraits à la fureur de leurs ennemis. C'étoit là cependant, qui le croiroit? une des inquiétudes qui nous agitoient incessamment, et l'horreur que nous inspiroit tant de sang près d'être répandu, nous effrayoit de la victoire et de la liberté. C'est que le moment étoit prochain, imminent, presque actuel, et que nous le pressentions partout, dans le tintement d'une cloche inaccoutumée, dans une rixe du coin de la rue, dans une bande d'ouvriers qui regagnoit confusément les faubourgs, dans la foule qui débouchoit par pelotons du Jardin des Plantes, les jours d'entrée publique. A la moindre rumeur : « Voilà le » peuple, » s'écrioit une voix; et le signal de la délivrance parcouroit le corridor avec la rapidité de l'étincelle électrique. «Voilà le peuple,» répétoit-on de toutes parts, et c'étoit le peuple en effet : c'étoit bien lui, le peuple insouciant, le peuple apathique, le peuple soumis, le peuple devenu étranger, peut-être avec raison, aux vaines misères de quelques enthousiastes insensés et de quelques spéculateurs étourdis, qui expioient sous de triples murailles leur zèle ou leur maladresse. Pour ne pas comprendre ce désappointement de toutes les minutes, il ne faudroit connoître ni la prison, ni ses confiances puériles, ni ses fausses joies. C'est bien mal à propos qu'on applique à ce séjour de souffrances et d'illusions la formidable inscription de l'Enfer du Dante :

Lasciate ogni speranza, voi che entrate.

L'espérance est la providence des cachots; elle n'en sort jamais.

Je n'ai fait qu'indiquer parmi nos prisonniers Marie-Emmanuel Hérisson de Beauvoir. C'étoit un jeune homme de vingt-cinq ans, et celui des prisonniers qui se rapprochoit le plus de mon âge. Sa physionomie très-ouverte avoit quelque chose de bizarre, mais d'imposant, qui annonçoit deux facultés assez rares à trouver réunies : une extrême exaltation et une fermeté de fer. Son front haut, large, blanc, limpide, qui occupoit à lui seul plus de la moitié de la face, ses traits fortement rognés et coupés à vives arêtes, ses cheveux noirs, forts, roides et hérissés sans être crépus; jusqu'aux habitudes brusques et anguleuses de son corps nerveux qu'on auroit cru servi par des muscles métalliques, faisoient de lui un des types les plus extraordinaires de force et d'intrépidité dont on puisse se composer l'idéal dans la lecture des *Amadis*. Il y avoit bien à côté de tout cela, dans le contraste qui résultoit de la fixité pétrifiée de ses principes et de la mobilité fugitive de ses sensations, dans sa disposition à s'émouvoir des plus petites choses et à se rire des plus grands dangers, dans ses alternatives de désespoir énergique et terrible, d'insouciance nonchalante et endormie, de gaieté frénétique et orageuse, quelque pronostic d'un étrange avenir; mais ces fantaisies de l'imagination ou de caractère étoient rachetées par des qualités si rares qu'il n'étoit personne qui ne l'aimât et qui n'aimât à en être aimé. Ce qu'il y a de singulier, c'est que ses idées politiques se ressentoient peu de l'inflexibilité de ses autres résolutions. Cela s'explique cependant, parce qu'il les avoit reçues plutôt qu'il ne se les étoit faites. Sa famille avoit été frappée au cœur par la terreur. Si ma mémoire ne m'abuse après tant d'années, il étoit frère de ce Beauvoir dont le nom se lie dans les souvenirs du temps à celui de l'infortunée madame Kolly, et dont la mort fut embellie par l'épisode touchant d'un sentiment romanesque. Celui-ci, resté orphelin parmi quelques orphelins, obéit à l'impulsion de sa destinée. Quand l'étendard des Chouans se releva en 1799, on appela un Beauvoir, et Beauvoir étoit présent. Quelques actions de marque le placèrent de bonne heure aux premiers rangs de cette petite armée, où sa bravoure fut plus souvent donnée pour exemple que sa subordination ; mais cette direction de son courage n'avoit pas été absolument instinctive. Elle étoit la seule qu'il pût suivre, et non la seule qu'il pût comprendre. Aristocrate de naissance, il appartenoit de vocation à toutes les causes généreuses ; son âme s'ouvroit sans effort à tous les nobles sentiments. C'étoit l'homme de Térence à qui rien de ce qui intéresse l'homme n'étoit étranger, et je m'étonnois quelquefois de l'entendre parler de liberté avec l'émotion d'un adepte, parce que la génération dont je faisois partie, pauvre encore d'expérience et de réflexion, ne comprenoit la liberté que sous le drapeau exclusif où son nom étoit écrit en lettres de sang. Nous ne savions pas que les Chouans s'étoient moins soulevés pour ressusciter d'anciennes formes de gouvernement, dont aucun peut-être n'auroit voulu en particulier, que pour résister à l'invasion d'une tyrannie nouvelle, intolérable sous la Convention, ignoble et honteuse sous le Directoire. Nous ne pensions pas, comme je le pense aujourd'hui, que s'il a été fait dans les temps modernes quelque chose de plus grand que la révolution, c'est la guerre de la Vendée et la guerre des Chouans. Nous n'avions pas suivi l'immense élaboration du principe de l'égalité dans ce foyer de la démocratie militaire, dans cette Croatie vraiment libre, où s'accomplissoit spontanément le phénomène dont nous cherchions le secret avec tant de peine [1]. Les événements ont parlé depuis. Notre révolution,

[1] Il n'y a rien qui ressemble à un paradoxe comme une idée neuve, et s'il falloit chercher une idée neuve quelque part, ce seroit peut-être dans les effusions d'un homme franchement désintéressé de tout l'avenir et franchement désabusé de tout le passé. Il n'y a donc rien qui ressemble mieux à un paradoxe que cette notion toute nouvelle sur l'esprit essentiellement libéral qui animoit les Chouans, et je sais qu'elle ne manquera pas de contradicteurs. Je les renverrai à un pamphlet, d'ailleurs bien peu digne de confiance, mais dont l'auteur n'avoit du moins aucun intérêt à rendre les Chouans populaires. Ce libelle, écrit dans le cabinet impérial, et avec les types de l'imprimerie impériale, dont il est, sous cette désignation, le premier *specimen*, est intitulé : *Notice abrégée sur la vie, le caractère et les crimes des principaux assassins aux gages de l'Angleterre, qui sont aujourd'hui traduits devant le tribunal de la Seine*. On avouera qu'un pareil document laissoit peu de chose à faire au ministère public, et qu'une fois les accusés convaincus de *crimes* et *d'assassinats mercenaires*, il ne leur restoit quelque chose à démêler qu'avec le bourreau. C'est peut-être le seul exemple d'une diffamation officielle et avouée contre cinquante hommes en jugement. Carrier et Joseph Lebon assistoient à l'exécution de leurs victimes, mais ils ne faisoient pas de brochures pour prouver au juge en séance que tous les accusés

toute faite contre la noblesse, a triplé les rangs de la noblesse, et un franc révolutionnaire

étoient mûrs pour l'échafaud. Voici ce qu'on lit sur George dans cet écrit :

« Tinteniac fut tué au château de Coëtlogon (juillet 1795). Les
» officiers émigrés qu'il avoit amenés avec lui, ignorant les res-
» sources chouaniques, et croyant tout perdu à jamais, se disper-
» sèrent avec les fonds de l'armée. George...... profita de cette
» circonstance.... Pour se maintenir, il adopta le système *anti-*
» *nobiliaire*, etc. »

On trouve quelques lignes à l'appui de ce monument dans la correspondance de Puisaye. Il écrit au chevalier de la Vieuville, le 31 décembre 1795 :

« J'ai écrit au prince de Léon pour l'appeler au commandement
» de cette partie (du Morbihan); c'est un moyen sûr de détruire le
» système *anti-nobiliaire* qui s'y propage. »

Il est vrai que ces correspondances ont été faites ou arrangées dans des bureaux, et que personne n'en doute; mais il y a des choses qui n'ont pas pu être faites, et celle-ci est du nombre.

Lebourgeois me racontoit en 1801 que George, pressé par quelques amis sur le danger des ambitions de l'émigration et de la noblesse, disoit en souriant que la monarchie n'avoit peut-être qu'un moyen de se rétablir en France ; la dégradation de toute la noblesse et l'anoblissement de tout le peuple. J'ai entendu répéter cela par Burban et par Beauvoir. J'aurois à peine osé cependant hasarder cette anecdote, si je ne la trouvois à peu près constatée dans les mesures particulières proposées par Rivoire au comité royal de contre-révolution. Voici l'article 3 :

« Donner à tous les officiers-généraux et supérieurs qui se déclarent pour le Roi des lettres de noblesse, *s'ils ne sont déjà no-*

n'y trouveroit pas à redire, car en influences délétères, il en est des privilèges comme des substances; plus ils s'étendent, moins ils font de mal. De la Vendée au Morbihan, le peuple a retiré au contraire un véritable avantage moral de son intervention inopinée. Il s'est élevé d'un élan au niveau des droits usurpés de la naissance, et on vous montrera dans ce pays-là la chaumière du voiturier Cathelineau avec autant de respect que les tours féodales du connétable de Clisson. Il est vrai de dire que ce qui grandit les nations dans leur intérieur, ce ne sont pas les coups d'état de cabinets, les enthousiasmes de clubs, les ovations de cafés, les grandes victoires politiques remportées à coups de discours : ce sont les guerres civiles.

Deux ans auparavant j'avois été, à l'hôtel

» bles de naissance, en remplacement d'autant de nobles qui se-
» ront dégradés. »

J'ose bien assurer, en définitive, que nos libertés politiques et notre égalité de droits ont compté peu de défenseurs plus énergiques et plus dévoués que George Cadoudal. Seulement, il s'est obstiné à les servir sous le drapeau blanc, quand elles étoient vendues, ou délaissées, ou regrettées avec une profonde et inutile douleur, sous le drapeau tricolore. C'est là toute la différence.

de Hambourg, rue de Grenelle Saint-Honoré, et à l'hôtel de Béarn, rue Coq-Héron, le commensal et bientôt l'ami de quelques autres Chouans qui auroient pu me suggérer les mêmes impressions; mais les vives dissipations de cet âge ne m'avoient pas même permis de réfléchir sur le côté sérieux de leur caractère, et sur la direction occulte de leur vie. Pour moi, Coster de Saint-Victor, si modéré, si poli, si plein d'une ingénieuse aptitude à toutes les saines occupations de l'esprit; Joyaut de Villeneuve, si brusque et si tranchant quand il n'étoit pas taciturne et rêveur; l'impatient et hasardeux Raoul Gaillard; le grave et doux Lebourgeois, et ce fou aventureux de Burban, mieux connu jusque-là des hardis compagnons de ses expéditions téméraires sous le nom de *Malabri* ou sous celui de *Barco*; ces insignes personnages d'un roman épique dont l'auteur se trouvera quelque jour, ne composoient, dis-je, à mon égard, qu'une de ces sociétés de rencontre qu'on se fait dans les tables d'hôte comme dans les diligences, et auxquelles on s'assimile d'autant plus volontiers qu'un mot ou un signe échappé vous a révélé d'abord entre la pensée de ces étrangers et la vôtre quelque mystérieuse harmonie qui ne se décèle jamais tout-à-fait, et qui s'accroît tous les jours. Les noms de ces messieurs étoient profondément ignorés alors dans la France subconsulaire; ils n'avoient jamais eu de bulletins où tracer leurs faits d'armes dont l'histoire ne saura rien, et le temps n'étoit pas venu où tout le monde seroit admis à lire leurs titres d'honneur et de mort sur d'autres écriteaux; mais ces noms me servirent de recommandation auprès de Beauvoir. Au bout de cinq minutes nous nous connoissions comme si nous avions couché deux ans sur la même paille, et un quart d'heure après nous étions frères.

L'amitié est si bonne que je m'accoutumai presque d'abord à me croire heureux; mais ce n'est pas là que se bornoient les délices de Sainte-Pélagie. Celles dont il me reste à parler en premier lieu étoient un peu plus matérielles, et cependant la diète sévère du secret m'avoit disposé à les goûter avec plus de sensualité qu'en aucun autre temps de ma vie. Sainte-Pélagie avoit alors un restaurant placé dans l'intérieur même de ses murailles, et qui ne le cédoit en rien aux célèbres officines d'Archambaud, si estimées de mon temps dans le pays latin. Les salons tenus par une petite madame Lobé, piquante, agile et gracieuse, n'étoient pas tout-à-fait aussi élégants qu'elle; mais ils brilloient de propreté, et c'étoit plaisir d'y délasser ses yeux du triste aspect de nos cellules. Quoiqu'ils n'eussent été ouverts qu'à l'intention des prisonniers pour dettes, un prisonnier de l'*Opinion* finissoit par y pénétrer aussi, quand il étoit doux, timide, inoffensif, et muni de quelque argent : je jouis de cette faveur dès les premiers jours qui suivirent ma détention *sous les plombs*, et le guichetier aimablement oublieux qui me conduisoit ne s'avisoit le plus souvent qu'au bout de deux ou trois heures que l'heure rigoureuse de sa consigne étoit expirée. Ce n'est pas tout : il étoit expressément défendu de laisser communiquer les prisonniers de l'*Opinion* avec l'extérieur; mais cette défense ne s'étendoit pas aux prisonniers pour dettes qui dînoient en famille à côté de nous, et qui avoient des femmes, des sœurs, des amies, des maîtresses

charmantes; j'en jugeois du moins ainsi, car on n'imagine pas combien les femmes sont jolies pour un prisonnier de vingt ans, et réciproquement, un prisonnier de vingt ans n'est pas sans intérêt pour les femmes, quand un de ces hommes entendus, comme il s'en trouve partout, est venu leur murmurer à l'oreille avec une solennité mystérieuse : « Vous
» voyez bien ce grand jeune homme blond,
» qui a la physionomie si mélancolique. Le
» pauvre diable a vraiment de bonnes raisons
» pour cela : il est depuis plusieurs jours con-
» damné à mort *administrativement*, et son
» exécution n'est retardée que par une forma-
» lité, mais cela doit arriver du soir au lende-
» main. » Hélas! que d'infortunes plus réelles n'auroit-on pas bravées pour acheter leur pitié, pour voir une âme tendre et compatissante se déceler à travers l'émail humide de leurs yeux; pour suivre, à travers de beaux cils d'un noir éblouissant, une larme qui couloit pour nous, et la sentir tomber tiède sur notre main! Je croyois avoir épuisé, en quelques jours de folle jeunesse, toutes les joies de l'amour, et je n'avois rien pressenti de celles-là.

Vous voilà maintenant bien prévenus que Sainte-Pélagie étoit un de ces cachots d'enchantement où le ciel descend parfois tout entier, avec ses nuées rosées, ses astres purs et doux, et ses chœurs de jeunes divinités cent fois plus séduisantes que les mortelles, précisément comme à l'Opéra; et vous aurez peine à croire que ces jours d'une illusion si mobile qu'elle ne pouvoit occuper l'âme assez long-temps pour la faire souffrir, aient été les plus pénibles de la vie. Je vous avouerai que le mot de cette énigme est assez difficile à dire, même pour les gens qui ont fait abnégation de toute vanité, parce qu'il intéresse une des délicatesses irritables de notre fierté d'homme, et je vais en brusquer l'aveu pour m'affranchir tout de suite d'une pudeur embarrassante. Le poison qui corrompoit chez nous une existence d'ailleurs très-tolérable, c'étoit quelque chose de plus que l'angoisse du condamné qui attend l'exécuteur; c'étoit la peur d'une mort inopinée, soudaine et obscure, à laquelle nous nous croyions destinés les uns après les autres, et qui sembloit ne nous avoir épargnés jusque-là que par une faveur du hasard. Comme cette appréhension n'annonceroit, sous un gouvernement légal, et même sous la plupart des gouvernements absolus, que le vertige d'un maniaque, il faut l'expliquer par quelques faits singuliers dont l'éclaircissement a manqué jusqu'ici à l'histoire morale des prisons.

Je n'apprendrai probablement rien à personne en rappelant le bruit des exécutions nocturnes, si communes, s'il falloit en croire la rumeur universelle, vers la fin du consulat, et dont le théâtre avoit été transporté, depuis peu, du Temple à Sainte-Pélagie. C'étoit une notion reçue et incontestée, même par les partisans les plus zélés du nouveau gouvernement, qui couvroient commodément, selon l'usage, cette monstrueuse violation de toutes les lois humaines du prétexte immoral du salut public, argument hypocrite des assassins et des tyrans; mais avant d'aller plus loin, je dois déclarer que, si ce n'étoit pas là un mensonge bien caractérisé, c'étoit au moins une immense hyperbole; et que le nombre des prisonniers exécutés sans formes légales a dû être extrêmement borné. Il se réduiroit au capitaine Wright et à ses matelots, qu'il en resteroit assez à la vérité pour caractériser un crime de Cannibales; mais nous étions certainement trompés sur cette boucherie occulte qui ne lassoit ni les bras des bourreaux, ni la verve conteuse des nouvellistes de salon. Qu'avoit besoin d'ailleurs le gouvernement de ce temps-là d'escamoter quelques cadavres à la justice qui les lui auroit donnés? J'ai appris depuis, dans le coin d'un journal, entre les anecdotes du jour, l'exécution de je ne sais combien de mes camarades, de Rosselin, de Condurier, de Vuitel, d'Armand de Châteaubriand. Il n'étoit guère question vraiment de s'informer si toutes les conditions d'une bonne procédure avoient été remplies à leur égard, et s'il n'y auroit pas eu de ressources en révision ou en appel. On savoit fort positivement qu'ils étoient morts, mais on n'a jamais demandé s'ils avoient été jugés. C'est calomnier la tyrannie que de lui supposer des ménagements. Elle sait bien que les pouvoirs violents ne s'affermissent que par les excès. Quand on fit tuer un Bourbon dans les fossés de Vincennes, le caractère de la personne rendoit l'affaire plus sérieuse, et cependant elle fut terminée avant d'être venue aux oreilles d'un de messieurs les chambellans. On vous jeta son jugement et son sang à la tête, et voilà tout.

Quoi qu'il en soit, nous avions apporté cette prévention absurde en prison. Elle y avoit été fortifiée par une prévention qui s'appuyoit d'observation et d'expérience. Vrai ou faux, nous avions la foi de notre malheur. Nous étions là, tout semblables aux compagnons d'Ulysse dans la grotte de Polyphème, et attendant avec une horrible impatience le jour où notre nom, tombé à la loterie de la mort, vaudroit sur les fonds secrets de la police un *bon* de quatre coups de fusil. Et il ne faut pas s'imaginer que cette aberration étoit le propre de quelques imaginations exaltées et malades; il n'y avoit personne qui ne la partageât, qui n'affermît tous les jours notre conviction par de nouveaux renseignements. Or, une erreur, qui est parvenue à obtenir un pareil degré de créance, équivaut, si je ne me trompe, quant à l'effet qui en résulte sur la pensée, à une réalité bien établie. Presque toutes les nuits, vers deux heures, l'*Opinion* recevoit la visite des guichetiers. A peine entendions-nous rouler le premier des rauques verrous de nos trois portes de fer, chacun s'asseyoit sur sa paille, en supputant silencieusement les probabilités qui restoient à une des vingt chambrées contre les dix-neuf autres. Enfin, le corridor retentissoit du pas lourd des hommes de service, et de l'entrechoquement des fusils, et du tintement des clefs pendantes, et nous, tourmentés par nos diverses prédilections d'amitié, nous épanchions nos inquiétudes et nos terreurs avec une alternative d'angoisses et d'espérances à laquelle le cœur ne résisteroit pas long-temps. Une dernière porte s'ouvroit, et pendus au barreau de la petite ouverture qui surmontoit l'entrée de nos cachots, nous échangions, sur toute la longueur de la galerie des questions inquiètes et des réponses confuses.—Quel numéro? quel côté?—La gauche, la droite, le deux, le quatre.—C'étoit une rumeur à ne pas s'entendre. Au bout de quelques minutes, la porte venoit à battre sur ses montants de pierre; le verrou rentroit dans son anneau, et le silence vous auroit permis alors de saisir à vingt pas le bourdonnement d'un insecte. Le prisonnier se nommoit d'une voix ordinairement forte et assurée, et après, ce n'étoit plus qu'un vague murmure entrecoupé de cris d'adieu, d'imprécations et de gémissements, qui croissoit et s'assourdissoit tour à tour, comme une marée orageuse, jusqu'au moment où le bruit d'une explosion nous apprenoit que tout étoit fini. Là, recommençoit un profond et lugubre silence, plein de regrets sur le sort de nos amis et d'amers pressentiments sur le nôtre. A compter de ce moment-là, on ne parloit plus, mais quelquefois on dormoit encore. Faut-il que je le répète? cet appareil sinistre n'annonçoit toutefois qu'un transfèrement, du moins à quelques exceptions près, et j'ai retrouvé en prison, ou dans le monde, plus d'un homme que j'avois pleuré; mais nous ne le savions pas, nous ne pouvions pas le savoir, et nos informations inutiles n'ont jamais obtenu que le sourire de l'ironie ou les brusques rebuts de l'ennui. Nos gardiens ignoroient toujours le sort d'un prisonnier qui avoit dis-

paru, et si le bruit de l'explosion étoit arrivé
à leurs oreilles, ils l'attribuoient avec un ma-
lin sourire à quelque voisin plus las de vivre
que nous-mêmes, ou à quelque douanier affamé de contrebande. Malheureusement l'explosion coïncidoit trop immédiatement avec
l'extradition du prisonnier, pour qu'on pût
admettre ce concours si exact et si constant
d'heure et de faits entre deux événements
très-étrangers l'un à l'autre. — Vous étiez embarrassé en beau chemin, me direz-vous!
L'extradition d'un homme de parti qui pouvoit, par des intelligences secrètes, ameuter
une foule d'adhérents, exigeoit des précautions sérieuses et propres à déjouer toutes les
tentatives. Au signal convenu, un soldat aposté
faisoit feu, et l'appel étoit couvert d'autant
de coups de fusils qu'il y avoit de sentinelles.
C'étoit une espèce de *garde à vous*, qui ne
devoit pas manquer son effet sur les malin-
tentionnés. — J'avouerai que je m'en suis
douté une dizaine d'années après, mais c'é-
toit un foible palliatif aux maux passés, et je
vous étonnerois peut-être en vous disant que
la police s'étoit arrangée de manière à ne pas

nous laisser prendre la chose si naturellement. L'explosion nocturne étoit à deux fins, celle que votre perspicacité vous a fait deviner si vite, et puis une autre que vous ne devineriez pas. C'étoit un jeu exercé sur les âmes foibles pour les abrutir, sur les âmes fortes pour les rompre. Ce gouvernement n'étoit pas sanguinaire, je vous l'ai dit souvent; mais il venoit trop près du gouvernement de Robespierre pour lui abandonner un avantage, et quand on ambitionne toutes les supériorités, on n'aime pas à laisser derrière soi un nom plus formidable que le sien. Voilà pourquoi on avoit organisé dans les prisons une terreur toute morale, et, pour ainsi dire, tout imaginaire, parodie insultante de l'assassinat, qui ne tuoit que l'âme. Quoi qu'il en soit, cette préoccupation nous suivoit si assidûment, qu'on n'entroit pas dans la cour carrée qui servoit à nos *distractions*, sans chercher sur le dernier des trois-degrés qui y descend une trace de sang mal lavée que j'ai cru souvent y voir sur la foi des autres; et quand notre promenade quadrangulaire nous ramenoit deux à deux vers le point fatal, on se le montroit du regard. Toutes ces terreurs reposoient sans doute sur une erreur qui fait pitié, et on ne me reprochera pas d'en avoir dissimulé le ridicule. Avec la pertinacité incisive d'un voyageur qui vient de loin (et on revenoit de loin quand on sortoit des prisons du Consulat), je n'aurois pas perdu dans ces préliminaires consciencieux l'effet d'une narration intéressante, d'une péripétie dramatique, et d'un dénouement inattendu. Il y a une demi-heure que la toile est levée, et que je vous montre à plaisir les moindres rouages de mes machines, sans vous cacher une trappe, sans vous faire tort d'une ficelle : représentation sans exemple où tout le monde est dans le secret de la tragédie, excepté les personnages. Il n'y a pas de combinaison dramatique, depuis les meilleures pages d'Anne Radcliffe aux meilleures scènes du mélodrame, qui puisse tenir à une pareille abnégation d'artifice. C'est un genre de composition dont personne ne voudra, mais c'est le mien. J'ai voulu être vrai avant tout, et si les règles de l'art me paroissent faites pour diriger le travail de l'imagination, je trouve qu'elles répugnent à la sincérité de l'histoire. J'aurois été moins gauche en arrangeant un roman.

Au reste, vous êtes si complaisamment faciles à subir toutes les impressions, à laisser fléchir vos convictions sous l'impulsion d'un sentiment, ou fasciner vos yeux au prisme d'une illusion, à vous endormir dans un rêve qui vous amuse ou qui vous touche, que je me croirois sûr de retrouver quelque intérêt dans votre cœur pour une de mes histoires, si vous aviez le temps d'entendre comme j'ai celui de raconter; et aujourd'hui que nous voilà vieux, prolétaires invalides, et contribuables inéligibles, je ne pense pas que nous ayons quelque chose de mieux à faire : il faut seulement pour cela que vous ayez la complaisance d'oublier tout ce que je vous ai dit, ou de commencer votre lecture par la fin, ce qui n'a pas le moindre inconvénient.

Un matin la porte du n° 6 s'ouvrit trois heures plus tôt qu'à l'ordinaire. Le jour commençoit à peine à poindre. Les guichetiers la refermèrent derrière eux, et je n'avois jamais vu cela. Ils parcoururent tous les recoins de la chambrée avec une scrupuleuse attention, s'assurant qu'aucune brique n'avoit été soulevée, et glissant la main le long de tous les barreaux pour y chercher le cran délié de la scie d'acier, ou les inégalités que laisse le passage de la lime. Ils palpèrent nos habits déployés pour y découvrir quelque inégalité suspecte qui leur dénonçât la présence d'un corps étranger entre le drap et la doublure. Ils ouvrirent nos sacs de paille, et ils explorèrent attentivement cette poussière sans forme et sans nom qui avoit végété autrefois en épi, mais qui n'appartenoit plus depuis long-temps à aucune famille de productions naturelles. On trouva dans celle que le poids de mon corps achevoit de réduire à sa dernière expression d'impalpabilité un petit coin de chêne garni d'une armature de fer. Démaillot remarqua que cet instrument avoit été en usage dans toutes les prisons, où il servoit à fendre le bois, du temps ou l'État chauffoit ses prisonniers, et qu'il n'étoit pas étonnant qu'il se trouvât mêlé dans nos paillasses au reste des rebuts immondes dont elles étoient composées. Les visiteurs n'emportèrent que ce coin de bois pour toutes dépouilles opimes, et les chambrées restèrent closes jusqu'à l'heure accoutumée.

A dix heures j'entrai dans la chambre de Beauvoir, qui étoit occupé, selon son usage, à cirer ses bottes d'ordonnance, et qu'aucune distraction n'auroit forcé à se désoccuper de ce soin tant que leur lustre étoit encore obscurci par un atome tombé de la vergette ou une vapeur émanée du souffle. Vous auriez juré qu'il avoit audience chez le ministre de la guerre ou visite d'obligation chez le commandant de Paris, et depuis deux ans de captivité il n'avoit mis que des pantoufles. « A-t-on fouillé aujourd'hui chez toi? » dis-je en m'asseyant sur un bahut qui renfermoit ses huit paires de bottes symétriquement rangées, son cirage de tous les pays, ses brosses de toutes les dimensions, et quelques autres ustensiles de toilette pédestre. « Vraiment » non, » me dit-il en relevant sa botte à la hauteur de l'œil du côté de la croisée, et en la livrant avec satisfaction à l'épreuve du grand jour dont elle pouvoit défier l'éclat, « on ne » fouille que dans les chambrées où il y a une » exécution à faire.—On a fouillé chez nous, »

lui dis-je. Il laissa tomber sa botte sur la paille.
« Chez toi? s'écria-t-il, c'est horrible! » — Il
se leva; il donna un coup de pied à la botte
qui l'empêchoit de marcher librement; il se
parla quelque temps seul, et se retourna enfin
vers moi avec un regard assuré, en déployant
largement sa main gauche et en la parcourant
de l'index de la droite par figures démonstra-
tives. « Ce n'est pas Guérin, » dit-il en par-
tant du pouce. « Que diable feroit Bonaparte
» de la peau d'un théophilanthrope? Ce n'est
» pas Goville, continua-t-il; c'est un homme
» inoffensif, étranger à toutes les intrigues,
» réclamé de très-haut, et plus que tout cela,
» c'est le beau-frère de Dagoult, qui est fort
» bien dans ce tripot des Tuileries. Ce n'est
» pas Démaillot, frondeur sans conséquence,
» beau parleur sans danger, qui a moins d'in-
» fluence sur la populace que Bonjour, Gal-
» lais ou Chalandon; ressort usé d'un instru-
» ment qui ne joue plus; Jacobin empaillé,
» momie révolutionnaire, que l'on garde tout
» au plus comme un type curieux de l'espèce,
» et dont la place définitive est à la ména-
» gerie. » Alors il s'arrêta, et puis il reprit :

« Ce n'est pas toi; ta vie n'est liée à aucun
» système redoutable; tu tiens à tous les partis
» par quelques idées, et tu te dérobes à tous
» par quelques répugnances. Les gouverne-
» ments ne tuent pas les gens qui marchent
» tout seuls, surtout quand ces gens-là vien-
» nent d'échapper aux lisières de leur nour-
» rice. D'ailleurs tu étois au secret, tu en es
» descendu; et si l'on avoit voulu te tuer au
» rez-de-chaussée, on ne t'auroit pas arrêté
» au troisième étage. Ce n'est pas toi; c'est
» Renou. — Renou! — Oui, Renou. La mort
» est sur les Vendéens. Aujourd'hui lui, de-
» main moi. » A cette idée, il releva la tête
d'un air fier, et je laissai tomber la mienne
sur ma poitrine. C'étoit tellement cela que je
ne pouvois pas même concevoir la possibilité
d'une autre chance. Renou avoit été interrogé
deux ou trois jours auparavant. C'étoit Renou.
Je rentrai au n° 6, et je me jetai sur ma paille
en pleurant.

Renou étoit sur la sienne et finissoit de
rimer une épître qu'il m'avoit adressée. Jamais je ne l'avois vu si content. « Imagine-
» toi, me dit-il, que je crois être venu à bout

» de quelques difficultés qui m'embarrassoient
» beaucoup. Tu sais que ma femme s'appelle
» Angélique et ma fille Zélinde, et j'ai voulu
» te parler d'elles dans mon épître. *Zélinde,*
» *Mélinde,* cela va tout seul. Mais crois-tu
» que je puisse faire rimer *Angélique* avec
» *angélique? — Angélique* avec *angélique,*
» bon Dieu! — Eh! oui, *Angélique,* nom
» propre, *angélique,* nom de plante, *angé-*
» *lique,* adjectif, c'est que cela feroit très-
» bien, vois-tu :

» Et le parfum de l'angélique......

» ou bien,

» Et son innocence angélique......

» — Non, lui dis-je avec impatience.... cela
» seroit affecté.... Dis plutôt :

» Et sa constance évangélique..... »

Et je m'enveloppai du pan de laine qui me
servoit de couverture pour étouffer mes san-
glots. « Qu'as-tu donc? cria-t-il en venant à
» moi... Tu pleures, enfant! Que le diable
» emporte les nerfs! Je n'ai jamais su ce que

» c'étoit. Aussi tu t'affliges trop ; mais penses-
» tu que moi je suis sur des roses ? »

A cinq heures je descendis : je m'arrêtai au troisième degré. Je pensois que c'étoit là que Renou alloit mourir. J'éprouvois avec ma douleur quelque chose d'indéfinissable qui ne ressembloit à aucune de mes sensations passées. J'entrai au restaurant, je pris un potage au lait; je regardai presque sans voir, j'écoutai presque sans entendre. Resseguier avoit mis en bataille tous les hommes en état de porter les armes, sans en excepter quelques guichetiers de bonne humeur, pour exécuter une manœuvre de son invention. Custines amusoit quelques dames moins belliqueuses des exercices de son chat, le plus beau, le plus adroit et le plus extraordinaire de tous les chats. Je prenois peu de part à ses plaisirs. Cette crampe terrible dont j'ai parlé en commençant me saisit tout à coup. Je n'eus que le temps de me lever et de tomber dans les bras de mon guichetier. Je revins à moi au n° 6, dans ceux de Renou, que j'avois blessé en me débattant contre ses secours; son sang inondoit ma poitrine. « Ah ! mon Dieu,

» m'écriai-je, c'est Renou, et c'est du
» sang!... »

Je me remis, je m'affranchis de leurs soins qui brisoient mon cœur, en feignant de chercher du repos. Ce n'étoit pas moi qui avois besoin des témoignages de leur tendresse; c'étoit lui, et jamais il ne s'étoit plus occupé de moi! Enfin le temps s'épuisa. L'heure vint. J'entendis le *qui vive*, qui annonçoit l'échange des sentinelles. Je m'assis. Mon sein battoit si fort que je crois qu'on pouvoit l'entendre. De grosses gouttes de sueur couloient de mon front et à travers mes cheveux. Je retenois mon haleine pour écouter. La clef cria, les verrous roulèrent, les châssis battirent. « Ah!
» ah! dit Renou, il y en a encore un de
» pris, » et il se rendormit. Remarquez que la position intermédiaire du n° 6 nous laissoit le temps de calculer les résultats dans des proportions qui s'accroissoient toujours à mesure que la funèbre escouade s'approchoit de nous. Le bruit finit à notre porte, et le brouhaha d'usage nous avertit. Je ne savois que trop que c'étoit pour nous qu'on venoit. Quand notre gond commença à gronder, je

me soulevai pour voir. Il y avoit un guichetier qui portoit cette longue pelle de fer où une torche est plantée, et après, quatre soldats dont les fusils n'avoient point de baïonnettes; ensuite un homme vêtu à peu près en officier, qui jeta un regard d'étonnement sur nous. Je suppose qu'il entroit dans une prison pour la première fois. La longue chambre étoit éclairée par cette torche qui blanchissoit les points éloignés de lumières flottantes et bizarres, à travers lesquelles je distinguois vaguement le bonnet blanc de M. de Goville, et le bonnet d'un rouge obscur du vieux Guérin. Cette inspection muette achevée, l'officier prononça un nom qui n'étoit pas celui de Renou. C'étoit mon nom, mon double nom. Ce déplacement d'idées se confondoit avec trop d'impressions différentes, pour qu'il soit possible de le définir. Je me levai. Je marchai. Je sentis des mains qui me touchoient, des bras qui me pressoient. Démaillot rampoit sur son lit pour s'approcher de moi. Renou étoit tombé sur le sien, avec les deux poings sur les yeux. Je franchis bientôt le linteau de la chambrée en me nommant.

Beauvoir rugissoit dans sa cage comme un pauvre lion dont on égorge le chien familier. Je descendis machinalement en courbant la tête sous deux guichets. Je n'avois pensé à rien. Aux quatre ou cinq degrés qui précèdent le troisième guichet, je m'arrêtai. Je savois que c'étoit là, et je le savois comme si je l'avois vu. Je cherchai à mettre de l'ordre dans mes idées. Je nommai en esprit quatre personnes qui occupoient mon cœur, et je joignis à cela un élan de confiance vers le Dieu inconnu, qui alloit me recevoir. Cela est très-court et cela est très-facile. Le porte-flambeau étoit déjà passé, et les larges langues de feu de son cierge de bitume flamboyoient sur les trois degrés de la cour. Je jetai un coup d'œil en arrière. Je vis l'homme qui étoit venu me chercher, et deux ou trois de ses acolytes qui se tenoient un peu en haut sur les degrés supérieurs de l'escalier, comme pour éviter l'éclaboussade de la décharge. Je lançai la tête en avant, en cherchant à droite et à gauche la bouche d'un canon de fusil. La torche répandoit assez de lumières pour me détromper. Les quatre soldats étoient à l'autre extrémité de la cour, et bâilloient sur leurs mousquets. « Marchons-nous? me dit l'officier en me bourrant brutalement les reins de la poignée de son sabre. — Où allons-nous » donc, monsieur? n'est-ce pas là? — Eh » non, par Dieu! c'est au greffe, par-devant » M. Onain, inspecteur-général des prisons. »

C'est qu'il s'agissoit purement et simplement de s'assurer que les externes avoient fait un faux rapport, en racontant, sur la foi des apparences qu'offroit mon infirmité, que j'avois été empoisonné à Sainte-Pélagie. Je ne fus pas long à signer cette déclaration. La visite du médecin suivit; et, comme il n'y avoit pas de raison pour que mon irritation nerveuse fût tout-à-fait calmée, ce respectable M. Bouquet me trouva, en dépit de moi, très-bon pour l'infirmerie. Mes amis d'habitude n'y étoient pas.

Je ris aujourd'hui de pitié et de honte en pensant à la déception qui m'avoit trompé ce jour-là, et peut-être bien d'autres fois; mais quel homme auroit passé à travers ces impressions sans leur payer un tribut? Et puis tous les hommes reçoivent-ils les impressions de la même manière? Et puis un malheur fortement ressenti, pour être une illusion, cesse-t-il d'avoir été un malheur?

Et puis, comme disoit Diderot, il y a plusieurs sortes d'histoires : des histoires vraies qui n'ont pas d'intérêt, des histoires intéressantes qui ne sont pas vraies, des histoires dont l'intérêt et la vérité sont relatifs, parce que la perception de l'intéressant et du vrai se modifie selon l'organisation de l'homme qui raconte et la disposition de ceux qui écoutent. Hier je contemplois, avec une admiration toujours nouvelle, du balcon de l'Arsenal, les effets variés du soleil couchant sur les fabriques resplendissantes des deux rives de la Seine, et je m'extasiois à la vue de Sainte-Geneviève, avec son dôme d'or qui se perd dans les cieux, et de cet occident magnifique drapé d'une immense tenture de pourpre. Un passant, qui avoit entendu mon soliloque poétique, me dit : « Monsieur, il n'est pas » d'usage à Paris de tendre des draperies de » pourpre sur l'occident, même le jour de la » Fête-Dieu; et, quant au dôme de Sainte-» Geneviève, vous pouvez vous tenir pour

» certain qu'il n'est pas d'or, mais de bonnes
» pierres de taille. » Je n'eus pas un mot à
répondre à cet homme. Il venoit du faubourg
Saint-Jacques.

LES PRISONS DE PARIS,

SOUS LE CONSULAT.

III.

SORTIE DE SAINTE-PÉLAGIE.

Un beau jour (je ne sais pourtant comment le définir, car il seroit difficile de décider entre des émotions si diverses ce qui l'emporta de la joie ou de la douleur), j'étois à dix heures, comme tous les matins, dans la chambre de Beauvoir qui ciroit sa botte en sifflant, tandis que Resseguier tiroit au mur de la main, avec le regret peut-être de ne pas trouver devant lui un adversaire vivant et digne de sa colère, armé d'une pointe bien aiguisée, et que le brave Renou, couché à côté de nous sur le bahut, comme au jugement de Marigny auquel il refusa de prendre part, couroit après une rime riche pour arrondir une de ses élégies. Tout à coup je m'entendis nommer de loin, et puis une seconde, et puis une troisième fois; et un guichetier essoufflé tomba dans mes bras. C'étoit un excellent petit jeune homme qui s'appeloit Olivier Lambert, qui étoit, je crois, garçon charpentier, et qu'on avoit envoyé pour cause de tapage nocturne faire un an de retraite à Sainte-Pélagie. Comme il avoit plu d'abord à tout le monde, il étoit parvenu aux dignités; il tenoit les clefs comme un ancien, et il ne les auroit certainement pas confiées à son père; mais il composoit volontiers, et toujours sans intérêt, pour glisser dans la main du prisonnier la lettre d'une mère ou d'une maîtresse. Il panteloit sur mon cœur comme un homme qui se trouve mal, tant il étoit oppressé de sa joie. « Tu es

» libre! me dit-il enfin; tu es libre! Les voilà
» en bas! tu t'en vas! tu es libre! On te demande
» de jour! Souviens-toi de nous! » Pauvre
Olivier! J'allois, je venois, je marchois, je
pensois à peine. Renou m'embrassoit. Resseguier m'embrassoit. Démaillot m'appeloit de
son grabat pour m'embrasser encore. Je cherchois le regard de Beauvoir : il étoit noyé de
larmes. Malheureux frère! il sentoit que nous
ne devions nous revoir jamais!

Je descendis ce fatal escalier qui, peu de
temps auparavant, devoit me mener mourir,
et par lequel ce jour-là je croyois marcher à
la liberté. J'arrivai à la cour carrée. Le ciel
n'étoit pas beau, et jamais il ne m'avoit paru
plus doux. Que de serrements de mains en
traversant les groupes de mes camarades,
déjà rassemblés au bruit de ma délivrance!
Que d'explosions d'amitié dans la salle des
neuf guichetiers de relais qui m'avoient tous
vu plus d'une fois à leur tour! Pour se faire
une idée de ce qu'il y avoit d'exalté dans ces
impressions, il faut se rappeler que la détention d'opinion sous le Consulat n'étoit pas une
peine limitée, assujétie par jugement à une

durée légale, et dont le terme infailliblement prévu diminuoit tous les jours quelque chose de l'intérêt que le prisonnier inspire, en se rapprochant tous les jours. C'étoit un supplice à perpétuité, ou qui n'attendoit tout au plus sa fin que du caprice fortuit de la police, et qui la devoit de hasard, sans que rien pût la faire pressentir, à la liberté ou à la mort.

Enfin la porte s'ouvrit. La rue étoit là avec ses maisons et ses issues. Je me serois sauvé si j'avois voulu; je le pensois du moins. Je me sentis poussé tout à coup dans une voiture par un inspecteur de police, et je tombai sur la banquette en face de deux gendarmes. Je fus à peine distrait de cette péripétie effrayante par la cohue tumultueuse de la ville et par l'inepte curiosité des passants.

Nous descendîmes à la Préfecture de police. Je connoissois bien cela; mais au lieu de me conduire au dépôt, on s'arrêta dans une cour ouverte, en face de la porte d'entrée, et où un bâtiment presque neuf se détachoit sur la droite, comme une espèce de hangar, des vieilles murailles du vieux palais. On tourna

une seule clef, et on repoussa sur moi une
porte qui vibroit comme celle d'un salon, et
qui ne grondoit pas; il y avoit long temps que
je n'avois entendu le bruit d'une telle porte.
Elle étoit garnie en glaces ainsi que les croisées, et on n'avoit pas même pensé à les munir
d'un barreau. J'ai connu peu d'aspects plus
aimables et plus consolants que celui de ces
murailles humides et noires dont je n'étois séparé que par de grandes vitres limpides et
fragiles, à travers lesquelles on croyoit sentir
passer l'air avec le jour, et de cette cour où
circuloient en liberté des hommes insouciants
qui alloient, revenoient, s'arrétoient ou pressoient le pas en rêvant à leurs affaires ou à
leurs plaisirs. Quand je fus un peu remis du
trouble de mes premières idées, je me retournai, et je vis trois messieurs assis qui attendoient là comme moi le mot d'une périlleuse énigme. Je me jetai dans les bras d'un
d'entre eux, ou plutôt j'aurois peine à dire
lequel de nous deux eût le premier lié ses bras
autour de l'autre. C'étoit Lebourgeois, un
des anciens amis que m'avoit donnés mon intimité fortuite avec quelques chefs de Chouans.

J'avois été moins uni avec lui qu'avec Coster, qu'avec Burban, qu'avec Raoul; mais il faut l'avoir éprouvé pour le savoir, ce que c'est qu'une amitié qui se renoue entre le cachot d'où l'on sort et l'avenir inconnu où l'on va. Je connoissois d'ailleurs à Lebourgeois une âme résignée et austère, qui mêloit beaucoup de douceur à beaucoup de résolution, et qui m'avoit toujours imposé. Nous parlâmes de Beauvoir qu'il croyoit fusillé depuis longtemps, et de quelques autres de nos aventureux camarades dont il ne jugeoit pas que le sort fût de beaucoup à préférer au nôtre. Il me mit ensuite en rapport avec un de ses compagnons qui s'appeloit M. Picot, l'homonyme et non le parent de celui dont la tête tomba près de celle de Georges. Le brave officier dont il est question ici n'étoit pas si éloigné de l'accomplissement de son dernier sacrifice. Le troisième des prisonniers se donnoit pour un gentilhomme de Vannes ou de quelque autre canton du Morbihan, qui suivoit dès son commencement la fortune nomade de l'émigration. Depuis deux ans à peine, rentré dans les départements de l'Ouest avec quelques pouvoirs, et bientôt surpris par l'implacable activité de la police du Consulat, il avoit eu le bonheur d'échanger cette chance de mort contre une détention temporaire. On ne disoit pas précisément comment, et d'ailleurs ces détails me sont peu connus, car je ne les ai saisis que dans un moment violent de préoccupation où ils m'offroient bien peu d'importance. Je ne sais cependant quelle impression, qui n'avoit certainement rien de sympathique, m'est restée de cet homme. Sa figure étoit distinguée sans être noble, spirituelle sans être aimable, animée sans être communicative. Quoiqu'il fût depuis long-temps en prison, il y avoit affecté le costume insouciant dans lequel on a été surpris pour y aller : la veste du matin, le pantalon à pied, la mule de maroquin; et c'est en cet équipage qu'il venoit d'être déposé dans ce cabinet de transition où nous attendions notre sort. Lebourgeois et Picot, qui paroissoient le connoître fort imparfaitement, lui témoignoient les égards qu'une éducation élevée impose aux hommes simples ; et moi je m'étonnois, en le voyant, qu'on eût mis sa vie à la merci de tant de suffisance et de légèreté, bien qu'il m'en soit arrivé autant plus d'une fois.

Après l'échange de quelques paroles oiseuses et quelque retour sur l'incertitude de notre situation : « Ma foi, Messieurs, dit tout à
» coup Lebourgeois d'un ton résolu, nous
» sommes ici en assez bonne posture pour ne
» rien laisser au hasard. Voilà une fenêtre sans
» barreaux, et un gendarme dessous; voilà
» une porte vitrée sans barreaux, et un gen-
» darme devant. Cela fait deux hommes et
» deux sabres. Il y a sur ce bureau deux canifs,
» un joli grattoir, un couteau d'ivoire assez
» bien aiguisé; nous sommes quatre, et quant
» à l'action, un tour de main à l'espagnolette,
» un élan à la croisée, un coup de poing armé
» sur l'estomac du factionnaire, de l'intrépi-
» dité et du jarret, c'est une difficulté qui
» n'arrêteroit pas des écoliers pour prendre
» *campos*. Qu'en dis-tu ?»

Cette interpellation s'adressoit à Picot, qui n'avoit pas quitté la banquette pendant que Lebourgeois arpentoit vivement la chambre en arrangeant son plan de campagne. Picot étoit probablement un de ces hommes impassibles qui font bon marché de leur vie tous les jours et à tous les moments, mais qui se croient d'autant moins libres d'en disposer pour leur salut personnel qu'ils l'ont dévouée avec une abnégation plus complète. Aussi calme que vous l'êtes à la lecture de ce récit, dans lequel vous n'avez pas une affection en jeu, pas un intérêt engagé, il se retourna vers l'émigré comme si sa résolution avoit été suspendue à ses paroles :

« Extravagance pure! dit celui-ci[1], extra-
» vagance achevée! Nous ne pouvons être ici
» que pour passer à la liberté dans un mo-
» ment. J'ai subi une condamnation dont la
» durée expire; vous avez subi chacun de
» votre côté une détention qui n'a laissé naître
» sur vous aucune lumière fâcheuse; on nous
» dépose entre la prison et la ville dans un ca-
» binet vitré, un bureau de petit-maître, un
» boudoir de commis, gardé par deux soldats

---

[1] Son nom ne m'a pas échappé ; mais ce nom, très-commun en Bretagne, appartient à des hommes du caractère le plus honorable, qui n'ont cependant, selon toute apparence, avec celui dont je parle aucun rapport de parenté. La suite de cette notice expliquera ma réticence.

» qui n'opposeroient pas la plus légère résis-
» tance à un seul de nous. Regardez-les plu-
» tôt! Et vous joueriez cette chance infaillible
» contre celle de la mort! car enfin, voyez-
» vous, quand nous aurons tué ces gens-là,
» il faudra sortir par là, puisqu'il n'y a pas
» d'autre chemin, pas un souterrain à nous
» cacher, pas un ballon à nous élever dans
» les airs; et vous croyez-vous sûrs de traver-
» ser la première cour, de bousculer la garde
» extérieure, de passer sur Paris à midi, d'en-
» jamber les barrières, et de sauter d'un élan
» aux côtes de Bretagne sur des bottes de cent
» lieues? Folie! folie!... »

Ce raisonnement étoit spécieux. Quoique fort disposé à me ranger à l'opinion de Lebourgeois, je trouvai peu d'arguments contre une pareille objection, et j'allois m'y rallier, quand le hasard me rapprocha de la porte d'entrée. L'inscription étoit extérieure, mais elle étoit peinte sur le verre comme celles qui chargent la clôture de nos cafés, et il falloit moins d'habitude du *boustrophédon*, ou de l'écriture inverse, que je n'en avois alors, pour y lire au premier coup d'œil:

BUREAU DES TRANSFÈREMENTS.

« Voyez donc où nous sommes ! répondis-je
» à l'instant ; voyez, Monsieur ! Ce n'est pas
» ici un dépôt entre la prison et la ville ; c'est
» un dépôt entre la prison et les prisons ; c'est
» le *bureau des transfèremens.* »

L'émigré s'approcha lentement, éleva son
lorgnon à ses yeux, et dit : « Cela est vrai. »

« Mourir pour mourir ! s'écria Lebour-
» geois ; mais mourir comme le mouton qu'on
» mène à la boucherie, c'est trop fort ! Le *bu-*
» *reau des transfèremens !* Oh ! j'aime mieux
» être découpé par cinquante sabres que de
» retomber sous la clef d'un geôlier ! Au bout
» du compte, arrive ce qui peut ! La fin des
» fins, c'est : *Vive le Roi !* » Et il s'élança
sur un des canifs. Picot tenoit déjà l'autre.

Heureusement pour moi, et pour moi seul,
la porte s'ouvrit au même instant. Un huissier, suivi de quatre soldats qui s'arrêtèrent
au dehors, prononça trois noms, celui de
M. Lebourgeois, celui de M. Picot, et l'autre.
J'embrassai Lebourgeois ; Picot me serra vivement la main ; le troisième me salua gracieu-

16

sement, et je restai sous la garde de mes deux gendarmes.

J'y étois depuis près de cinq heures, et on ne s'étonnera pas que je les aie trouvées longues, lorsqu'on me tira de là. L'inspecteur de police qui m'avoit amené me conduisit, entre ses acolytes, dans une salle de mauvaise apparence où il fallut encore attendre, et de cette nouvelle station dans un bureau plus orné, où siégeoit, en face de moi, à une longue et large table, un personnage pâle, sérieux, aux traits effilés, que le bruit de nos pas, celui des portes qui se refermoient, et l'avertissement de l'huissier ne tirèrent pas d'abord de la contemplation morne et fatiguée où il paroissoit absorbé. Ses yeux entièrement clos et son attitude immobile me firent penser un moment qu'il dormoit. Tout à coup il passa les doigts dans ses cheveux d'un blond hardi, relevés sur le front à la Louis XV; quelques rides convulsives se croisèrent au-dessus de ses sourcils mal indiqués, et il lança sur moi un regard bleu impossible à définir, mais qui n'avoit rien de malveillant. Tout malheureux que j'étois, je me sentis porté à plaindre cette haute position du pouvoir, car elle me parut encore plus soucieuse que la mienne. Après avoir donné quelque temps à une réflexion distraite ou agitée : « Est-ce là ce jeune homme? dit-il. Retirez-vous. Il est libre. »

Il est libre! phrase émouvante qui résonne si merveilleusement à l'oreille, que toutes les idées en restent confondues dans un seul sentiment. Libre! et ce n'étoit plus Olivier Lambert qui le disoit au hasard; c'étoit l'arbitre presque souverain de ma liberté, l'homme au dessus duquel il n'y avoit qu'un homme! Libre! grand Dieu! sans guichets, sans barreaux, sans verrous, sans fers, sans les terreurs de tous les jours, sans les agonies de toutes les nuits! Libre! et cette parole vibroit à mon oreille avec une telle sonorité que les autres me portoient tout au plus quelques perceptions confuses, le reproche de mes *égaremens* passés, des conseils pour mon avenir, une vive exhortation à soumettre l'emploi de mes facultés au grand prince qui gouvernoit la France. *Prince* étoit bien le mot; je l'avois entendu distinctement; je tressaillis. Napoléon n'étoit pas encore empereur. Tout cela se termina par la notification d'un arrêté du grand-juge qui m'exiloit à Besançon, sous trois jours de délai sans plus, et par l'autorisation bénignement exprimée de passer dix jours à Paris, pour m'y procurer des ressources ou y arranger mes affaires, sauf à me présenter tous les matins dans les bureaux de la police. Un commis me délivra l'expédition de l'ordre, et je sortis seul. Je me trouvai seul; j'eus quelque peine à m'assurer que j'étois seul. Je descendis seul l'escalier; je franchis seul toutes les portes; je gagnai seul la rue, aspirant de loin l'air qui m'étoit rendu, embrassant le ciel du regard, le reculant par la pensée au-delà des toits et des clochers, pressé que j'étois d'envahir un horizon plus étendu, et me faisant de l'univers, comme Alexandre, une conquête trop étroite. Heureux et fier d'être libre, comme si la liberté n'étoit pas une faculté propre de l'homme que la société ne peut suspendre sans violence et sans crime! Mais bientôt ébloui, fatigué, accablé en quelques minutes de cette sensation si nouvelle; mais épouvanté de la porter, et cherchant tout effaré quelque muraille qui bornât ma marche sans objet, tant nous avons besoin de nos habitudes, même quand elles sont des douleurs! j'allois droit devant moi pour aller, pour changer de place, avec un instinct de sauvage. Tous les chemins étoient bons, tous les détours favorables et opportuns. Il me sembloit que la population s'étoit augmentée, que le monde foisonnoit, que chacun sortoit de prison et cherchoit aussi à marcher. Je m'étonnois seulement de trouver aux passants si peu d'intérêt et de sympathie pour un nouveau venu. Les femmes elles-mêmes ne me regardoient pas plus qu'un autre. Personne n'avoit l'air de me connoître et de m'aimer. Avec cela, j'éprouvois un étrange vertige; c'étoit les rumeurs étourdissantes du peuple, le brouissement des roues, les cris de *gare* des cochers, les abois des chiens, le glapissement des enfants qui jouoient sur le pavé, l'impatience des oiseaux prisonniers, qui ne pouvoient voler et qui tressailloient dans leurs cages, l'agitation de la cohue qui fondoit sur moi comme pour m'assaillir, et jusqu'au mouvement des maisons et des édifices qui sembloient courir à ma rencontre, parce qu'une longue habitude de silence et d'immobilité modifie jusqu'aux perceptions des plus fins, des plus exercés, des plus judicieux de nos organes. Enfin, il n'y avoit plus moyen de s'y tromper; c'étoit véritablement la foule, et je ne la pénétrois plus sans effort. Après être arrivé au quai par la rue du Harlay, je gagnois la place de la Cité, et j'aurois bien de la peine à marquer circuits de cette partie de mon itinéraire, dans l'ample carte de mes voyages; mais je reconnus cette place, et je me souvins tout à coup qu'elle servoit alors aux exécutions. Je m'assurai pourtant d'un coup d'œil qu'il n'y avoit là de tout l'appareil de la mort que les curieux qui en cherchent le spectacle. Je m'insinuai comme je pus à travers les moins pressés, et j'arrivai assez lentement à cette porte de la grille du palais par où sortent les condamnés. Au même instant, une multitude énorme s'y précipita sur mes pas. Il y avoit près de moi un gendarme d'élite, que j'interrogeai avec la modestie méticuleuse d'un prisonnier exercé aux précautions oratoires des cachots. — « Trois émigrés qu'on va fusiller

» à la plaine de Grenelle, mon jeune homme,
» rien que cela. » Pendant qu'il me répondoit, ils étoient montés dans le fiacre dont les stores restèrent ouverts, et la voiture sortit. Celui que je n'ai pas nommé étoit assis dans le fond à côté d'un officier, et lui parloit avec une extrême chaleur. Les deux Chouans étoient sur le devant; Picot un peu plus calme encore que je ne l'avois vu le matin, Lebourgeois penché vers la portière et promenant au dehors un œil attentif mais tranquille. Il rencontra mes yeux, et rien ne sauroit exprimer le sentiment qui se peignit subitement dans les siens, mais où j'eus le temps de lire la joie de ma liberté, et la peur de la compromettre par un signe d'affection trop intelligible. Ah! cette inquiétude, si noble dans son cœur, ne retenoit pas le mien! Je m'élançai comme un fou, et j'allois tomber sous la roue, si mon gendarme ne m'avoit retenu. « Eh! mon Dieu! monsieur, quand vous se-
» riez dedans, vous ne verriez pas mieux!
» Belle curiosité! des pauvres diables qui vont
» mourir! C'est dur et ça fait mal. Moi qui
» vous parle, j'aimerois mieux n'être pas ici. »

J'entendois ce digne soldat, mais je ne le voyois plus. Je suivois du regard le regard de Lebourgeois, et je l'avois vu s'arrêter loin de moi avec une fixité énergique, avec une volonté puissante et expressive. La plus grande partie de la foule me cacha enfin le fiacre. Elle rouloit derrière lui pour aller voir jaillir leurs cervelles et palpiter leurs membres mutilés. Le reste s'écouloit à travers les rues, en racontant le crime des condamnés, que les mieux instruits étoient fort embarrassés de caractériser positivement, car on ne punissoit plus les émigrés comme émigrés, et c'étoit nécessairement la complication d'un nouvel attentat contre la République, ou contre son maître, qui les conduisoit à la mort. « Il
» faut, dit un petit bossu qui s'étoit juché sur
» une borne, que ce soient de fiers scélérats;
» ils avoient inventé une seconde machine in-
» fernale pour faire sauter tout Paris, et après
» cela, ils auroient assassiné le premier Con-
» sul. — C'est dommage pour le jeune, ré-
» pondoit une femme; il est bel homme ! »
Quant à moi, je m'avançois étourdi des secousses de cette journée, et de cette aventure,

et de ce massacre, et de ma liberté rendue,
et de l'usage que j'allois en faire, quand, en
arrivant sur le pont au Change, je sentis une
main se glisser dans ma main, et j'entendis
une voix me nommer. Je me détournai; c'é-
toit Burban, c'étoit Malabri, c'étoit Barco,
c'étoit ce démon du Morbihan, terrible et
proscrit sous trois noms, que j'avois connu à
l'hôtel de Béarn, chez le noble et loyal Coster
de Saint-Victor; c'étoit lui avec sa physionomie âpre, ses cheveux épais et confus, son œil
de lynx, ses dents blanches et serrées, son
sourire audacieux et menaçant, et tous ces
traits de l'homme décidé que déguisoit assez
gauchement la toilette recherchée de l'homme
du monde. Nous nous pressâmes l'un contre
l'autre sans oser nous embrasser, et nous ga-
gnâmes le parapet.

« Malheureux! lui dis-je à demi-voix, que
» fais-tu ici? — J'allois t'adresser la même
» question, me répondit-il. Mais, où veux-tu
» que j'aille? — Ne peux-tu fuir, repris-je?
» — Fuir, et où? — Que sais-je? hors de Pa-
» ris du moins. — De Paris? c'est se livrer au
» premier gendarme de la banlieue, si même

» les barrières ne sont pas gardées. D'où sors-
» tu donc? — De prison. — Je devois m'en
» douter. Depuis quand? — Depuis un quart
» d'heure. »

Et là-dessus, je lui parlai en peu de mots de ma dernière détention, de ma rencontre du matin, de ma mise en liberté, de nos amis que je venois d'apercevoir pour la dernière fois sur le chemin de la mort.

» J'étois là, dit Burban. Je savois qu'ils
» mourroient aujourd'hui; je voulois me con-
» vaincre de leur résignation et de leur fidé-
» lité. Un regard de Lebourgeois m'en assure,
» mais.... — Ce regard, je l'ai surpris. C'est
» sur toi qu'il l'a fixé sans doute en l'éloi-
» gnant de moi. Oh! Lebourgeois ne te trom-
» pera pas; je lui ai parlé de toi, de dix de
» nos camarades. Il ne m'a pas même laissé
» imaginer que tu fusses ici, et il savoit pour-
» tant s'il pouvoit le faire sans danger. — Cela
» est vrai, reprit Burban, avec l'expression
» d'une préoccupation profonde. « Attends,
continua-t-il en souriant amèrement et en appuyant sa main sur son front... attends...
» Tu ne vois pas, tu ne devines pas?... —

« Rien, je te l'avoue; il y tant de vague, de
» confusion dans mes idées ! — Cela est ce-
» pendant facile à comprendre. Les miséra-
» bles! avec quel art ils savent pénétrer les se-
» crets de l'âme la plus ferme! Quel merveil-
» leux génie l'enfer leur a donné pour sur-
» prendre et pour perdre leur victime! Ils me
» peignent dans mon signalement comme un
» homme féroce et rusé... Féroce! je ne le
» suis pas, Dieu m'en est témoin; mais rusé,
» je le suis heureusement plus qu'ils ne l'ima-
» ginent. C'est la Providence qui nous a fait
» rencontrer ici. — Que dis-tu? — Enfant! on
» ne t'apprendra donc jamais rien? Te mettre
» en liberté dans ce temps-ci, avec ta légèreté,
» avec ton exaltation, avec ton délire de sen-
» timent, c'est une combinaison, c'est un
» piége!... Tu n'es pas en liberté ! — Je ne
» suis pas en liberté!... — Tu y es moins que
» jamais! tu es libre comme l'oiseau qu'on
» garde un moment vivant pour s'assurer
» d'une meilleure chasse. — Explique-toi!...
» — Cela n'est pas difficile. Ne savoit-on pas
» que tu nous connoissois presque tous? — Je
» ne l'avois jamais caché. — En te plaçant ce

» matin près de Lebourgeois, près de Picot,
» ne devoit-on pas imaginer que l'abandon
» qui résulte du double plaisir d'une réunion
» inespérée et d'une délivrance prochaine dont
» on vous offroit l'illusion avec toutes les pré-
» cautions convenables, sois-en sûr, pour
» qu'elle ne fût qu'une illusion, alloit ouvrir
» entre vous une communication sans ré-
» serve?... — Cela étoit probable. — Si Le-
» bourgeois t'avoit indiqué nos retraites, et
» on sait bien qu'il les connoît, n'avoit-on pas
» d'excellents motifs de supposer que tu nous
» chercherois peut-être dès ce soir? — Oh!
» mon Dieu! m'écriai-je, cela ne fait pas de
» doute. Prends garde! prends garde! il n'y
» a rien de plus certain. » Et je promenai au-
» tour de moi des yeux tout effrayés, en trem-
» blant d'y trouver un espion. — Va-t'en, re-
» pris-je, au nom de Dieu! embrasse-les pour
» moi, et dis-leur que nous nous retrouverons
» peut-être! — Là, répondit Burban, en mon-
» trant la Grève du doigt, ou là, continua-t-il,
» en le relevant au ciel. — En attendant, cher-
» che à te sauver, et évitons-nous. » Cette
conversation, bien plus rapide que je ne l'ai

écrite, nous avoit conduits à la place du Châtelet. La main de Burban pressa ma main une fois encore, et puis elle m'échappa, et il disparut. Je restai attéré, épouvanté d'être libre, et sentant une sueur froide me glacer à la seule pensée de la rencontre d'un ami. C'est comme cela que j'arrivai à la rue Saint-Honoré, auprès du corps-de-garde de la barrière des Sergents, qui existoit encore. Le hasard que je redoutois le plus m'y jeta sur le chemin de Victor Couchery, homme accompli dans toutes les qualités qui constituent un homme supérieur et un honnête homme, et auquel je portois depuis l'enfance le plus tendre attachement. Je ne l'avois pas vu depuis deux ans, que j'assistois avec lui, et son frère déjà proscrit, à la première représentation de *Maison à Vendre*. On peut juger que nous nous étions assurés d'une loge fermée. Un étranger parvint cependant à s'y introduire. C'étoit le bourreau!... Cette idée se retraça subitement à mon esprit, avec toutes les prévisions tragiques dont nous nous étions fait un jeu ce jour-là; et cependant, j'étois loin de penser qu'aucune relation pût s'être établie depuis entre lui et mes amis du Morbihan, qu'aucune circonstance les eût jamais rapprochés, que deux mois après il seroit leur co-accusé, et que le même jugement les réuniroit peut-être pour l'échafaud ; mais ma préoccupation étoit si forte qu'elle retint l'élan de mon cœur. « Ne m'approche pas, lui dis-je en hâtant le » pas ; j'ai la lèpre. — Je l'ai aussi, » répondit gaîment Couchery. Et un serrement de main fut tout notre adieu.

Il étoit presque nuit quand j'arrivai à l'hôtel Berlin. On avoit disposé depuis long-temps de mon appartement, mais mon intention n'étoit pas de l'occuper. Je me connoissois un refuge assuré, où la police ne pouvoit parvenir à me surprendre dans le petit nombre d'heures que j'étois forcé de passer encore à Paris. Après un repas fort léger, mais fort nécessaire, car j'étois encore à jeun à six heures, je gagnai le théâtre de Louvois. C'étoit, l'année précédente, le délassement favori de mes soirées, et je dirois pourquoi peut-être si j'écrivois mes confessions. Quoi qu'il en soit, le théâtre et la salle furent vides ce jour-là ; je n'y jetai les yeux que pour m'assurer qu'ils ne valoient pas la peine d'être regardés, et je ne me suis jamais souvenu de ce qu'on jouoit, bien que nul répertoire n'eût plus de titres à mon intérêt, puisque c'étoient quelques-uns de mes plus chers amis, Picard, Georges Duval et Nanteuil, qui en faisoient les honneurs. L'entr'acte ne manquoit jamais, à cette époque, d'être animé par le cri aigu d'un colporteur qui venoit offrir au public *le Journal du soir des frères Chaigneau*, et j'étois depuis assez long-temps sevré de la lecture du journal, pour ne pas négliger une occasion si commode de me mettre au courant des affaires de l'État. Mes yeux tombèrent du premier abord sur un paragraphe trop propre à me faire oublier tout le reste. C'étoit le récit fort rapide de l'exécution de mes camarades. On avoit offert aux condamnés la rémission de leur peine, et même la perspective d'une récompense, s'ils donnoient les renseignements dont ils pouvoient disposer sur les projets d'une conjuration royaliste dont le secret venoit d'être surpris, et sur l'asile des conspirateurs. Les deux roturiers étoient morts. Le gentilhomme avoit parlé. Au moment où je lisois cela, Burban étoit peut-être prisonnier et perdu! Le but infernal de nos persécuteurs étoit d'ailleurs atteint, et si Burban avoit bien compris l'espérance insidieuse qu'on fondoit sur ma mise en liberté, j'allois cesser de jouir de l'avantage passager que je ne devois qu'à cette horrible combinaison. Les prisons alloient se rouvrir pour moi, et se recommencer la vie de misère et d'angoisses à laquelle j'échappois à peine. Je me levai tout éperdu de ma banquette; je sortis avec précaution de la salle, comme s'il n'y avoit pas eu là un spectateur qui n'épiât mes mouvements avec un œil ennemi; et, par une multitude de détours laborieusement étudiés, et sur lesquels je revenois toutes les fois que je craignois d'avoir été suivi d'un regard, je me rendis à la maison où je devois passer la nuit. Je ne peindrai pas les sentiments qui m'y accueillirent. Hélas! qui le pourroit jamais! Le bruit d'une exécution s'étoit répandu dans la soirée, et l'imagination si active des gens qui aiment ne laisse passer aucun événement tragique sans le rattacher à ce qu'ils aiment; tous les malheurs anonymes inquiètent leur tendresse; il y a une distance logique presque incommensurable entre ces deux propositions : *Ce pourroit être lui* et *ce ne peut être que lui*; mais elles ne sont qu'une dans un cœur pénétré d'une affection profonde, et qui se repaît plus avidement encore de ses terreurs que de ses espérances. Que les minutes qui suivirent rachèteroient de douleurs, si on pouvoit les saisir, les goûter sans mélange, pures de l'amertume affreuse qu'y mêle l'anxiété, ou plutôt l'infaillible certitude de l'avenir! En leur parlant des moments que nous allions passer ensemble, je savois qu'à tout prix, et quoiqu'il arrivât, je les quitterois le lendemain sans les embrasser ; je prévoyois qu'à l'instant où l'aiguille de la pendule marqueroit une certaine heure, pendant que nous nous arrangions pour des jours et pour des semaines, je jetterois entre eux et moi un espace indéfini de temps, l'éternité peut-être! En effet, il falloit partir ou mourir! il falloit se dérober à cette investigation de harpies qui alloit souiller mon atmosphère, envelopper mes pas, presser comme un cauchemar hideux sur tous les mouvements de mon cœur; il falloit délivrer tout ce que j'aimois du danger d'être aimé de moi, fût-ce aux dépens de ma vie. Cette résolution étoit prise.

A une heure après minuit, j'entrai dans la petite chambre qui m'étoit réservée, et où j'avois déjà secrètement passé de douces heures de conversation ou d'études. Que son aspect me parut étrange et solitaire, et que je fis là un singulier retour sur l'erreur de nos sensations et de nos habitudes ! J'occupois, la veille encore, un cachot mal blanchi d'un plâtre grossier et poudreux, et coupé dans son étroite longueur de quelques misérables grabats où gisoient, sur un peu de paille, quelques infortunés qui attendoient la mort. Maintenant j'étois libre, j'habitois un joli salon, frappé avec égalité sur tous ses points du jour doux de deux bougies qui se répétoient dans deux glaces, et dont la lumière alloit mourir à peu de distance sur d'élégantes draperies ou rayonner sur l'acajou. J'ai peine à croire moi-même, et cependant j'en suis sûr ! que le souvenir de ma prison ait souri alors à ma pensée, et, qu'appuyé sur ma cheminée, j'aie reposé mon front sur mes mains, et fermé soigneusement les yeux pour en retrouver l'image. Ce fut autre chose en me couchant. Ce qui donne des charmes au sommeil, c'est le besoin de le goûter *lui-même*, si l'on peut parler ainsi, sans mélange d'autres idées, et la mollesse inaccoutumée de ce lit étoit une distraction. Cependant tant d'émotions diverses, tant de sentiments opposés, les impressions les plus contrastées de la vie, amassées, confondues en quelques moments, des idées presque simultanées d'amour, de crainte, de regret, de délivrance et de désespoir; le tumulte d'un spectacle après celui d'une exécution, une fête de famille après un supplice; tout cela s'embrouilla tellement dans ma pensée que je tombai dans une espèce de stupeur qui n'étoit pas le repos, dans un songe convulsif et douloureux qui reproduisoit les différents objets dont j'avois été frappé avec une mobilité si rapide qu'elle en étoit importune et monotone. Je passois sous des guichets, je voyois des grilles s'ouvrir, j'entendois des bruits de plainte et de terreur, je traversois ce joli festin du soir où des femmes charmantes parloient un si doux langage, et puis je suivois une longue file de patients à l'échafaud. Tout à coup je m'élançai de mon lit en sursaut, réveillé par le grondement des verrous qui retentissoit dans ma mémoire comme un écho des nuits passées. Une de mes bougies brûloit encore. La pendule marquoit deux heures. L'aspect des choses qui m'environnoient me rassuroit à peine. Je dis : *lequel est-ce?* et j'attendis un moment l'explosion. Enfin mon cœur se dilata, et je me recouchai tranquille, après avoir entr'ouvert doucement ma porte pour me convaincre tout-à-fait qu'elle n'étoit pas fermée en dehors.

Le matin ramena les mêmes déceptions. A Sainte-Pélagie, le premier rayon du jour venoit tomber sur mes yeux à travers les barreaux d'une croisée exactement placée à mes pieds. C'étoit la tiédeur de ce crépuscule qui me tiroit de mon sommeil. Je ne le trouvai point. J'éprouvai le serrement de cœur qu'inspireroit un cachot dont le soupirail a été muré pendant la nuit. J'étendis mes bras autour de moi : je froissai un rideau de soie. Je m'assis pour me recueillir, pour m'assurer que je ne rêvois pas, ou que je n'étois pas devenu fou. Bientôt je commençai à discerner les objets, à quelques traits de la lumière extérieure que laissoient pénétrer les jointures des volets. Je cherchai machinalement encore la couchette de Démaillot et la paille de Renou : elles avoient disparu. La rumeur sourde du dehors acheva de me remettre. Les marchands crioient; le marteau du forgeron tintoit sur le fer; les roues broyoient le pavé; je m'habillai à la hâte. Je réunis en un petit paquet les effets nécessaires que j'avois disposés pour un voyage qui pouvoit durer plusieurs jours, car j'étois décidé à gagner la Franche-Comté à pied, pour me soustraire aux recherches de la police qui auroit facilement trouvé ma trace dans le registre des voitures publiques. Je descendis l'escalier à petit bruit, tremblant d'avertir à mon passage les sollicitudes d'une amitié trop attentive, et de subir, dans un moment si décisif, l'épreuve du dernier adieu. Je fus retardé dans la rue Saint-Honoré par un embarras de fiacres, de soldats et de curieux. Des groupes de gendarmes à cheval gardoient les issues de deux ou trois rues. C'étoit le gracié de la veille qui venoit en personne livrer ses victimes. On parloit autour de moi de l'arrestation de MM. de Polignac. Je passai enfin. J'arrivai à la barrière de l'Est; j'y tombai au milieu d'un poste; on me fit entrer dans un bureau; on me demanda mon passeport. « Un passeport pour sortir de Pa» ris? m'écriai-je.—Il en faut un, me répon» dit l'interrogateur, ou vous allez être » conduit à la Préfecture de police.—A la Pré» fecture de police, grand Dieu! je suis libre, » Messieurs, je suis libre. — Personne n'est » libre aujourd'hui de sortir de Paris sans pas» seport : c'est la consigne.—J'y vais rentrer. » — Vous ne le pouvez plus. Un passeport, » ou à la Préfecture. — Je vais vous expli» quer.... — Vous vous expliquerez à la Pré» fecture. » Mes idées s'éclaircirent. Je me rappelai que j'étois porteur d'un ordre d'exil qui ne m'accordoit que soixante-douze heures de délai; je le jetai sur la table. Il étoit précis, positif, authentique; et, par une rencontre facile à comprendre, il se trouvoit daté du jour antérieur à celui de ma mise en liberté. Le terme expiroit le soir. « Que ne le disiez» vous? reprit l'officier d'un air fin. Oh! voilà

» un excellent sauf-conduit, une feuille de
» route infaillible pour arriver à votre desti-
» nation! Il n'y a pas un geôlier sur la route
» qui puisse vous refuser le logement. Seule-
» ment, ajouta-t-il en prenant note de mon
» nom, de mon signalement et de l'heure de
» mon départ, ne vous détournez pas en che-
» min ; vous pourriez perdre les revenant-
» bons de l'étape. » Je profitai de l'accès d'é-
clatante gaieté que produisit cette ingénieuse
saillie pour gagner lestement pays, et je pous-
sai jusqu'à Brie sans regarder derrière moi. Je
marchois dans la campagne avec un contente-
ment si accompli! je me croyois, pour ainsi
dire, dans un pays de conquête; le vent, la
pluie, le froid, tout me sembloit bon, car
tout cela c'étoit la liberté, et j'en jouissois
avec d'autant plus d'ivresse que je rattachois
à sa possession toutes mes illusions favorites.
Que me manquoit-il pour en consacrer l'usage
par quelque dévouement généreux qui sauve-
roit mes amis, qui lègueroit au moins à la patrie un exemple de courage et d'affranchisse-
ment? Peu de chose ! un drapeau déployé, un
parti résolu, une émeute de village.... Hélas!

l'inertie du peuple consterna bientôt mes folles espérances! La France tendoit la tête au joug comme un seul homme. Il n'y restoit pas de cœur qu'un cri d'indépendance pût faire palpiter. Tous les prestiges de la physique, toutes les évocations de la magie auroient inutilement demandé un reste de vie à cette nation cadavre!

Je n'ai jamais pu vérifier si Burban avoit rencontré juste dans ses conjectures; mais les circonstances ont justifié le parti que me suggéroit sa frayeur salutaire. Il falloit bien que je fusse épié puisqu'on s'aperçut de mon absence. La vigilance de l'autorité n'eut pas même beaucoup de peine à me gagner de vitesse. Je fus arrêté à Troyes.

Ce récit, que j'aurois pu beaucoup abréger, si je n'avois pris plaisir à y exprimer plus d'émotions que de faits, laisseroit infiniment à désirer aux esprits curieux qui veulent de l'histoire, de l'histoire positive, de l'histoire historique, si je l'arrêtois là où il cesse de me toucher personnellement; mais comme, à défaut de célébrité personnelle, je me suis trouvé jeté dans mes misères parmi quelques-unes de ces célébrités plus dignes de pitié que d'envie qui naissent du malheur, je ne finirai pas sans dire sommairement ce qui est arrivé de mes amis de prison, et de quelques autres que j'ai nommés à ce sujet.

Il n'en est que deux jusqu'ici, Lebourgeois et Picot, que j'aie pu suivre du regard jusqu'au tragique dénouement de leur vie aventureuse et dévouée. D'autres sont morts naturellement. Démaillot dut la liberté à la restauration, et ne survécut que peu de mois à cet événement. Je le retrouvai à soixante-dix ans, comme je l'avois laissé à soixante, plein de cette verve de jacobinisme et de ce cynisme d'incrédulité qui l'animoient sur la paille des cachots. Il expira prophétisant la république, et confessant le nom de Robespierre dont les théories étoient pour lui *le beau idéal* des sciences morales appliquées à la politique; et cependant, voyez un peu l'infirmité de l'esprit humain ! ce pauvre Démaillot étoit un excellent homme !

Bonneville existoit encore en 1829. Ce poète brillant et sensible dont l'exaltation généreuse avoit combattu tous les excès et toutes les tyrannies, ce royaliste républicain qui unissoit si hardiment dans ses premiers vers le culte d'une reine infortunée à celui de la liberté; ce Tyrtée de la Gironde, qui disoit de la Montagne en 1793 ;

L'enfer n'est plus l'enfer ! tous les démons sont là !

cette ame inflexible, que n'abattirent ni les proscriptions de Marat, ni les spoliations du Directoire, ni les sourdes manœuvres de la police impériale, fléchissoit depuis longtemps sous le poids de l'âge et de l'indigence. Quand je le trouvai, il me reconnut; mais son œil vague et presque éteint n'exprimoit que la confusion amère d'une âme qui manque de vigueur pour se manifester au dehors. Il essaya de me faire partager une chaise unique dont il ne pouvoit se soulever qu'avec peine; elle étoit défoncée. Il occupoit alors dans la rue des Grès une pauvre échoppe de bouquiniste que la savante administration de la librairie lui disputoit tous les matins, avec ces bonnes manières qui distinguent si éminemment notre bureaucratie française. Pendant que l'affaire étoit en litige, et se débattoit lentement, comme c'est l'usage, entre deux ou trois scribes richement rentés, le bon Nicolas Bonneville fit défaut. Il rendit au Dieu dont il avoit peint si magnifiquement les miracles, dans l'*Imitation du livre de Job*, le souffle céleste qu'il en avoit reçu.

Certains de mes amis de ce temps-là vivent encore. Victor Coucheri, absous à l'unanimité dans le procès de Moreau, et retenu en prison au mépris de la justice, ne dut la liberté qu'en 1814 au nouveau système de légalité que fit éclore la chute du grand empire. Il y étoit entré à vingt-huit ans; il en sortit à trente-neuf, appauvri des plus belles années de la vie, mais enrichi d'expérience et de sagesse. Il coule, dans de douces et bonnes études, une vie heureuse que la raison lui a appris à rendre obscure.

Le brave Renou, seul débris, ou peu s'en faut, de l'héroïque armée de la Vendée, et devenu le modèle de l'homme privé après avoir été celui du soldat, passe sa verte vieillesse entre l'exercice de toutes les vertus domestiques et la culture de ces bonnes lettres classiques qui charmoient déjà pour lui le rare loisir des champs de bataille. Il n'y a pas long-temps qu'il nous enchantoit encore de la lecture de ses vers et du récit de ses combats. Heureux privilége des esprits élevés! privilége plus heureux des belles âmes! Si vous assistiez à quelque rendez-vous sympathique entre le Vendéen et Bertrand, ou Drouot, ou Delort, vous seriez obligé de demander lequel est Annibal, et lequel est Scipion.

J'ai déjà dit ce qu'étoit devenu M. Duclos, qu'on appelle avec plus d'esprit que de justesse le *Diogène du Palais-Royal.* Il y a autre chose que du *diogénisme* dans cette abnégation obstinée qui se condamne depuis cinq ans à tourmenter les yeux de la foule du spectacle d'une pauvreté repoussante; il y a une leçon pleine d'énergie pour la jeunesse ardente et généreuse qui embrasse, sans autre mission que son courage, l'intérêt des rois proscrits et des institutions abandonnées; qui prodigue ses jours et son sang à cette cause de sacrifices, et qui ne sait pas que la moisson inattendue qu'elle féconde est réservée d'avance aux lâches intrigues de la bassesse et de l'hypocrisie. Cet enseignement vivant ne sera peut-être pas perdu pour les générations futures.

Après une longue détention, Beauvoir devint libre. Il refusa du service, et gagna les Antilles, où une famille créole dans laquelle il avoit quelques alliances lui offrit un asile. Tout annonce qu'il y auroit trouvé le repos, et ses amis se réjouissoient de le savoir heureux, quand, à l'issue du premier repas de la journée, on le vit passer dans sa chambre avec un air préoccupé. Une minute après, on entendit l'explosion d'une arme à feu. On entra. Beauvoir étoit mort.

Raoul Saint-Vincent s'appeloit Gaillard; il étoit, si je ne me trompe, de Rouen ou de Quevilly. En essayant de passer la Seine ou l'Oise, pour se dérober à la poursuite des gendarmes, il fut tué d'un coup de fusil. Quelques autres moururent le 25 juin 1804, sur la place de Grève, à l'endroit où Burban m'avoit donné rendez-vous : il y étoit.

Par une exception presque unique dans la

sanglante histoire des exécutions judiciaires, le général Georges fut mis à mort le premier des douze condamnés, bien que chef avoué de cette conjuration de courageux aventuriers, qui n'étoit pas, quoi qu'on en dise, une conjuration d'assassins. Georges lié, Georges à guillotiner, faisoit peur. On étoit aussi impatient d'en finir avec lui, que s'il avoit témoigné l'intention de se défendre et de ne pas mourir; et l'on sait toutefois qu'il avoit refusé, la nuit précédente, de la franche et noble intercession de Murat, la vie, la fortune, les épaulettes de général. Abominables préventions des partis, quand cesserez-vous de souiller de vos calomnies de si magnanimes vertus!

Le carnage fut suspendu pendant plus d'une heure, par l'absence de Louis Ducorps et de Lemercier qui demandèrent à être entendus à la Préfecture. Leur déclaration, tout-à-fait insignifiante, mais allongée en circonlocutions adroites (et il falloit beaucoup d'adresse pour en avoir là), n'eut d'objet que de gagner du temps, sans intérêt pour leur vie. Il s'agissoit seulement de retarder l'exécution d'un de leurs chefs bien-aimés, de Coster de Saint-Victor dont la grâce avoit été formellement promise la veille à sa famille. Coster pouvoit exercer, dit-on, sur la reconnoissance de Bonaparte des droits dont le mystère appartient sans doute à l'histoire, mais d'une telle nature que j'aurois dû résister au besoin de les écrire, même quand l'homme dont ils relèvent la noble mémoire joueroit dans ces *Souvenirs* un rôle plus intime et plus familier. Coster a aimé mon enfance, qui n'étoit pas sans énergie. Doué d'une infaillible raison comme d'un intrépide courage, il l'a éclairée d'enseignements dont j'ai mal profité ; mais il a fait d'ailleurs si peu d'attention à moi que, s'il ressuscitoit, il ne me reconnaîtroit pas.

Le nouvel empereur s'étoit retiré dès le matin à la Malmaison pour s'affranchir de l'importunité des sollicitations; et c'est là que trois femmes en grand deuil, mère et sœurs d'un de nos plus brillans officiers, attendoient en larmes le succès des vives instances de cette tendre Joséphine dont la protection n'a jamais failli à l'infortune : elle n'obtint rien.

Coster, las de devoir quelques minutes de vie à l'humanité du bourreau, promena un regard sur la place pour s'assurer que nulle dépêche n'arrivoit, cria : *Vive le Roi !* et se jeta de lui-même sous le fer qui venoit d'abattre la tête de neuf de ses camarades. Il est à remarquer que c'est le seul gentilhomme qui ait péri dans cette boucherie de royalistes intrépides. Encore, il faut l'avouer, l'illustration de sa race ne datoit que de trois générations, et ne reposoit, pour comble de malheur, que sur d'importants services rendus à l'industrie d'une province. Des huit condamnés dont la peine fut commuée en une détention de quatre ans, qui duroit toutefois encore dix ans après, chose extrêmement indifférente d'ailleurs dans le système légal de ce temps-là, six ou sept appartenoient à ce qu'on appelle la haute classe de la société, et ceux-là ont pu recevoir, dans des positions élevées, le prix de leurs services et de leur dévouement. Comme on vouloit recommencer la noblesse, on étoit déjà plus économe de son sang que du nôtre, et il n'y a pas de mal à cela. C'est un privilége qui coûte assez cher au peuple ; mais de quoi se mêle le peuple? Qu'il regarde les haillons de Duclos.¹

¹ Ceci étoit écrit sous la Restauration, comme tout le reste, et se ressent d'une aigreur peut-être injuste. Ce qu'il faut considérer dans un dévouement politique, et ils sont tous beaux sans exception, ce ne sont pas ses suites, c'est son principe.

PORTRAITS

PORTRAITS.

PORTRAITS

LE COLONEL FOURNIER,

LE COLONEL FOY.

Napoléon fut comblé par sa fortune de tous les avantages qui pouvoient mettre un grand homme à la tête d'un grand siècle; et cette faveur d'une destinée sans exemple, s'est encore attachée à sa mémoire. Comme l'histoire ne présente aucune époque où l'expression de la pensée ait pu être plus librement sincère que dans la nôtre, elle n'a conservé le nom d'aucun homme qui ait été plus promptement apprécié d'une manière irrévocable. Quelques années de liberté ont suffi pour faire intervenir la postérité entre lui, ses ennemis et ses flatteurs. Il n'a pas même attendu, comme ces rois d'Égypte dont parle Hérodote, l'arrêt d'un peuple assemblé à ses funérailles. L'avenir n'aura rien à changer au jugement de ses contemporains. Il l'élèvera au premier rang des grands capitaines et des hommes d'état les plus habiles, un peu au-dessous de César peut-être, mais fort au-dessus de Cromwell et de Richelieu. Il lui reprochera des excès, des violences, une imprévoyance aveugle, une ambition insatiable, un mépris impie pour les droits des peuples et pour la foi des serments. Il verra en lui, comme il le disoit, une espèce de dieu de la gloire; mais il y verra aussi l'*étouffeur* de la pensée humaine et le fléau de la liberté.

Ce qu'il seroit à craindre que l'histoire ne dît pas, si elle ne consultoit que certains mémoires, c'est que l'asservissement de la France ne fut pas aussi volontaire, aussi spontané qu'on se l'imagine. Napoléon régna de pleine puissance et sans obstacle, parce qu'il n'y a rien de plus facile que de régner ainsi à qui le veut fermement, quand il a une fois franchi les premiers degrés du pouvoir. Avec beaucoup d'or, avec beaucoup de hochets, des rubans, des dignités, des couronnes; avec le goût et l'art de la corruption, on se compose sans peine ce qu'on appelle partout un gouvernement, c'est-à-dire un corps mercenaire de grands esclaves qui réagissent de tout le poids de leur dégradation morale sur les masses inertes et obéissantes; mais Napoléon ne régna jamais du consentement libre de ce qui représente réellement une nation, de cette classe éclairée et sensible dont le suffrage seul peut consolider de jeunes institutions, et sans l'appui de laquelle les trônes les mieux affermis en apparence ne sont qu'un usufruit passager. Napoléon devint populaire après sa chute; c'est le privilége d'une grande renommée trahie par une grande infortune. Napoléon, empereur et roi, avoit été le moins populaire des tyrans. Il a laissé d'immortels souvenirs à la mémoire, il n'en a pas laissé à l'âme. Son couronnement ne fut que l'acte culminant d'une conspiration triomphante; le peuple n'assistoit à ce dénouement d'un crime heureux qu'en qualité de spectateur. Toute l'action fut jouée entre deux populaces, celle des petits qui est facile à éblouir, et celle des grands qui est facile à acheter.

Ce qui n'est pas moins vrai, et ce qui paroîtra cependant plus difficile à croire, c'est que l'armée éprouvoit pour le pouvoir absolu la même répugnance que le peuple, et qu'elle ne concourut que très-passivement à l'agrandissement de son chef. Quand il eut tué la République à grands coups de trahisons et de sénatus-consultes, la force militaire lui prêta cette puissance machinale qui est l'élément essentiel de son institution, et qui consiste dans une subordination infrangible et illimitée, dont tous les avantages politiques seroient perdus, si elle s'avisoit un seul instant de devenir rationnelle. Dès lors il put régner, mais il régna du droit de commandement et de discipline sur des inimitiés plus ou moins incurables. Le prestige de la gloire lui donna plus tard des enthousiastes; l'amitié lui dévoua quelques âmes douces et reconnoissantes; la crainte des réactions sanglantes de la démagogie, celle qu'inspiroit le retour de l'ancien régime sans restriction, comme il s'annonçoit par la bouche insensée de ses adeptes, achevèrent de lui concilier presque tout le reste; mais le jour de son couronnement, et pendant les deux ou trois années qui le suivirent, il n'eut de l'armée que ses armes et son obéissance. Il n'y avoit pas alors en France un cœur françois qui palpitât pour un empereur. Au commencement du règne de Napoléon, il arriva quelque chose de pareil à ce qu'on avoit vu sous celui du Comité de salut public, lorsque l'humanité chercha un asile dans les camps. La liberté aussi se réfugia sous le drapeau.

Je ne parle ici ni de cette opposition de salle à manger qui rendit Moreau lui-même si redoutable aux Tuileries, ni de cette opposition de boudoirs qui transforma tout à coup tant de brillants Alcibiades en soucieux Catilinats; celles-là marchoient tellement à découvert dans leur audace puérile, qu'elles durent troubler rarement les veilles du nouveau souverain. Un jugement bien motivé, ou un ordre du ministre de la guerre qui n'avoit pas besoin de l'être, en faisoit justice en vingt-quatre heures. Les rares talents militaires de Moreau, qui étoient Moreau tout entier, devoient nécessairement fixer sur ce général les espérances d'un peuple opprimé par l'épée. Moreau se trouva donc, sans s'y attendre, et par un bénéfice gratuit de position, le tuteur de la liberté. Ce ministère, mesuré sur son importance extérieure et non sur ses forces morales, se trouva trop grand pour lui, comme ses meilleurs amis l'avoient prévu. Il ne le mena qu'à tremper timidement dans des intrigues équivoques, à échanger Sainte-Pélagie ou Bicêtre contre l'exil et l'oubli, et à mourir sans gloire, et, qui pis est, sans honneur, dans les rangs d'une armée étrangère. C'est qu'à une singulière habileté stratégétique qu'on ne peut lui refuser, il ne joignoit pas une pensée forte, pas une vue profonde, rien de cet élan fier et impétueux qui fait les héros, et, que toute cette fermeté de caractère dont l'opinion trop libérale vouloit bien le gratifier se réduisoit à l'obstination ordinaire de l'impéritie et de la foiblesse, qui s'enfoncent dans leurs résolutions par la seule impossibilité d'en sortir. Nous le comparions alors à Fabius et à Scipion. C'est une des niaiseries de l'esprit de parti qui est prodigue de grandes comparaisons pour les petits hommes, quand il a besoin de les opposer à de hautes et légitimes renommées. Scipion fut, en effet, menacé d'un jugement, mais il n'alla ni au prétoire ni aux gémonies : il alla au Capitole.

Le colonel Fournier, qui commandoit le 12ᵉ régiment de hussards, ne pouvoit être, à vingt-huit ans, ni un grand homme de guerre, ni un grand homme d'État; c'étoit un homme du monde, qui jouissoit parmi les jeunes gens et les femmes de cette vogue élégante avec laquelle on devient tout ce qu'on veut à Paris, et un homme fort nul en province. Une figure vive et agréable, pleine d'expression et d'énergie; un esprit assez fin, admirablement servi par l'éducation et par l'usage; un aplomb imperturbable qui se prêtoit indifféremment aux formes de l'héroïsme et à celles de la fatuité ; une prodigalité magnifique et insouciante, dans laquelle la bienfaisance avoit rarement autant de part que l'ostentation; un persiflage qui passoit pour être de bon ton dans un temps où le bon ton vouloit bien admettre le persiflage; une réputation colossale de succès auprès des femmes, avec ce mépris des femmes qui les fait avoir; un athéisme décidé d'amour et de principes; une aptitude si extraordinaire enfin à tous les nobles exercices qu'elle avoit jeté du scandale sur le bonheur de ses duels; toutes ces manières du gentilhomme complet faisoient du colonel Fournier un homme plus qu'ordinaire, qui n'étoit pas, tant s'en faut, un homme extraordinaire. Bonaparte commença par en avoir peur; ensuite il le jugea; il l'envoya en exil à Périgueux dépenser de l'argent, désoler des coquettes, et harasser des chevaux. Le colonel y resta, et on n'en parla plus.

Les inquiétudes de Napoléon n'étoient pas là. Il avoit pu apprécier dans l'armée des caractères plus fortement trempés, qui alarmoient depuis long-temps ses projets. Après avoir attaché ou séduit tout ce qui pouvoit se laisser prendre à l'appât d'une noblesse historique appuyée sur sa dynastie naissante, et le cœur humain est tellement fait que ce devoit être le grand nombre, il ne vit pas sans effroi, ou se relever sous sa main appesantie, ou se dérober à ses caresses, quelques-unes de ces âmes indomptables dont on lui avoit fait d'abord si bon marché quand il commençoit à l'étourdie l'apprentissage de son métier de maître. Accoutumé à saisir d'un coup d'œil tous les désavantages d'une position, j'imagine qu'il compta froidement ses ennemis, et qu'il n'abandonna au temps, pour l'en débarrasser tout-à-fait, que ce qu'il lui fut impossible de donner à la prudence pour s'en défendre ou à la force pour les réprimer. Cette catégorie de l'armée se divisoit en trois classes d'hommes adhérents par le principe commun, mais très-divers dans leurs motifs et dans leurs vues. Quelques-uns, qui étoient en trop petite quantité pour exercer jamais une influence décisive, tournoient leurs regards avec regret vers l'ancien régime, dont des affections de famille ou des habitudes d'éducation leur embellissoient le souvenir. Parvenus à un point d'illustration qui étoit le terme de leurs espérances et peut-être de leurs facultés, effrayés de l'instabilité d'un nouveau gouvernement qui leur paroissoit plus téméraire et moins national encore qu'aucun des gouvernements antérieurs, et pressés de mettre un clou à la roue du char politique pendant qu'ils étoient au-dessus, ils auroient souscrit volontiers à une contre-révolution complète et simultanée qui assureroit irrévocablement les honneurs acquis par leur épée. D'autres, et ils étoient innombrables, nourris du lait sanglant de la liberté, comme le disoit mon poète Young, s'étoient fortifiés dans l'amour de la République par tous les souvenirs de leur gloire. Ils n'avoient pas une blessure qui ne leur rappelât un engagement pris envers la patrie, et ils ne pensoient pas que de nouveaux serments pussent les dégager des serments du passé si librement jurés. Ceux-là ne voyoient dans l'établissement de l'empire que la tentative effrontée d'un aventurier qui n'étoit rien que par eux, et qui tomberoit, couvert des risées du monde entier, dès qu'il leur plairoit de se retirer de dessous son pavois. Le reste se composoit des hommes de tête et d'exécution qui, fatigués de laisser les destinées de l'état à la merci de quelques sophistes revêtus pour tout mérite d'une certaine popularité de gazettes, et dont les droits politiques se réduisoient à l'abondance intarissable d'une sotte phraséologie, balançoient depuis long-temps à se saisir du pouvoir, quand il tomba, comme un fruit mûr, dans les mains de Bonaparte. Comme l'ambition juge toujours mal les titres de ses rivaux, parce qu'elle est trop préoccupée de la valeur des siens, il n'y en avoit pas un qui ne plaignît intérieurement la France d'être échue en partage à un pareil maître, quand la nature sembloit avoir d'avance imprimé sur un autre front la place du diadème. Cette fraction entreprenante et décidée de l'opposition militaire n'affectoit aucune bannière en particulier, mais elle passoit incessamment de l'une à l'autre, suivant les lieux et les temps, toujours prête à s'en emparer quand elle verroit s'y attacher l'espérance d'un succès : royaliste, pour régner sous le nom des princes légitimes; républicaine, pour donner des lois à la République.

Toute menaçante qu'elle dût paroître d'abord pour le trône impérial, par le nombre et par la qualité des personnes, si l'on considère que cette conjuration permanente n'avoit d'ailleurs aucun centre d'action, ou que le centre fortuit autour duquel elle se hâtoit de se presser un moment ne tardoit jamais à se déplacer; que les agents de l'ancienne dynastie, contents de gagner sans péril un salaire sans objet et sans résultats, étoient généralement trop inhabiles pour mettre les éléments les plus précieux à profit; que les puritains de la révolution, compromis par des excès encore récents, accusés par des plaies qui saignoient encore, ne pouvoient appuyer d'aucune force morale celle d'une coalition généreuse et indépendante qui sembloit animée de vues nouvelles, et tendre vers un but dégagé de toutes les déceptions populaires, on concevra sans peine que cette phalange insaisissable se soit dérobée long-temps aux proscriptions qui décimoient les factions civiles. Napoléon, frappé de l'impossibilité de la réduire en masse, prit le parti sage et infaillible d'en briser lentement les liens par des mesures de détails. La guerre, si utile à sa politique extérieure, ne servit pas moins efficacement, sous ce rapport, sa politique du dedans. L'institution de la Légion-d'Honneur lui donna les plus irrésolus. Le champ de bataille dévora les plus braves. Les plus hasardeux et les plus maladroits se livrèrent d'eux-mêmes à la police et aux tribunaux. On relégua dans des gouvernements obscurs quelques chefs énergiques et opiniâtres, mais privés de cette puissance individuelle qui s'attache à la célébrité, et dont l'action expansive s'anéantissoit dans l'isolement. On parqua des corps d'officiers suspects dans une garnison éloignée, comme dans un lazaret politique. La ville qui me servoit alors de prison en contenoit une assez grande quantité. Je ne parlerai que de ceux qui ont été mes amis, et, parmi eux, que de ceux qui laisseront un nom à l'histoire.

Ceux de mes lecteurs qui ne connoissent les hommes publics que par certains de nos journaux d'opposition, et qui n'ont par conséquent jamais distingué la cause du pays de celle de l'empire, admettront difficilement que l'Empereur ait pu compter le général

Foy au nombre de ses ennemis. Foy étoit cependant trop ardemment épris de la liberté pour le haïr médiocrement ; mais sa haine étoit mesurée et réfléchie, plus en sentiment qu'en action, plus persistante qu'impétueuse, plus disposée à de nobles résistances qu'à des aggressions téméraires. La douceur de ses mœurs qui le détournoit de tous les partis extrêmes ; une loyauté d'âme qu'effrayoit la seule idée de la dissimulation et du mensonge ; une répugnance prononcée pour ces alliances monstrueuses que le mouvement des intrigues politiques rend quelquefois inévitables, et qui forcent un caractère délicat et fier à transiger avec sa pudeur ; par-dessus tout une conscience religieuse du devoir, un respect rigide pour la subordination, cette reine des camps et du monde, ne lui auroient jamais permis de s'engager de fait dans une conspiration libératrice, où il auroit fallu acheter le triomphe aux dépens d'une consigne. Enfin, si on ose l'avouer, Foy s'étoit trompé alors, comme tant d'autres, sur la portée réelle des facultés de Napoléon. Il le regardoit comme un soldat heureux, qui n'avoit ni solidité dans le jugement, ni grandeur dans les conceptions, ni ressources dans l'esprit, et qui, en s'imposant les embarras et la représentation d'une cour, avoit fait justice de lui-même par le ridicule. Il devint depuis, je le crois, son admirateur sincère, car la sincérité fut le caractère de tous ses sentiments; mais son admiration dut être fière et indépendante comme sa haine. Il n'y avoit rien dans le cœur de Foy qui pût sympathiser avec le dévouement d'un esclave.

Foy commandoit à cette époque le 5e régiment d'artillerie à cheval, où sa jolie figure et ses excellentes manières ne le distinguoient pas moins que son grade au milieu d'une brillante élite d'officiers. Il avoit déjà, et plus habituellement peut-être, cet air de tête vif et impérieux dont tout le monde se souvient, et qui exprimoit à vingt-cinq ans l'assurance d'une confiance légitime, mais qu'on trouvoit un peu suffisante. Le reste de ses traits étoit loin de porter encore cette empreinte sévère que leur ont donnée depuis la méditation, la fatigue et la maladie. Ses formes potelées et un peu féminines, son embonpoint frais et fleuri, sa bouche vermeille et ses joues rosées relevoient même, par un contraste frappant, la fierté de son regard. Il auroit pu se déguiser en femme chez Lycomède, mais il n'auroit pas été besoin de lui montrer un glaive pour lui faire trahir son sexe. Le moindre éclair de ses yeux auroit révélé Achille.

Dans un cercle composé de ses amis, où le tour de la conversation exigeoit pourtant quelques frais, il parloit beaucoup et très-bien sur tous les sujets, mais avec moins d'enthousiasme que d'élégance, avec moins d'originalité que de coquetterie. Le sarcasme, que la maturité de l'âge et l'austérité des habitudes parlementaires lui ont sans doute interdit dans sa carrière oratoire, étoit en ce temps-là sa figure favorite. Je ne crois pas que personne l'ait jamais manié avec une verve plus incisive et plus pénétrante. Ses ennemis politiques doivent lui savoir gré de n'en avoir pas usé contre eux. Il leur a fait grâce de la pièce la plus redoutable de son armure de tribun. Ce trait sanglant du discours, servi chez lui par un organe ferme et un peu strident, comme celui d'un homme qui parle les dents serrées, et qu'accompagnoit de la manière la plus expressive, un certain mouvement dédaigneux de la lèvre supérieure qui lui étoit familier, se compensoit d'ailleurs par des tours d'une politesse si exquise, qu'il auroit été de mauvais ton et de mauvais goût de s'en offenser. Il tuoit son adversaire, mais il ne le blessoit pas. Le mot restoit, et la discussion finissoit là.

Il y a loin, je l'avoue, de ces foibles esquisses à la grande image de Foy parvenu aux premiers honneurs de la tribune, et je les recueille cependant avec une sorte d'amour, parce que je me croirois heureux de trouver quelque part de semblables détails sur les jeunes années de quelques hommes de l'antiquité auxquels j'associe volontiers celui-ci dans le culte de mes souvenirs, comme Epaminondas et Philopœmen.

Le colonel Foy étoit donc un adversaire redoutable pour un tyran mal affermi, car il réunissoit toutes les qualités qui recommandent la parole de l'homme, la bonne foi et le courage, le génie et la vertu; mais ce n'étoit pas un affranchisseur de peuples. Il avoit la causticité déchirante, la *bouderie sublime* et la dignité de caractère du jeune Caton, mais il n'en avoit pas l'abnégation stoïque. Epris de tout ce qui se fait aimer, il étoit peu d'objets d'une généreuse ambition qu'il n'eût sacrifiés à la liberté, il n'en étoit point qu'il n'eût sacrifiés à la gloire. L'étendard de la patrie est toujours au milieu des peuples et de leurs affections; il crut avec raison peut-être qu'il ne dérogeoit pas à flotter sur une armée triomphante. Il se rappela sans doute, en s'y rangeant avec d'autres braves, le mot chevaleresque de François Ier : *Tout est perdu, fors l'honneur!* et il ne pensa plus qu'à conserver ce dépôt sacré, sauf et pur, jusqu'à l'époque où il lui seroit permis de servir dans d'autres combats les intérêts intimes du pays, sous un ordre de choses plus propice à la justice et à la vérité.

Heureux les hommes qui ont pu remplir comme lui toutes les conditions d'une destinée complète!

LE GÉNÉRAL MALET,

LE COLONEL OUDET.

E n'est heureusement pas une chose rare qu'un homme qui desire fermement le bonheur du plus grand nombre, avec l'envie d'y contribuer de ses efforts et de ses sacrifices. Ce n'est pas une qualité introuvable que le jugement qui fait percevoir les moyens les plus praticables d'amélioration dans les affaires publiques, et même que l'esprit d'exécution qui convient le mieux pour les mettre en œuvre. Ce n'est pas un phénomène qu'une pensée hardie servie par des organes actifs, et qui se manifeste incessamment malgré tous les obstacles : mais je n'en suis pas moins convaincu qu'il n'y a rien de plus extraordinaire et de plus digne d'attention dans l'histoire de l'esprit humain que l'idéal psychologique d'un conspirateur complet.

Si l'on examine que ce personnage, comme je le comprends, doit être pur de toute vue personnelle; car s'il agit dans l'intérêt de sa fortune, ce n'est plus qu'un spéculateur affreux qui joue la vie des hommes à une loterie où il a seul à gagner; s'il agit dans l'intérêt de son agrandissement, ce n'est qu'un ambitieux qui sacrifie à quelques jouissances passagères de l'orgueil tout l'avenir des nations;

Si l'on ajoute à ce premier trait le trait principal de son caractère, c'est que cette abnégation n'est pas seulement passive, comme celle qu'on a droit d'attendre des vertus communes, et qu'elle réagit sur ses affections les plus innocentes et les plus naturelles; c'est que, du moment qu'il se lie au projet qu'il a conçu ou accepté, il brise en même temps tous les liens qui l'attachoient ailleurs; c'est qu'il cesse d'être tout ce que la nature et la société l'avoient fait, pour devenir, de son choix, l'instrument aveugle d'une fatalité qui ne reconnoît ni penchants ni devoirs; c'est que la distinction du bien et du mal s'efface à ses yeux pour faire place à une idée fixe dont le reste des hommes n'ont pas le secret;

Si on lui tient compte de cette position tout-à-fait extra-sociale, où ses rapports sont réglés par des convenances inexplicables hors du monde que les circonstances lui ont donné, où il a besoin de transiger à tout moment avec des obligations nouvelles et inattendues, timide et obséquieux devant l'insolence, inquiet et réservé envers le courage, souple auprès de l'incapacité hautaine, complaisant avec le crime!...

Si l'on considère que, pour tout résultat de ses incroyables tentatives, il aboutit au ridicule s'il se laisse abattre par le découragement et la douleur; au supplice et à l'opprobre s'il échoue, comme cela arrive presque toujours; à la nullité et à l'oubli s'il réussit, comme cela n'arrive presque jamais;

Si, dans la chance presque impossible du succès, on pense que ces travaux ne tendent pour lui qu'à une situation équivoque et suspecte, où il est poursuivi jusqu'au tombeau de la haine des passions qu'il a déjouées, de la défiance et des embûches de celles dont il a sans le vouloir assuré le triomphe; on conviendra que ce rôle d'une extravagance sublime ne convient qu'à un insensé ou qu'à un grand homme, et que le plus parfait des conspirateurs tient presque également de l'un et de l'autre.

La force des événements, la nécessité des circonstances, l'entraînement irrésistible des premières démarches, la solidarité ineffaçable des premières affections, m'ont jeté pendant dix ans de ma vie dans la sphère agitée des conspirations. J'ai vu beaucoup de ces hommes qu'on appelle conspirateurs, et qui font profession, par goût ou par le malheur de leur destinée, de livrer une guerre occulte à l'ordre établi. En retranchant de ce nombre les ambitieux que le désappointement de leurs folles espérances a aigris contre tous les pouvoirs qui se passent d'eux; les esprits vains et superbes qui s'irritent contre leur nullité, et que le dédain du parti vainqueur ulcère d'un besoin de vengeance incurable; les aventuriers sans ressources qui embrassent toutes les causes désespérées pour tenir à quelque chose, et qui jouent des chances perdues d'avance pour fatiguer l'obstination de la fortune; les caractères turbulents que le besoin d'une activité périlleuse consume sourdement, et dont la vie entière n'est qu'un laborieux suicide, varié par quelques péripéties éclatantes, je saurois à peine ce que c'est qu'un conspirateur si je n'avois été l'ami de Malet.

La nature avoit formé celui-là pour troubler le sommeil des tyrans. Elle lui avoit dit: Conspire, c'est ta vocation, et il conspiroit comme on existe, comme on respire. Toutes les facultés de son organisation étoient à l'unisson de cette volonté dominante : une fermeté inflexible, une pertinacité infatigable, une trempe de courage à l'épreuve des persécutions et des tortures, une force physique à rompre du fer. Malet n'avoit pas une très-grande taille, mais elle étoit bien prise, ample, robuste, imposante. Ses épaules étoient larges et un peu voûtées comme elles le sont ordinairement dans les hommes de race militaire. Son cou étoit court, et sa tête grande dans toutes les dimensions; son front peu élevé, mais très-développé, blanc, pur, ouvert, sans rides. Son nez avoit les arêtes saillantes, le méplat vaste et charnu, les narines épanouies d'un cheval impatient et fougueux. Sa bouche étoit épaisse et un peu proéminente, son menton rogné et anguleux, ses mandibules fortes et carrées, tous ses os énormes. Avec moins de finesse et d'aménité dans le regard, il ressembloit beaucoup à Pichegru. Il auroit pu poser pour son portrait. Il portoit, comme lui, imprimé dans tout son aspect le type du montagnard franc-comtois, qui est celui de certaines peuplades tartares et des Maïnotes d'aujourd'hui. On comprend sans peine qu'un tel homme ait été jeté dans le moule d'Agis et de Léonidas.

Malet étoit noble. Je ne sais s'il n'étoit pas comte. Il avoit reçu l'éducation de son rang. Il en prenoit aisément les manières dans un certain monde, mais plutôt par condescendance que par sympathie. En général, il recherchoit les gens simples, les habitudes bourgeoises, les conversations d'abandon. Il prenoit plaisir alors à se livrer, à s'ouvrir, à disputer ; car son énergie brusque et tranchante se prêtoit mal aux convenances d'une discussion méthodique. Il aimoit le jeu sans spéculation, sans calcul, pour s'émouvoir, pour s'agiter. Il aimoit les femmes passionnément, mais d'une ardeur qui n'avoit rien de romanesque, et dont les objets passagers faisoient rarement honneur à la délicatesse de son goût. Il disoit qu'il les avoit adorées toutes, et qu'il n'en n'avoit chéri qu'une : c'étoit la sienne ; et on verra qu'il avoit raison. Sa constitution athlétique, réglée par une volonté moins forte, auroit pu le porter à quelques excès ; jamais à une foiblesse. Malet dégagé des principes fixes qui le dirigeoient, seroit peut-être devenu criminel ; il ne seroit jamais devenu vicieux. Il n'y avoit rien en lui que de grand, et le vice est petit. Bonaparte, qui ne le craignoit pas mais qui le haïssoit, chercha souvent à le surprendre dans des fautes de conduite; il ne parvint pas même à couvrir ses injustices d'un prétexte. On n'eut pas de peine à le compromettre : on ne put pas l'accuser ; et Malet est le seul martyr de la liberté dont la calomnie ait respecté le tombeau.

Malet avoit beaucoup d'esprit naturel, une certaine instruction acquise, de la facilité à s'exprimer quand il obéissoit à une émotion profonde. Il n'étoit d'ailleurs ni disert, ni éloquent. L'ascendant qu'il exerçoit dans un entretien animé, il le devoit à une expression brusque et naïve, quelquefois sententieuse, quelquefois grivoise, souvent énergique et pittoresque, dont la forme se gravoit facilement dans la mémoire. Son langage participoit de sa physionomie. Il étoit ferme, arrêté, résolu. Malheureusement pour ma gloire je n'étois pas assis à côté de lui pour entendre ses dernières paroles; mais ce qui m'en est parvenu aux extrémités de l'Europe semble dérobé à Plutarque. Deux jeunes gens trèsspirituels l'ont fait parler dans un drame si vrai, qu'on le croiroit écrit en présence des faits. Lahorie, avec son insouciance philosophique et sa cuisante ironie; Boutreux, avec sa candeur sentimentale et passionnée; le logicien Picquerel, qui couvroit d'une apparence rustique et soldatesque une rare droiture de sens et une rare délicatesse de tact, auroient mérité, dans cette esquisse ingénieuse, une place plus large; mais si les auteurs n'ont pas recueilli de la bouche même de Malet sa phrase concise, pleine, austère et mordante, ils l'ont certainement devinée. Il y a plus que du talent d'esprit dans une pareille rencontre, il y a du talent d'âme.

Je ne donnerai qu'un exemple du bonheur de soudaineté qui caractérisoit quelquefois la repartie de Malet, parce qu'il met en jeu, sous son véritable jour, l'esprit de deux hommes dont la mémoire vivra éternellement. Un soir que le mouvement impétueux de la conversation avoit forcé le dernier retranchement de Foy, qui répugnoit, comme je l'ai dit, à toutes les levées de bouclier contre l'autorité militaire, il crut échapper, à son ordinaire, aux embarras de la discussion par une de ces figures épigrammatiques qui ne lui manquoient jamais, et dont sa physionomie dédaigneuse faisoit admirablement valoir le sel. « Il est peut-être beau, dit-il, mais il est » presque toujours ridicule de faire l'office » d'un levier quand on n'est qu'une allu-» mette. » — Avec une allumette, répondit » froidement Malet, on n'a pas besoin de le-» vier; on ne soulève pas le monde : on le » brûle. »

J'ai dit que Bonaparte ne redoutoit pas Malet. Il n'a pu l'apprécier tout entier que par sa dernière entreprise. Malet s'étoit retranché jusqu'alors contre le soupçon derrière son audace elle-même. A la violence de sa haine expansive, à l'indiscrétion peut-être affectée de sa colère, il auroit été difficile de lui supposer des projets gravement médités, un plan de conduite mystérieux et bien conduit, un but invariable vers lequel il tendoit plus directement que jamais quand la manifestation extérieure de ses sentiments ne déceloit qu'une opposition impuissante, évaporée en vaines paroles. Cet art, car c'en étoit un, de livrer toute sa pensée à la défiance, pour lui dérober une action lente, progressive et calculée, me paroît le chef-d'œuvre du conspirateur. Il rappelle le stratagème de ce général qui couvre de feux son camp, pour tourner par des sentiers obscurs celui de l'ennemi, et y tomber inattendu comme la foudre.

C'est une question pour beaucoup de monde que de savoir quelle étoit l'opinion que Malet auroit ouvertement adoptée, s'il avoit eu à choisir entre toutes celles qui partageoient alors le pays. Ce n'est certainement pas une question pour moi, mais il s'agit de la poser exactement. Malet avoit suivi le mouvement de la révolution avec toute la franchise de son caractère, avec toute la générosité de ses sentimens, en s'indignant contre les excès et les fureurs des partis, et en embrassant d'une loyale estime les opinions les plus opposées au succès de sa cause d'affection, quand elles portoient en elles des garanties évidentes de bonne foi. Il ne parloit qu'avec respect des grandes victimes de nos désordres politiques; il professoit pour les Vendéens une admiration qui alloit jusqu'à l'enthousiasme : « Heu-

« reux Bourbons! disoit-il, le dévouement de « la Vendée, c'est l'apothéose d'une dynastie! » Il blâmoit amèrement l'émigration, non parce qu'elle étoit un témoignage de fidélité à l'institution ancienne, mais parce que ce témoignage stérile n'avoit eu, selon lui, pour résultat que de déplacer le ressort d'un grand procès de famille, en livrant à l'intervention toujours honteuse de l'étranger des intérêts dont la solution ne devoit appartenir qu'à notre courage. Il n'avoit point d'objections contre la monarchie constitutionnelle, qu'il regardoit comme un excellent gouvernement, et il fut un des premiers à souscrire à ce pacte d'alliance qui auroit suffi pour renverser l'empire, s'il eût été embrassé avec la même bonne foi des deux parts, condition essentielle d'un succès trahi par de folles et absurdes déceptions sur lesquelles j'aurai l'occasion de revenir une autre fois [1]. Malet, très-décidé, très-

---

[1] Je n'y reviendrai plus. Les circonstances actuelles ont résolu la question ; mais j'avois besoin de rappeler que ces pages sont du nombre de celles que j'ai publiées long-temps avant nos dernières révolutions. Le monde a pu changer d'aspect. Malet n'en changeoit pas, et ma conscience d'écrivain a été fidèle à sa mémoire.

opiniâtre même, en tout ce qui constituoit le principe essentiel de sa pensée politique, concevoit mieux que personne combien la nécessité des événements peut amener de modifications indispensables dans les applications d'une idée spéculative, dans les pratiques d'une théorie. Notre institution actuelle a donc perdu en lui un apôtre et un défenseur; mais son rêve favori, c'étoit la république. Il avoit vécu pour une république idéale, c'est pour elle qu'il est mort; et si la monarchie doit des regrets à sa cendre, si tous les partis lui doivent des hommages, les républicains seuls lui doivent un culte.

Au reste, et quel que fût le but politique de Malet, il devoit s'appuyer pour y parvenir sur une masse forte de volonté et d'action, qui s'y dévouât sans arrière-pensée, et qui apportât dans ce contrat de vie et de mort que font les conspirateurs, une soumission sans réserve. On ne pouvoit, il faut le dire, chercher alors cette franchise de résolution que dans un parti, et ce parti étoit précisément celui que des expériences récentes avoient le plus universellement déconsidéré. La cause des jacobins étoit perdue quand Bonaparte arriva au pouvoir suprême, et il n'y arriva que parce qu'elle étoit perdue. Personne ne vouloit de la révolution comme on l'avoit faite, et on ne supposoit pas que les jacobins pussent la vouloir autrement. Les projets de Malet, expliqués en apparence par les adhérents qu'il s'étoit choisis, n'avoient donc rien de redoutable. On le dédaigna comme le chef d'un club obscur, où s'essayoit innocemment la palingénésie d'un système impossible. On ignora que la tradition des formes révolutionnaires s'effaçoit peu à peu dans les âmes qui l'avoient nourrie avec le plus de ferveur, pour faire place à une haine décidée et personnelle, qui, en désespoir de la vieille cause, s'attacheroit à toutes les causes où elle trouveroit des expectatives de triomphe et de vengeance. Le premier tyran venu auroit été bon au parti de la révolution contre le fils apostat de la révolution qui avoit tué sa mère. Toutes les opinions furent admises, moyennant qu'elles eussent une torche à brandir et un poignard à enfoncer. Le parti de l'ancienne dynastie étoit large encore dans sa base. On se transporta de bonne foi sur son terrain ; mais on s'y transporta avec armes et bagages, en poussant un cri de liberté qui parut être entendu. C'est là que la monarchie constitutionnelle se composa de concessions réciproques, douze ans avant d'être écrite dans la Charte. Cette alliance spontanée eut quelque chose de sublime. Si elle est jamais racontée par un philosophe, elle fournira des pages magnifiques à l'histoire.

On se persuaderoit difficilement aujourd'hui que des éléments si dissemblables eussent pu se fondre sans agitation et sans combat. Dans ce temps-là, ce fut chose aisée, parce que les passions politiques n'étoient pas encore arrivées à cet âge mûr de la spéculation, où toute la conduite des hommes de parti s'est savamment subordonnée à des combinaisons d'intérêt. Les opinions étoient encore dans leur verdeur et dans leur ingénuité; généreuses, parce qu'elles avoient leurs racines dans l'âme; puissantes, parce qu'elles étoient jeunes; indulgentes et miséricordieuses, parce qu'elles avoient été opprimées tour à tour. D'ailleurs, la tyrannie nouvelle tendoit, sans le savoir, à séparer de plus en plus, comme un jugement infaillible, toute l'ivraie du bon grain. Les ambitieux se tournoient vers la gloire; les cupides, vers la fortune; les lâches, vers l'obéissance; les égoïstes, vers le repos. Il ne restoit dans nos rangs que ce qui avoit résisté à toutes ces épreuves, soit par conviction, soit par opiniâtreté, soit par désespoir, et les mauvaises vues se trahissoient d'elles-mêmes par l'indécision ou par la témérité de l'entreprise, par l'exagération ou par la méticulosité du conseil. Enfin, les pensées vraiment nobles se touchent toujours en quelque point; et, comme nous trouvâmes d'abord, nous autres enfants perdus de cette monarchie dont nous n'avions connu que les malheurs et dont nous ne devions jamais partager que les périls, de vives et touchantes sympathies dans le cœur énergique des amants de la liberté, ils trouvèrent en nous une adhésion loyale aux sentiments que la révolution avoit développés, aux améliorations qu'elle avoit acquises. On fut étonné, en s'entendant si aisément, de ne s'être pas toujours entendus, car on ne vouloit au fond que la même chose; et il en est toujours ainsi dans cette noble élite des partis qui se dévoue pour eux, parce que c'est là que vivent toutes les vertus d'une nation tourmentée par les guerres civiles. Quand une cause a triomphé, ce n'est plus cela. Les passions honteuses qui se tenoient cachées durant le péril, reviennent à surgir, étonnées elles-mêmes de palpiter d'un zèle qu'on ne leur connoissoit pas. Elles enveloppent, elles obsèdent le pouvoir; elles offusquent ses yeux inexercés de mensonges sur le passé, de chimères sur l'avenir; elles finissent par prévaloir sur la vérité; elles refoulent, à force de honte, dans les âmes droites et sincères, les sentiments dont elles font parade; elles réduisent le désintéressement et l'honneur à rougir de leurs sacrifices et de leur dévouement trompé. — Alors l'illusion passe, et tous les enthousiasmes de la vie ont besoin d'illusion, comme l'amour.

Les cas réservés des transactions politiques de ce temps-là étoient en petit nombre, et quand il devenoit indispensable de les aborder, c'étoit avec une bonne foi si large que jamais les débats qui en résultoient n'ont dégénéré en dissentimens et en aigreur. Je me souviens que la couleur et l'inscription du drapeau d'une armée insurrectionnelle qui, par parenthèse, n'existoit pas, donnèrent un jour occasion à une de ces polémiques verbales qui finissent quelquefois par être chaudes et bruyantes, même quand elles n'ont rien de haineux. L'éclat de cette contestation d'étourdis troubla le repos de Malet, qui travailloit dans son cabinet; il sortit : « Eh bien ! » messieurs, dit-il, où est la difficulté qui » vous embarrasse? Il ne s'agit entre nous ni » de choix, ni de préséance. Le drapeau fran- » çois est blanc aux flammes tricolores; il porte » d'un côté : *Vive le Roi!* de l'autre : *Vive la* » *liberté!* et qui m'aime me suive! » La discussion finit là.

L'intérieur même de la famille de Malet offroit un exemple remarquable de cette unité de volonté des grandes âmes que ne peuvent ni détruire ni altérer des différences de sentimens qui paroissent inconciliables entre les âmes vulgaires. Mademoiselle de Joussaud, devenue madame de Malet, et sortie comme son mari des rangs de la noblesse, avoit été destinée au couvent. Elle avoit puisé dans sa première éducation, dans celle de l'état sévère auquel elle étoit réservée, et surtout dans son cœur, des idées fortes et sérieuses, pleines de naïveté, de désintéressement et de grandeur, mais qui se rattachoient plus ou moins aux formes et aux souvenirs de l'ancienne institution; elle étoit dévote et aristocrate, mais sans superstition et sans orgueil, au milieu de ces conciliabules turbulents où venoient éclater toutes les passions de la jeune France, et elle n'y inspiroit qu'admiration et respect. Madame de Malet que nous venons de perdre, et que nous pleurons toujours, n'avoit jamais été ni très-belle ni très-jolie. Elle étoit charmante. La souplesse gracieuse d'une taille divine, *incessu patuit dea*, relevée par tout ce que l'élégance de la toilette peut ajouter à l'élégance des manières, entraînoit tous les cœurs après elle. On sentoit à la voir qu'elle avoit des droits à commander, et qu'elle ne les résignoit que par un effort sublime de sa raison. Son teint, même dans sa jeunesse, manquoit de fraîcheur et de vie. Un faux trait remarquable dans l'œil jetoit sur ses traits je ne sais quoi de mélancolique et de sinistre, comme le pressentiment habituel d'un avenir tragique, et cette expression fascinoit l'âme. Le son de sa voix, pur, ferme et pénétrant, contribuoit à entretenir l'effet de cette première émotion. Inaccessible d'ailleurs à toutes les foiblesses d'âme qui accompagnent dans son sexe une vie pleine d'agitations et de hasards, il n'y avoit rien d'une femme dans sa participation aux projets de Malet. Si elle avoit une objection contre le danger, c'est quand il lui paroissoit inutile. Elle n'en avoit jamais contre la mort. La catastrophe de Malet trouva en elle la digne veuve d'un grand homme. Tendre épouse et tendre mère, elle a sans doute versé bien des larmes dans le secret de sa longue prison; personne ne les a vues. Il lui en coûtoit peu de renoncer aux joies du monde; je doute qu'elle ait souri une fois, si ce n'est à son fils; mais son austérité devint plus solennelle encore sous le deuil d'un héros. On n'avoit pas besoin de voir dans ses mains l'urne de Pompée, pour reconnoître Cornélie. Aussi Napoléon l'apprécia dignement : il lui laissa des fers. Il est probable toutefois que le nom de madame de Malet n'occupera jamais une ligne dans l'histoire : et je l'avoue, si je pouvois attacher quelque importance à mes souvenirs écrits, c'est aujourd'hui seulement que je voudrois les fixer d'une manière immortelle. Il arrivera un jour peut-être où le génie de Malet, ressuscité par une muse nationale, apparoîtra sur notre théâtre pour dévouer la tyrannie à l'exécration des siècles. Que le poète n'hésite pas alors à secouer les lisières de la tragédie de collége et d'académie; qu'il ne craigne pas, comme Voltaire, de placer la noble image de Porcie à côté de celle de Brutus ; et si quelque chose encore manque à son inspiration, ce ne sera pas le modèle. Celle de Plutarque et de Shakspeare n'est pas allée plus haut.

Tous les officiers qui entouroient immédiatement l'adjudant-général se ressentoient de l'influence de cette âme puissante, et concouroient plus ou moins à ses desseins ; soit par une volonté agissante, soit par des dispositions assurées que le premier événement devoit mettre en œuvre. Aucun n'étoit plus propre à jouer un rôle remarquable dans l'exécution, aucun surtout n'avoit pris plus d'ascendant en théorie dans ces spéculations aventureuses, que le premier adjoint de Malet, le chef de bataillon Oudet, depuis major et colonel de différens régimens, et mort à Wagram, le 6 juillet 1809, après avoir été fait général de brigade et baron sur le champ de bataille.

Au moment de parler d'Oudet, je sens que ce que j'ai à en dire sera suspect d'enthousiasme et de préventions romanesques à la plupart des lecteurs. J'ai besoin d'affirmer que j'ai repris à froid ces pages depuis si longtemps écrites, que je les ai relues avec cette impassibilité que donne une longue insouciance expérimentale, une longue habitude de retour réfléchi et quelquefois dérisoire sur les déceptions de ma jeunesse, une envie sincère de témoigner en faveur de la vérité sur les personnes et sur les choses, et un désintéressement absolu de craintes et d'espérances. J'ai besoin d'exprimer combien je suis convaincu que l'impartialité ne fut jamais plus requise que dans la biographie d'un homme qui n'a presque point laissé de nom à l'histoire, qui ne sera connu que par je ne sais quels lambeaux de mémoires apocryphes et sans autorité, ou par quelques traditions contemporaines que la mort emporte tous les jours, et dont je ferois foi tout seul devant une génération préoccupée de tant de réputations mieux constatées ou mieux servies, si ces pages survivoient quelques moments au peu de moments que j'ai à vivre. C'est bien pénétré de cette obligation consciencieuse, bien loin des allusions admiratives de ma sensibilité de jeune homme, bien loin du prestige qui a fasciné mes premiers jugements, c'est sur une fosse fermée depuis vingt ans, que je viens déposer ces derniers hommages d'un souvenir qui n'intéresse presque plus personne chez les vivants, et qui n'aura aucun crédit dans la postérité. J'y aurois même renoncé tout-à-fait s'il n'en sortoit une considération morale qui, pour être assez vulgaire, n'en est pas moins digne de méditations : c'est que, dans la destinée du génie comme dans toutes les destinées de ce monde, la fortune joue son rôle, et que les grands caractères et les grands talents doivent moins le lustre qui les environne à eux-mêmes qu'au hasard ; c'est que les renommées complètes résultent moins d'un concours extraordinaire de facultés complètes que d'un concours favorable d'événements ; c'est que la nature n'a pas tout fait pour un grand homme quand elle lui a formé l'organisation d'un grand homme, si elle ne l'a aussi fait *heureux*, dans l'acception que le monde donne à ce mot. On sent bien qu'il ne s'agit pas ici de son acception philosophique, car alors il resteroit à savoir jusqu'à quel point la célébrité la plus désirable est compatible avec le bonheur. C'est une autre question.

Il faut d'abord épuiser celle-ci, car je ne me dissimule pas que ce chapitre finira comme une préface. « Après? disent les hommes qui disent comme les enfants. « A quoi cela de-
» voit-il aboutir, et quels étoient les projets
» de vos amis? Quel intérêt imaginez-vous
» nous faire prendre à cet officier, dont vous
» laissez ici l'histoire suspendue, si vous ne
» nous rattachez à lui par quelque motif d'af-
» fection? »

Ce qu'il vouloit, j'avouerai d'abord que je ne le sais pas positivement, et que je doute jusqu'à un certain point qu'il l'ait su positivement lui-même, car il est du propre de ces résolutions magnanimes et extrêmes de laisser la plus grande part de leurs résultats aux événements et à la fortune. Hélas! sait-on ce que l'on veut? Ce que je sais à n'en pas douter, c'est que jamais âme plus forte et plus bienveillante ne se livra plus passionnément au bonheur des hommes. Quant à ses moyens d'exécution, au détail de ses entreprises, à leur développement commencé, à leurs conséquences positives et vivantes, il ne faudra pas les chercher ici. Je n'ai ni le pouvoir ni la volonté de les expliquer, et toute ma réponse sera dans un mot, qui est, à la vérité, pour toutes les questions possibles, la plus irréplicable des solutions : QU'IMPORTE?

Qu'importent, dans l'état actuel des sociétés, les effets d'un dévouement individuel, aussi intense, aussi actif, aussi puissant qu'on le suppose? Par quel miracle, et en quelle étrange circonstance pourroient-ils prévaloir contre les lois éternelles qui régissent tout ce qui existe, et qui rendent la dissolution progressive des corps politiques aussi infaillible que celle des formes de l'être matériel ? Comment parviendroient-ils à empêcher, à retarder l'anéantissement d'une civilisation cadavre dont l'âme s'en est allée ? Chez les peuples vieillis, l'abîme de Curtius ne se referme plus, et celui qui s'y jette est une dupe.

Et puis qu'est-ce qu'une conspiration quand elle n'a pas remué le monde, et qu'elle ne lègue pas un nouvel ordre de choses aux siècles à venir ? Un mauvais drame sans plan et sans dénouement; une représentation imparfaite arrêtée à la première scène, parce que les acteurs ne savoient pas leur rôle, ou que le public rebuté n'a pas voulu attendre la fin, et qui ne mérite pas même les honneurs de la parodie.

Qu'est-ce qu'un homme de génie qui a manqué sa vie ? Qu'est-ce pour la postérité que le Milton inconnu, le Hampden obscur du cimetière de Gray, sinon une fiction de poète ? — Que seroit Malet lui-même, autre chose qu'un tapageur de nuit, échappé de la salle de discipline pour fomenter une sédition de caserne, si sa mort n'avoit jeté un lustre ineffaçable sur sa vie ? Otez-lui l'auréole immortelle que le feu de la plaine de Grenelle a tracée autour de sa tête, et votre génération raisonneuse va le reléguer à Bicêtre!

« En dernière analyse, ajoutera-t-on, las
» du monde positif de l'histoire que votre
» scepticisme maussade vous fait trouver plus
» ridicule encore que celui de la vie privée,
» vous avez cherché à vous consoler dans des
» apothéoses fantastiques de la petitesse de nos
» grands hommes, et du néant de nos réputa-
» tions. Si le nom de votre Oudet ne réveilloit
» dans le souvenir d'une génération encore
» virile des souvenirs de bravoure et de vertu
» militaire auxquels vos éloges ne pourroient
» rien ajouter, on seroit tenté de le rejeter
» avec dédain au rang des personnages imagi-
» naires de vos romans oubliés.... »

Qu'importe ?

LE COLONEL OUDET,

CONTINUATION.

Jacques-Joseph Oudet, dont il est question ici, étoit né à Maynal, village aux environs de Lons-le-Saulnier, département du Jura, d'une famille honorable et aisée. On l'avoit destiné au barreau ou à l'église, et des études fortes le préparoient à se montrer avec éclat dans l'une ou l'autre de ces carrières, quand la guerre lui en ouvrit une troisième, pour laquelle il étoit essentiellement fait. Il partit comme volontaire dans un des premiers bataillons du Jura, avant d'avoir atteint sa dix-septième année, et gagna ses grades sur le champ de bataille. Chacun d'eux lui coûta de graves blessures qui jetèrent de longs intervalles dans ses services, et diminuèrent, à chaque degré d'avancement qu'il obtenoit, les chances de son avancement progressif. Bonaparte qui l'avoit particulièrement connu, qui avoit apprécié son courage et son caractère, et qui le nommoit quelquefois avec une estime froide et boudeuse, le trouva parmi les chefs de l'opposition militaire, lors de son avénement au consulat. Il n'est peut-être personne dans l'armée qui n'ait entendu parler de cet officier supérieur qu'on vit sortir des rangs quelques jours avant la bataille de Marengo, et s'avancer jusqu'au cheval du consul : « Que voulez-vous? lui dit » celui-ci. — Je veux m'assurer par mes yeux » répondit-il, que tu es en effet ce Bonaparte » avec lequel nous avons conquis l'Italie, et

» non pas un imposteur paré de son nom
» pour opprimer la République et assassiner
» la liberté. » Cet officier étoit Oudet. Peu de
temps après, il eut la cuisse percée d'une balle,
et le bras fracassé par un biscayen. Contre
toute espérance, il guérit sans amputation,
mais il ne rentra dans aucun corps. On exerça
envers lui cet ostracisme des états-majors qui
n'étoit qu'une espèce de mise en surveillance
honorifique. On le fit adjoint de Malet, comme
pour concentrer des éléments dangereux, mais
dont la cohésion n'augmentoit pas la nuisibi-
lité, sur un point connu, facile à observer, et
d'ailleurs assez éloigné du mouvement des
masses. C'est ainsi qu'on place les magasins à
poudre hors de l'enceinte des villes. Ce rapprochement fut, au reste, d'un tact bien judicieux ou d'une prévision bien extraordinaire.
Certainement l'histoire elle-même ne réunira
jamais deux noms plus dignes d'être ensemble.

L'extérieur d'Oudet n'a pu s'effacer de la
mémoire d'aucun de ceux qui l'ont connu.
Parmi les innombrables variétés de la physionomie humaine, il n'y en a peut-être point
qui se soient distinguées par une spécialité plus

saisissante. Ce que l'on remarquoit en lui, c'étoit moins la mâle élégance d'une taille robuste, mais svelte et bien prise; c'étoit moins la régularité d'une figure noble et douce, que l'harmonie expressive qui résultoit de l'ensemble de ses formes, de ses traits et de sa physionomie, et qui éveilloit du premier abord dans tous les cœurs un sentiment de bienveillance, de tendresse et de soumission. Cet ascendant n'a rien de chimérique; il n'est point d'homme qui ne l'ait senti plus ou moins dans l'âge des premières impressions, et qui ne se souvienne de l'empire que prend alors sur l'âme une de ces combinaisons particulières et caractéristiques de linéaments et de signes, indifférents quand ils sont isolés, pleins de séduction et de puissance par le seul fait de leur sympathie; le mouvement d'une boucle de cheveux, le pli d'un angle de la bouche, le jeu piquant d'une tache ou d'une cicatrice sur la blancheur de la peau; mais en Oudet, cet ascendant tenoit du prestige, parce qu'il agissoit sur presque tout le monde avec la même facilité. Essentiellement doux, obligeant, poli, incapable de s'irriter contre une idée fausse ou stupide qui n'excitoit que sa pitié, profondément respectueux pour toutes les erreurs sincères, il n'a peut-être pas eu trois duels en sa vie, et chacun de ses duels lui a donné un Séide. Il savoit très-bien à quel point il portoit ce privilége de fascination, et il mettoit quelque coquetterie à l'exercer sur les organisations les plus froides ou les plus réfractaires. Je l'ai vu passer des heures entières à la ménagerie du jardin des Plantes, les yeux fixés tour à tour sur la loge des différents animaux sauvages. Quand nous emmenions notre lion, l'autre rugissoit de douleur : il avoit reconnu son égal ou son maître.

Je soupois tous les soirs, en ce temps-là, du potage modeste de l'étudiant, dans un mauvais petit café de la rue des Marais, qui étoit tenu par un bonhomme nommé Putode. C'étoit le rendez-vous des romantiques de l'époque, espèce de parias littéraires qui n'avoient ni drapeau, ni chef, ni journaux, ou qui n'étoient nommés dans les journaux que pour y être immolés tour à tour à ces sublimes génies du Directoire et du Consulat, dont on ne parle plus. Comme il ne m'étoit guère permis, dans ma position d'écolier, d'approcher d'autres gens de lettres que Marie-Joseph Chénier, aussi indulgent pour les jeunes gens studieux qu'il étoit dédaigneux et amer avec les auteurs en titre, je recherchois les hommes dont je parle, de préférence à toutes les célébrités contemporaines, parce qu'ils étoient pauvres, indépendants et fiers. Là se trouvoit Ésope-Desorgues, l'Apollon le plus difforme qui ait jamais manié la lyre, espèce de Tyrtée bossu, qui n'a jamais eu de chants que pour la liberté, génie naïf tout créé pour les solennités d'une république, et dont les muses impériales auroient fait aussi un Pindare, s'il s'étoit dévoné au vainqueur. Il est mort à Charenton, dans les accès d'une monomanie que certains grands dignitaires du libéralisme privilégié trouveront certainement fort bizarre. L'insensé s'imaginoit que Bonaparte étoit un tyran, et il le disoit à tout le monde! — Là se trouvoit le bon Villetard, jeune talent plein d'espérance, âme civique et romaine, dont un profond ressentiment des maux de la patrie, dont un *spleen* austère, mais actif et dévorant, anéantit le germe puissant dans sa fleur.—Là se trouvoit Théophile Mandar, le Las-Casas du 2 septembre, organisation géante dans un corps de pygmée, écrivain indigeste, orateur abrupt, improvisateur incohérent et fougueux, mais éloquent et inspiré, qui répondoit aux sarcasmes de Danton, sur l'exiguïté de sa taille : « Il n'y a » rien de plus mince qu'un éclair, et de plus » petit qu'une étincelle ! » — Là se trouvoit Moussard, l'auteur hétéroclite de ce poème de *la Libertéide*, dont les milles dixains finissent tous par le même mot, et qui, malgré la contrainte que lui imposoit ce thème baroque, et en dépit du ridicule qu'il a jeté sur toute sa conception, étonne quelquefois la pensée par des élans dignes d'un meilleur cadre et d'un meilleur poète. — J'aimois à y trouver surtout ses deux habitués les plus assidus, cet excellent Bonneville, le cœur le plus simple et le plus exalté que j'aie connu de ma vie, avec son imagination de thaumaturge et sa science de bénédictin, sa faconde de tribun et sa crédulité de femme, son éducation d'homme du monde et ses mœurs d'homme du peuple; et puis le vieux Mercier, plus original encore dans son langage que dans son style, phrasier sentencieux et ampoulé, mais hardi et piquant; néologue hasardeux, mais pittoresque, dont la pensée, souvent commune, sembloit presque toujours rajeunie par la nouveauté de sa forme. — Qui n'a pas vu Mercier, avec son grand chapeau d'un noir équivoque et fatigué, son habit gris de perle un peu étriqué, sa longue veste antique, chamarrée d'une broderie aux paillettes ternies, relevées de quelques petits grains de verroterie de couleur, son jabot d'une semaine, largement saupoudré de tabac d'Espagne, et son lorgnon en sautoir? Après sa haine prononcée pour Newton, Racine et Napoléon, rien ne le préoccupoit davantage, au moment dont je vous parle, que son enthousiasme pour Lavater. Sa manie la plus familière, car il en avoit bien d'autres, étoit de juger de la destinée des hommes d'après les règles de la physiognomonie, et nul n'approchoit du modeste sanctuaire où il rendoit ses oracles sans être exposé à lui fournir le *criterium* de quelques aphorismes de la science.

C'est dans cette étrange société que je m'avisai d'introduire un jour Oudet, qui n'y étoit connu de personne. Il salua et s'assit. Mercier l'envisage, le regarde plus fixément, le contemple, et se levant ensuite avec la majesté gourmée de la Convention et de l'Institut : « Jeune homme, dit-il, parcours, puisqu'il » le faut, la carrière que la nature t'a ouverte; » mais, au nom de tous les nobles sentiments » qui ont fait palpiter ton cœur, au nom de » tes parents que tu as tendrement aimés, au » nom de ta première maîtresse que tu n'ou- » blieras jamais, au nom de tant de sang qui a » été inutilement répandu pour la patrie, res- » pecte la liberté! » Ce ne sont pas là ses propres expressions; mais je suis bien sûr d'en rendre le sens. Je ne peindrai pas le mouvement sympathique et approbateur qui se manifesta dans l'assemblée, l'étonnement enfantin de Bonneville, le rire à peine comprimé d'Oudet, que retenoit le respect des bienséances. « C'est » Mercier, lui dis-je en me penchant à son oreille, « Mercier qui te devine, car il n'a ja- » mais entendu parler de toi. » Cette anecdote de peu d'importance a toutefois quelque chose de caractéristique. Elle peut donner une idée de cet effet de la physionomie d'Oudet, que je n'ai pas entrepris de définir, parce qu'aucun objet connu de comparaison ne sauroit l'exprimer. C'est cet effet lui-même, mesuré sur l'impression subite, sur la sensation extemporanée d'un homme dont le goût et le jugement sont, à la vérité, fort suspects, mais auquel on ne refuseroit pas, sans injustice, le tact de la sensibilité et peut-être celui du génie.

Je décrirois un à un tous les traits d'Oudet, qui me sont parfaitement présents, que je ne me flatterois pas d'avoir reproduit en rien la moindre apparence du modèle. Il y a autre chose que des traits dans de certaines figures d'homme, et c'est cela qui ne se peint jamais.

Les blessures dont son corps étoit cicatrisé avoient épargné son visage. A peine un coup de sabre, en partageant sa lèvre supérieure, y avoit laissé une légère trace qui coupoit verticalement sa moustache, et que l'adresse obligeante d'un artiste minutieux et coquet n'ajusteroit pas mieux dans un portrait flatté.

Ses yeux, d'un bleu vague, ombragés de larges sourcils qui les recouvroient quelquefois tout entiers, avoient quelque chose d'inquiet et de confus, comme une idée encore insaisie, et qui attend d'éclore; mais si le feu de la pensée ou du sentiment venoit à s'éveiller dans leur foyer éteint, il s'illuminoit soudainement par une sorte d'opération électrique. Soit que son âme s'élançât tout à coup sur ce tableau vivant pour s'y montrer à découvert, soit que sa pupille eût, ainsi que je l'ai pensé quelquefois, la rétractilité de celle de l'aigle, on voyoit cette taie opaque et nébuleuse s'éclaircir, s'enflammer d'une lumière limpide, et, selon qu'il étoit ému, lancer des rayons ou la foudre. Alors son succès étoit assuré. Il devenoit, tant que duroit cette impression, le plus séduisant des dialecticiens ou le plus impérieux des sophistes. Une fois qu'elle étoit passée, tout rentroit dans son état naturel; le voile retomboit sur sa prunelle, le sourcil sur sa paupière, comme le nuage sur le soleil; et si on lui rappeloit plus tard l'entraînement que cette illusion avoit produit, il ne répondoit que par le rire immodéré d'un enfant rendu à toute sa simplicité, et qui a été un moment, à son insu, possédé par un dieu.

Quoique personne ne se soit plus empressé que moi de reconnoître et d'admirer la noble éloquence du général Foy; quoique le premier témoignage que j'en rendis, dans un temps où la tribune ne s'enorgueillissoit pas encore de ses paroles, ait été accusé aussi de prévention et de fantaisie; quoique d'anciens amis d'opinion, qui doivent se trouver en assez grand nombre parmi mes lecteurs, n'aient pas oublié que, cette fois-là du moins, ils furent obligés de souscrire à ce qu'ils appeloient les hyperboles ordinaires de mon enthousiasme, je n'ai pas la prétention d'obtenir aujourd'hui plus de créance en assurant que l'idée la plus élevée qu'on puisse se former de l'art de parler aux hommes pour les émouvoir et les instruire n'approche en rien du sentiment que laissoit à ses auditeurs une improvisation d'Oudet. Je ferois probablement naître une défiance trop légitime en ajoutant que j'ai entendu souvent Oudet à côté de Foy, et que c'est du temps où tous les jours je les entendois tous les deux que j'ai conçu cette opinion. Je prêterois même peu de crédit à mon jugement en l'appuyant du jugement de Foy, qui étoit, sur ce point, sincèrement d'accord avec le mien, puisqu'on ne manqueroit pas d'attribuer avec quelque vraisemblance à la modestie d'un grand homme la déférence dans laquelle je n'ai vu que l'expression d'une conviction profonde. Je n'attache donc à ce que j'ai à dire de l'éloquence d'Oudet qu'une importance tout-à-fait relative à ma conviction personnelle, que j'ai besoin d'exprimer sans doute, mais qu'il m'est fort indifférent de faire partager aux autres.

L'éloquence d'Oudet n'avoit rien de cette verve de sarcasme, de cette âpre fermeté de logique, de cette puissance pénétrante de raisonnement qui caractérisoient celle de Foy. Son caractère, à elle, c'étoit une intelligibilité universelle, une clarté pleine et pure qui ne laissoit point de place à l'indécision, point d'incertitude à la pensée; c'étoit une facilité merveilleuse à épancher, à répandre les idées sous les formes les plus perceptibles à toutes les organisations, sous les figures les plus lu-

cides et les plus flatteuses, dans un style fluide, insinuant, abondant sans profusion déplacée, aisé comme l'émission d'une de ces persuasions de l'âme qui se communiquent aux écoutants par un effet inexplicable de sympathie; c'étoit le secret de faire entendre à tous ce langage intime qui semble n'être pour chacun qu'un écho harmonieux des idées conçues dans sa propre intelligence; c'étoit, pour me servir d'une expression qui paroît grotesque au premier abord, et qui n'est ici que vraie, l'art de répéter d'avance à tout le monde ce que tout le monde croyoit avoir senti, ce que tout le monde auroit voulu dire; c'étoit cette munificence féconde des trésors de la parole qui tenoit toutes les passions suspendues dans le charme d'entendre; c'étoit ce prestige entraînant et dominateur d'une voix humaine, inspirée de haut, qui vibroit encore dans l'oreille de madame de Staël, quand elle me disoit en 1815 : « J'ai connu, j'ai entendu,
» je crois entendre encore Mirabeau; mais
» je n'ai rien entendu qui approchât du lan-
» gage de ce jeune officier de volontaires.
» Ce seroit mal juger celui-là que de le

» nommer éloquent. C'étoit l'éloquence elle-
» même ! »

N'oublions pas une circonstance que je crois propre à donner une mesure encore plus complète des facultés oratoires d'Oudet. Il ne m'est pas arrivé une seule fois de l'entendre dans un auditoire composé de plus de trente personnes. Davantage, il étoit rare qu'il fût agité alors de ces émotions véhémentes qui soulèvent l'âme en présence de la haine et de la mauvaise foi, et qui agissent sur l'orateur indigné avec plus de pouvoir que la flûte de Gracchus. Il n'avoit là pour juges que des amis déjà pénétrés de ses desseins, animés de ses résolutions, et plus ou moins décidés à le suivre à la gloire ou à la mort. Les obstacles qui lui restoient à vaincre, c'étoient la divergence de quelques opinions égarées, la tiédeur des foibles, l'emportement irréfléchi des imprudents, l'impatience effrénée des fanatiques. Tout cédoit d'ailleurs sans effort aux impulsions qu'il daignoit donner. Qu'eût-il été à la tribune aux harangues, au Champ-de-Mars, au Mont-Sacré, devant une armée ou devant un peuple ?

Oudet ne pouvoit être comparé à Foy dans le nombre et l'intensité des connoissances qui font l'homme instruit. L'éducation de Foy, dirigée vers les études exactes qui étoient la base de son état et la clef de sa fortune militaire, touchoit de toutes parts à une foule de questions scientifiques qu'il avoit été obligé souvent d'examiner, et que la tendance naturelle de son esprit lumineux, conséquent et méthodique, le portoit souvent à approfondir. Oudet ne savoit que le nom d'une partie des choses sur lesquelles s'étoient nécessairement exercées l'aptitude intelligente et la vive sagacité de l'autre. Saisi d'ailleurs par des passions qui n'étoient pas toutes aussi irrépréhensibles que celle de la gloire, et, dans les moments de relâche que lui donnoit à toutes les campagnes l'infaillible événement de ses blessures, épris de sa vie casanière, de ses fleurs, de ses champs, de l'oisiveté et du sommeil; doué plutôt qu'enrichi de savoir, il devoit moins ce qu'il savoit à l'âpreté d'un travail soutenu qu'au bonheur d'une espèce d'instinct. Quel que fût cependant son désavantage apparent sous ce point de vue, il n'est peut-être jamais arrivé qu'il se trahît à l'application de ses idées, parce que la faculté d'investigation avoit en lui toute la netteté d'un sens qui se révèle. Si le nom d'une découverte nouvelle des sciences humaines venoit à frapper pour la première fois son oreille, il n'y voyoit qu'une acquisition assurée sur laquelle il pouvoit arborer sans crainte le pavillon de reconnoissance ou de conquête. Il s'avançoit dans le monde de la pensée à la manière d'un navigateur expert, dans une mer qui ne lui est connue que par prescience. Nous le perdions de vue un jour, une semaine, un mois; mais quand il reparoissoit, il venoit de faire le voyage de Colomb : il avoit touché aux limites d'un autre univers. Quelquefois la question qui avoit suscité cette exploration immense ne se présentoit plus; et alors elle tomboit, avec toutes ses solutions, dans le vaste trésor de sa mémoire. Si une de ces idées imprévues que la discussion fait éclore alloit jamais la réveiller, leur assimilation n'étoit pour lui que l'œuvre d'un travail instantané, que l'échange de quelques inductions achevoit de féconder et de mûrir. Un système entier qui auroit dignement couronné les laborieuses études d'un grand homme se composoit subitement dans son intelligence, et se manifestoit hors de lui avec la hardiesse et la fraîcheur d'une création complète. Quand on nous avoit laissés seuls ensuite dans nos promenades rêveuses, et quand je lui demandois pourquoi il m'avoit dit, quelques heures auparavant, qu'il n'entendoit rien à ces matières, il me répondoit avec son rire ingénu : « Parce que » je n'y entendois rien. »

La première éducation d'Oudet avoit cependant embrassé quelques études spéciales. Personne ne possédoit mieux l'histoire politique et militaire des peuples. Nul officier n'étoit plus versé dans toutes les parties de la tactique et de la stratégie. La théorie et les modèles de l'art oratoire ne lui étoient pas moins familiers que sa pratique. Il ne parloit de rien plus éloquemment que de l'éloquence, dont il connoissoit tous les chefs-d'œuvre, dont il pouvoit citer tous les exemples, et qui fournissoit abondamment à toutes ses improvisations les allusions les plus brillantes et les plus inattendues; mais à part quelques mora-

listes et quelques poètes, il faisoit peu d'estime de la littérature écrite. Un jour que je lui avois exprimé le regret de rester froid, en dépit de moi, à la lecture de ces orateurs qui étoient pour lui l'objet d'une admiration si vive : « C'est que tu ne les a pas entendus, » m'écrivoit-il. « Rappelle-toi la réponse d'Es-
» chine à un admirateur de Démosthènes.
» L'éloquence traduite en lettres alphabéti-
» ques n'est que l'ombre de l'éloquence. Le
» génie de l'homme est dans sa parole. Le
» Dieu fait homme, c'est le *Verbe*. La pensée
» a perdu tout ce qu'elle avoit de divin,
» quand elle a été prisonnière dans un tuyau
» de plume et noyée dans une écritoire. »

Avec ce principe ou avec cette prévention, il n'est pas étonnant qu'Oudet, préoccupé d'ailleurs de projets hasardeux et surtout de passions romanesques dans lesquelles son âme s'intéressoit toujours tout entière, n'ait rien laissé qui puisse conserver son nom à la postérité. Ses lettres même se ressentent de la précipitation impatiente d'une pensée soudaine et d'une inspiration simultanée dont la lenteur des procédés matériels de l'écriture incommode l'essor ; et leur franc-parler téméraire en rendoit d'ailleurs la possession trop périlleuse pour qu'il en dût rester autre chose que de foibles vestiges. Ce qui en est tombé entre mes mains se réduit à de rares lambeaux entre lesquels je ne peux pas choisir, et qui ne mériteroient pas qu'on y attachât le moindre intérêt, s'il n'avoit été dans la destinée d'Oudet d'attacher l'empreinte de son caractère à tout ce qu'il a touché, même quand il oublioit d'y attacher celle de son génie.

Il félicite un ami sur la naissance d'un enfant : « Parle-moi de ta fille, dit-il, j'aime ta » fille, je la caresse avec toi. Grandit-elle? » Quel âge a-t-elle maintenant? Commence- » t-elle à bégayer ton nom? Que son sourire » doit être gracieux! que sa vivacité doit être » charmante! » Une mère n'auroit pas oublié ces détails. Il se plaint ensuite de la rigueur de son sort, qui l'a privé de ces plaisirs en le livrant à une vie turbulente et pleine d'anxiétés; il se défend de l'ambition, qui est toujours, selon lui, « une erreur de l'esprit » ou un crime du cœur. » Il songe à son toit natal, à ses humbles douceurs, au bonheur

qu'il pouvoit goûter aussi près d'une femme et d'un berceau. « Mais, ajoute-t-il, depuis
» que j'entends du fond des tombeaux, où
» tant de héros reposent oubliés, une voix
» jeter ce cri d'indignation : Restez dans le
» néant, générations futures ! vos lâches aïeux,
» le front suppliant, ont demandé pour vous
» l'opprobre et des fers !.... depuis ce temps,
» mon ami, j'ai connu d'umers regrets, et
» j'ai renoncé à l'espoir d'appeler à la vie
» ceux que je ne pourrois former à l'indé-
» pendance !.... »

Cette lettre, du 4 vendémiaire an xi, est datée de l'île de Ré, où le reste des républicains dissidents et inflexibles avoient été jetés à la suite du 3 nivôse, et que l'on avoit choisie pour la garnison d'Oudet, avec l'intention peu déguisée de le perdre; combinaison passablement grossière, en vérité, pour une police qui n'étoit que trop habile ! En effet, Oudet sortit de l'île de Ré pour l'exil, et à quelques perfides inductions près qu'il faut laisser retomber sur le compte de la malveillance, il étoit signalé avec une exactitude si pittoresque dans les révélations à double fin

de Méhée, que la tyrannie la moins soupçonneuse ne s'y seroit pas méprise : « Le chef que
» vous m'engagez à vous faire connoître, » dit
celui-ci à sir Francis Drake[1], « est un homme
» de vingt-huit ans, d'une taille et d'une
» figure distinguées. Sa bravoure passe ce que
» je pourrois vous en dire. Il parle avec grâce
» et écrit avec talent. Les républicains ont en
» lui une t   confiance qu'ils le voient, sans
» la moindre inquiétude, dîner chez le pre-
» mier Consul, quand il quitte son corps pour
» venir à Paris, et faire sa cour aux dames les
» plus répandues au palais consulaire : voilà
» comme les républicains le considèrent. Si
» vous voulez que j'ajoute à ces traits celui
» que je crois avoir distingué en lui, c'est
» qu'il est d'une ambition démesurée, et qu'il
» se moque autant des républicains que des
» royalistes, pourvu qu'il arrive à son but.
» Je crois avoir gagné sa confiance en affec-
» tant, tête-à-tête avec lui, une morale beau-
» coup moins sévère que celle dont il se pare

---

[1] *Alliance des Jacobins de France avec le ministère anglais, suivie des stratagèmes de sir Francis Drake*, par Méhée. Paris (*Imprimerie impériale*), 1804, in-8°, p. 147.

» en public. Le premier Consul fait tout pour
» se le concilier; mais il n'y auroit pour cela
» qu'un moyen qui convînt à l'autre, ce seroit
» de lui céder sa place. »

Je l'ai déjà dit, les fragments de la correspondance d'Oudet que j'ai rapportés tout à l'heure, si remarquables qu'ils soient peut-être, ne vaudroient certainement pas la peine d'être cités, quand il s'agit d'Oudet, s'ils n'étoient propres à faire apprécier, sous un autre rapport que celui du talent, cette âme douce, robuste et fière, dont tous les élans étoient pour l'amour et pour la liberté. Je ne sais si je me trompe, mais je doute qu'il reste quelques lignes tombées au hasard sur la même page, de la main d'un des grands hommes de l'histoire, et qui contiennent plus complétement l'expression d'un cœur aussi bienveillant que magnanime, aussi digne de tendresse que d'admiration.

La mort d'Oudet offrit d'étranges circonstances, qui donnèrent lieu à une hypothèse plus étrange encore, et telle que je me garderois bien de la soulever, si elle n'étoit malheureusement recueillie par un grand nombre de compilateurs et de biographes, et si elle n'avoit acquis par conséquent l'autorité de ce qu'on appelle trop légèrement un fait historique.

La bataille de Wagram, si célèbre dans nos fastes militaires, étoit finie depuis plusieurs heures, et couronnée par un succès non douteux; Oudet, blessé selon l'usage, mais plus légèrement que de coutume, s'étoit retiré avec une partie de son corps d'officiers et un foible détachement du régiment. Il n'avoit pas reparu, et on s'étonnoit de son absence, quand on le trouva expirant sous un monceau de cadavres. Il vécut quelques heures, prononça quelques phrases, confia quelques noms à un autre blessé qui lui servoit de secrétaire, et dicta, dit-on, une lettre. Peu de temps après, il fut inhumé, suivi d'un petit nombre d'amis désespérés. Deux d'entre eux se tuèrent sur sa fosse, un lieutenant d'un coup de pistolet, un sous-officier d'un coup de sabre. Voilà les faits qui, à quelques détails près sur lesquels on varie à peine, sem-

* Lahorie, Malet, Charles Nodier, Gindre, Piquerel. — *Voyage en Moravie*, par Cadet Gassicourt.

blent ne pas pouvoir souffrir de contradiction. Je n'en ai jamais entendu révoquer en doute ni le fond ni les circonstances.

Le lendemain, le bulletin que je n'ai pas sous les yeux, mais dont je me rappelle assez distinctement le contenu, annonça en deux lignes perdues la mort d'un colonel dont on ne désignoit ni le nom ni le régiment, et il n'y avoit pas d'exemple de cette négligence oublieuse dans l'énumération des beaux faits d'armes, surtout à la suite d'une victoire. Le nom d'Oudet, si connu de tous les vétérans de l'armée, n'étoit pas d'ailleurs de ceux qu'on pouvoit omettre sans injustice ou sans motif. Les épisodes mêmes qui se rattachoient à cet événement étoient de nature à lui donner un relief singulier que l'habile rédacteur de ces petites épopées historiques n'avoit pas coutume de dédaigner dans ses récits. Il n'en falloit pas davantage pour faire éclater une de ces suppositions téméraires qui naissent dans l'amertume d'un cœur profondément affligé, que la crédulité passionnée saisit et propage, et que de nombreuses inimitiés, dont la gloire toujours croissante de Napoléon n'avoit pas encore entièrement triomphé, ne pouvoient manquer d'entretenir et d'envenimer. — Oudet avoit été assassiné.

A la chute de l'empire où se ranimoient tous les sentiments que ce gouvernement avoit eu à combattre, et où les martyrs de la liberté commençoient à revivre dans la mémoire capricieuse du peuple, le bruit de l'assassinat d'Oudet acquit une nouvelle intensité, et se convertit aisément en conviction dans quelques esprits faciles à prévenir. Si l'on mesure l'influence militaire d'Oudet à l'importance que lui donne un écrivain d'ailleurs mal disposé en faveur de quiconque aimoit tièdement son maître, de M. Cadet-Gassicourt dont l'ouvrage exprime partout un enthousiasme sans bornes pour l'Empereur, et qui n'auroit certainement rien cédé à l'avantage de ses ennemis; si l'on y cherche quel élan de douleur se manifesta au moment où fut connue la mort de ce colonel, anonyme pour le bulletin ; si l'on se demande comment un fait qui détermina l'explosion de pareils regrets, et dont la seule nouvelle jeta dans les cœurs les plus énergiques le découragement et le désespoir, resta si mystérieux au bureau de rédaction, quand il prenoit tant de pages dans les mémoires privés ; si l'on observe que les cinq noms qu'Oudet avoit légués à ses jeunes Séides, et dont l'historien dut sans doute la connoissance à quelque faveur inopinée du hasard, étoient portés par des hommes frappés en ce temps-là, pour des causes diverses en apparence, d'une proscription obscure dont le secret n'avoit pas passé le guichet des prisons, et que trois d'entre eux, ceux de Lahorie, de Malet et de Piquerel, n'ont été illustrés que trois ans après, par un dévouement sans fruit, mais qui rappelle celui d'Harmodius et d'Aristogiton ; si l'on rassemble toutes ces circonstances, avec une disposition prononcée à trouver un crime, il est possible qu'on imagine qu'elle n'étoit pas inutile à l'affermissement du pouvoir absolu, la catastrophe qui retiroit du centre de ses amis et de ses projets cet Achille de la liberté, dont le nom plane encore dans ses premiers lieutenants sur la tentative désespérée, mais sublime, du 23 octobre 1812. Ce sont là, sans doute, d'horribles vraisemblances ; et cependant, je le déclare, des vraisemblances mille fois plus fortes ne m'auroient pas convaincu. Si tous les cœurs honnêtes répugnent à l'idée d'un attentat exécrable, la raison répugne encore davantage à la supposition d'un crime inutile. On avoit tué l'influence d'Oudet en le jetant d'exils en exils et de régiments en régiments; soldat nomade, qui n'étoit bon que pour la mort. D'ailleurs, ce n'étoit pas éteindre l'opposition militaire que de verser sur elle un peu de sang, et le 23 octobre l'a prouvé. Enfin l'action légale de la justice étoit trop bien combinée, suivant l'usage, avec les intérêts politiques de la nouvelle dynastie, pour qu'on eût besoin de recourir à l'assassin quand on avoit le bourreau. Il ne falloit pour assassiner Oudet jusque dans sa renommée qu'un délateur et un tribunal. S'il avoit été surpris dans un projet flagrant d'hostilité envers le gouvernement, la loi étoit là pour l'égorger justement. On l'appelleroit maintenant traître ou factieux, comme Cléomène, comme Gracchus, comme Sidney, comme Pichegru, et tout en seroit dit pour l'histoire. Son étrange destinée donnoit, au reste, un moyen plus facile d'en finir avec lui. N'avoit-il pas un tombeau ouvert d'avance sur tous les champs de bataille? L'homme le plus heureux n'est pas toujours blessé impunément, et la mort doit venir une fois pour qui la cherche toujours.

L'indignation amère des partis vaincus n'est pas économe de ces imputations odieuses. C'est ainsi que les historiens républicains de la Rome impériale ont multiplié fallacieusement les crimes dans les fastes déjà trop sanglants de leurs empereurs, et que Tacite, suivant l'expression énergique et vraie de Napoléon, a calomnié jusqu'à Néron. La tyrannie est ordinairement si indifférente sur le choix de ses moyens, qu'on ne croit pas manquer à l'équité envers elle en lui prêtant gratuitement quelques forfaits de plus. Ce grand homme, dont le gouvernement oppresseur a été suivi d'une ère de liberté tout-à-fait nouvelle pour les nations, doit encore à la fortune de son étoile d'échapper au péril commun des tyrans. On sait à n'en pas douter, grâce à l'indépendance de l'histoire, que le bronze qui lui tenoit lieu de cœur n'étoit pas assez sensible pour être cruel.

Trois ans plus tard, Oudet auroit pu mourir pour la liberté, à la plaine de Grenelle. — Oudet est mort à Wagram martyr des devoirs de l'honneur et des illusions de la gloire.

Et qu'on ne cherche point ici le portrait d'Oudet; je ne l'ai pas fait, je n'ai pas entrepris de le faire, je ne conseillerois à personne de le faire. A quoi cela serviroit-il pour les regardants? L'ont-ils vu? l'ont-ils entendu? ont-ils entendu parler de lui? peuvent-ils juger de la ressemblance? et s'ils n'en peuvent pas juger, pourront-ils y croire?

Essayez pourtant, puisque vous le voulez. Travaillons ensemble, composons cette image, dussions-nous tout à l'heure la briser d'impuissance et de dépit. Mettez ici l'ingénuité d'un adolescent heureux qui rit à son avenir, la mobilité d'une femme sensible et romanesque, l'inspiration exaltée d'un poète, la loyauté religieuse d'un chevalier, la bravoure fée d'un vieux preux, l'austérité stoïque d'un vieux sage. — Attendez! nous n'avons pas fini. Prêtez à cet ensemble idéal tout ce que vous savez de prestiges, un voix émue et vibrante qui saisit le cœur, un regard d'aigle qui le domine, une âme qui l'entraîne avec elle où elle veut. — Animez tout cela, si vous le pouvez, de ce feu divin qui n'a été dérobé au ciel qu'une fois, et, si vous l'osez, tracez au-dessous de cette ébauche imparfaite le nom de Jacques-Joseph Oudet.

Savez-vous ce qui arrivera ensuite? Je vais vous le dire.

Il arrivera l'histoire comme elle est faite, l'histoire positive, l'histoire classique, l'histoire universitaire, l'histoire académique, l'histoire de gazetier, l'histoire d'historiographe, avec cette plume de plomb qu'ils appellent le burin de Clio : et que voulez-vous que le burin de Clio fasse d'un nom et d'une gloire qui ne sont pas dans le bulletin?

ÉPILOGUE.

APPENDICE

ÉPILOGUE.

La carrière que je me proposois de parcourir est ici terminée, et non remplie. Ces pages, extraites d'un long journal de ma vie, qui me plaisoit à écrire dans ses moindres détails, mais dont la lecture n'auroit certainement pour personne l'attrait que m'offroit sa composition, paroîtront bien frivoles à ceux qui n'y chercheront que l'histoire, et bien froides à ceux qui n'y chercheront que du sentiment. Je les donne pour ce qu'elles sont.

Il faut seulement rappeler pour la dernière fois au lecteur que cette *Conclusion* est une espèce de *post-scriptum* daté du mois d'avril 1831, à un ouvrage fort antérieur, car j'ai si peu changé de façon de voir sur les événements et sur les hommes, qu'on pourroit aisément s'y tromper.

Je pense tout ce que j'ai pensé en ma vie, je dirois tout ce que j'ai dit, je ferois tout ce que j'ai fait, parce que mon intérêt n'est jamais entré pour rien dans ma manière de penser, de parler et d'agir. J'aurois tort quelquefois suivant les résultats, parce que je ne les ai jamais calculés, ou que leur prévision même n'a jamais influé sur ma conduite. J'obéirois encore à mes impressions, à ma conviction, à mon cœur.

Quand je publiai les premiers de ces fragments, le monde social s'en alloit de toutes parts, et le monde entier le savoit, à quelques personnes près qui auroient eu plus affaire que moi de la conservation de ses formes anciennes. Il n'y avoit pas grand mérite à le deviner dès lors, et, pour rendre justice à qui elle est due, il n'y avoit pas grand courage à l'imprimer.

Je m'avisai, du fond de mon obscurité, qu'on ne rappelleroit pas inutilement à la partie saine d'un peuple qui penchoit vers cet abîme, qu'il existoit en France depuis quarante ans un double foyer de sentiments généreux et patriotiques toujours prêts à se confondre, et que c'étoit là que s'entretenoient purs et brillants deux fanaux assurés à toutes nos tempêtes publiques, sous la garde du républicain ami de l'ordre et du royaliste ami de la liberté.

J'ai vivement sollicité de ma foible voix ce rapprochement des âmes nobles et tolérantes, et je le sollicite plus vivement aujourd'hui qu'il est devenu la seule garantie du corps politique. Le changement des constitutions et des dynasties ne change rien au fond des intérêts généraux. Les trônes tombent, les chartes se modifient, les nations restent.

Il est assez indifférent, peut-être, que le maniement des affaires soit abandonné à des mannequins en bas de soie et en talons rouges, ou à des pédans en robe noire et en bonnet carré; et si c'étoit dans une autre combinaison que résidât le seul principe organique possible de la société, la société périroit, car cette allure est celle du monde. Ce qui est indispensablement social, c'est l'harmonie des honnêtes gens, sous quelque drapeau que le hasard des circonstances et la nécessité des positions les aient placés.

Les gouvernements sont arrivés comme les idées philosophiques à un âge d'éclectisme, et c'est sur ce terrain qu'il faut loyalement se réunir. J'ai vu des amis ardents de l'indépendance chez les Vendéens et les Chouans ; j'ai trouvé chez les jacobins des cœurs passionnés pour l'humanité. Je crois en conscience, et j'en citerois des exemples, qu'un doctrinaire peut être indulgent et modeste ; un avocat, sincère et désintéressé ; un académicien, homme de lettres ; un homme de cour, citoyen. Ce n'est pas l'habit, c'est le caractère et l'intelligence qu'il faut juger. Les hommes à repousser, c'est le stupide qui ne sait ce qu'il fait ; le sot, qui croit que tout ce qu'il fait est bien fait ; le méchant, qui fait le mal pour le faire.

C'étoit un livre assez large et surtout assez élastique que le mien, car j'ai beaucoup vu et beaucoup retenu. Ce n'est point par prudence que j'en ai resserré le cadre. Mon existence entière n'a rien eu à démêler avec cette sotte vertu; mais pour la moitié de ce qui me restoit à dire, il est trop tard; pour l'autre moitié, li est trop tôt.

Je suis presque honteux d'avoir à prolonger cette *post-face* de quelques lignes plus personnelles, et par conséquent moins dignes encore, s'il est possible, de tenir occupée un moment l'attention du lecteur. C'est une nécessité qui m'a été imposée par la lecture obligatoire des épreuves de ces fragments que deux ou trois ans m'avoient fait oublier, et qui seront oubliés dans deux ou trois semaines de tout le reste du monde. Ceci se renfermera dans deux annotations qui ne sont, à vrai dire, essentielles que pour moi.

Voici la première. Les personnes qui ont le temps de tout lire, même les préfaces, s'étonneront que j'aie pu me croire forcé à me défendre, dans la mienne, des hardiesses de mon style, et je m'en étonne bien davantage, car on n'a jamais rien écrit de plus *pédestre*, comme disent Horace et Quintilien, depuis qu'on s'avise de faire des pages avec des lignes et des volumes avec des pages. Il paroît que j'étois prédominé dans ce temps-là par la circonspection méticuleuse que faisoit ressentir à tout ce qui se mêle de littérature la critique âpre et ombrageuse des classiques de l'époque. Je venois d'être amèrement réprimandé pour un livre dont j'oserois à peine prononcer aujourd'hui le titre, et qui n'étoit en soi qu'un *pastiche*, probablement assez mal cousu, de quelques centaines de bribes d'Homère, de Théocrite, de Lucien, de Virgile, de Catulle, de Martial, d'Apulée, de Dante et de Milton, traduites avec la fidélité judaïque d'un humaniste scrupuleux. La délicatesse inérudite de mes juges m'avoit tellement intimidé, que j'aurois probablement pris pour un billet de visite la misérable et intempestive précaution que j'ai prise pour mes innocentes gazettes, en crainte de l'anathème académique qui pesoit si savamment sur mon *romantisme* grec et latin.

Voici la seconde, et son objet m'intéresse tout autrement. Ce que j'écrivois sous la Restauration avec une liberté dont je souhaite que la tradition se conserve dans la France libre, appartenoit à l'histoire morte, ou que je regardois comme morte, d'un âge de démence qui menace de se renouveler. J'avois trouvé ces éléments bons à remuer dans leur grandeur sauvage, sous les yeux d'un pouvoir oublieux et mal conseillé qui marchoit témérairement sur cette terre de liberté comme dans un pays de conquête, parce que j'espérois qu'il en surgiroit pour lui quelques utiles leçons. Il se fâcha un peu et n'apprit rien du tout. C'est sa faute et son affaire; mais je ne veux pas qu'on tire de mon consciencieux dévouement des inductions qui trahiroient ma pensée. Je répudie formellement la solidarité de ces fureurs dont la licence de mon imagination pourroit bien avoir trop embelli le principe. On dit maintenant que j'ai étendu Robespierre sur le lit de Procuste; cela est possible, mais j'ai peur de l'y avoir grandi. Malédiction sur la tyrannie populaire! C'est la pire de toutes.

FIN.

TABLE.

A M. J. LAFFITE. . . . . Pag. 5
Préliminaire. 11

SOUVENIRS.

Euloge Schneider, ou la terreur en Alsace. 33
De la réaction thermidorienne, et des compagnies de Jéhu. 69
Compagnies de Jéhu, suite de précédent. 101
De la maçonnerie et du carbonarisme. 119
Les prisons de Paris sous le Consulat. 139

PORTRAITS.

Les colonels Fournier et Foy. . . . 281
Le général Malet, le colonel Oudet. 299
Le colonel Oudet, continuation. . . 227
Épilogue. 359

FIN DE LA TABLE.

LE
DERNIER CHAPITRE
DE
MON ROMAN.

Oui, mon cher, me voilà marié, et très-marié! Que veux-tu? le plaisir s'use, la jeunesse se passe, les dettes s'accumulent. On se désabuse des pompes du monde,

LE
DERNIER CHAPITRE
DE
MON ROMAN.

Oui, mon cher, me voilà marié, et très-marié! Que veux-tu? le plaisir s'use, la jeunesse se passe, les dettes s'accumulent. On se désabuse des pompes du monde on sent la nécessité de faire une fin, et on se fixe par raison. Un établissement solide vous procure de la considération; une fortune brillante vous attire des amis, et une jolie femme les retient. Comptes-tu pour rien les plaisirs d'une union bien assortie, où cependant la convenance a fait les frais de l'amour? Ne fais-tu aucun cas des jouissances de la paternité, dont pourtant l'amour fait quelquefois les frais pour l'hymen? Quant à moi, j'estime le mariage au-dessus de toutes choses.... et tu y viendras toi-même, je le gage, tout mauvais sujet que je te connoisse. Tu as vingt-cinq ans, et tu dois vingt-cinq mille francs! Épouse, morbleu, fût-ce une douairière. Le mariage est le talisman de la fortune, et la rocambole des libertins.

Tu vas m'exposer tes terreurs..... Fi donc, un grand homme comme toi peut-il s'abaisser à de pareilles puérilités? Il n'appartient qu'aux ames communes de se révolter contre le sort. Un cœur généreux brave ses rigueurs. Que vois-tu, d'ailleurs, de si fatal dans une chance que tant d'honnêtes gens ont courue? Sais-tu qu'on en citeroit de quoi remplir cent volumes, format atlantique? J'y ai même travaillé; je devois proposer l'ouvrage par souscription, et je n'y ai renoncé qu'en vertu de mon respect pour les dames.

Oh! je leur demande grâce, pour la millième fois, d'une si maussade entreprise; car, tout compensé, leurs défauts même sont charmants, et je crois que si elles étoient plus parfaites elles ne seroient pas si aimables. Elles ont beau nous jouer, nous persécuter, nous trahir; il n'y a pas de perfidie qu'un baiser ne rachète, pas de chagrin dont un doux raccommodement n'embellisse le souvenir! Maudit soit le barbouilleur mal avisé, qui trempe sa plume dans le poison des furies, pour faire le portrait des grâces. Ne me confondez pas avec lui, sexe enchanteur..... Je sais bien, moi, que vous êtes le chef-d'œuvre de la création, l'ornement, le trésor de la vie; j'aime votre esprit si délicat, votre cœur doué d'une sensibilité si vive, et de temps en temps vos jolis caprices: je vous adore de bonne foi, et si je m'égaye un peu sur votre compte, passez-moi cette boutade impertinente. Les beaux esprits du monde aiment à s'exercer sur l'air piteux et les manières gauches d'un nouveau marié; on l'assaille de brocards ; la médisance déterre cent anecdotes oubliées ; la calomnie en invente mille autres, et cette chaîne deviendroit insupportable, si l'on n'affectoit pas de se jouer avec elle. C'est un tribut que je paye aux mœurs du siècle.

En effet, mon ami, et tu as eu raison de gager, mon mariage est encore un roman. Depuis que je me connois, toutes mes aventures ont ce cachet-là, et on retrouveroit des chapitres de ma vie partout, je pense, excepté dans *Grandisson*. Cependant rassure-toi ; je me suis défendu, pour aujourd'hui, le genre ténébreux. Je ne te promènerai point dans les souterrains d'Anne Radcliffe, à travers les cachots et les cimetières, et je n'enrichirai pas mon récit des sublimes conceptions de nos dramaturges des boulevards. Tu ne verras ici, ni bandits, ni spectres, ni tour du Nord, et tu me sauras gré d'y avoir ménagé, de mon mieux, l'effusion du sang dont je ne pouvois me passer. Enfin tu t'apercevras facilement que le mariage et la dot ont doré mon imagination, et qu'à ce compte, mes lecteurs ont autant gagné que mes créanciers.

Mais tu croiras peut-être que je n'ai fait que courir d'un extrême à un autre, et que j'ai changé les couleurs obscures de l'anglomanie contre les crayons graveleux du cynisme. Détrompe-toi encore une fois. Un jeune homme de vingt ans peut faire des folies par occasion, les recommencer par habitude, les aimer par tempérament, et les raconter par étourderie ; mais la volupté porte un voile, et l'amour un bandeau. Je ne suis marié que de l'autre jour, et si ma robe *juvénile* n'est pas exempte d'impureté, je ferai du moins mes efforts pour être plus chaste dans le choix de mes expressions que dans celui de mon sujet, et je m'empresse d'en prévenir mon lecteur, afin que l'on n'accuse pas mes idées de ressembler à ces débauchés de basse origine, qui se faufilent dans la bonne compagnie à la faveur d'un vêtement décent.

Maintenant je suis sûr de n'être condamné que par les gens scrupuleux qui ne m'auront pas fini, et par les journalistes qui ne m'auront pas commencé. Que Dieu le leur rende ! Je suis très-fort de leur avis, et je pense sérieusement à me convertir : j'ai même l'espoir que mes livres seront un jour employés à l'éducation des jeunes filles, et qu'on les méditera dans les familles pieuses. Je n'en excepte que celui-ci : vous le lirez pourtant, belle Myrté ; mais au lieu de l'oublier dans la poussière de votre oratoire, vous le cacherez avec précaution sous votre oreiller ; et vous aurez soin de baisser les yeux, si l'on en parle jamais dans le boudoir de votre mère.

Je ne sais s'il te souvient de mademoiselle Aglaé de la Reinerie. A onze ans, elle faisoit déjà espérer tant de qualités et tant de charmes, qu'on ne doutoit pas qu'elle ne devînt la fleur du beau sexe de Strasbourg. Malheureusement elle nous fut ravie par son père, spéculateur déterminé, qui alloit chercher la fortune aux Indes. La jeune personne resta à Paris sous la garde de sa tante et de son frère aîné. Le père s'embarqua, voyagea heureusement, réussit dans toutes ses entreprises, et mourut l'année dernière. Ce n'étoit pas, diras-tu, la peine de s'enrichir. Mal raisonné : j'hérite.

M. de la Reinerie possédoit encore quelques domaines en Alsace, et il avoit des intérêts dans plusieurs maisons de commerce. Mademoiselle de la Reinerie se décida à faire le voyage de Strasbourg, où elle arriva avec sa tante, dans le cours du mois d'octobre dernier, après huit grandes années d'absence. Depuis le passage de l'homme au grand nez, dont il est parlé dans Tristram-Shandy, personne n'avoit fixé plus particulièrement l'attention de notre bonne capitale. On ne parloit que de mademoiselle de la Reinerie ; on ne citoit qu'elle ; on ne cherchoit qu'elle à la cathédrale, à la comédie, au Breuil... Et moi, mon ami, moi seul !... Plains ma destinée ! Pendant que ce bel astre éclairoit Strasbourg, j'étois absent de l'horizon, et je filois le parfait amour à la croisée d'une petite bourgeoise d'Haguenau.

J'arrivai trop tard, et je fus doublement malheureux, car je ne vis plus mademoiselle de la Reinerie, et j'entendis encore tous les mauvais vers qu'on avoit faits à sa louange. Mes regrets augmentèrent quand ma mère m'apprit qu'il avoit été question de m'unir à elle, et qu'on auroit été certain de l'aveu de la tante, qui n'est pas sans influence dans la famille; mais je fus désespéré quand on me parla de la dot qui venoit de m'échapper irrémédiablement. On ajoutoit que le frère avoit d'autres vues, et que, cette occasion perdue, il ne falloit plus y penser : la sensibilité de mon cœur ne tint pas à ce dernier coup.

Ma mère savoit ce que peuvent les passions sur une âme telle que la mienne. Elle s'aperçut du changement qui s'opéroit en moi, du dépérissement qui me minoit, du marasme auquel j'allois succomber, et elle en devina la cause.—Mon cher Alphonse, me dit-elle un jour, vous pensez à vous marier ; c'est un projet sage, et qui prouve une maturité précoce dont je ne vous croyois pas susceptible ; votre résolution me charme ; allez à Paris, mademoiselle de la Reinerie doit y être arrivée ; je ne sais pas précisément son adresse ; mais je vous la ferai parvenir quand il en sera temps, et j'espère que vos efforts tourneront à bien.

A ce discours, elle ajouta quelques instructions que je reçus avec une déférence toute filiale; je fis amener des chevaux, et le soir même je partis pour Paris, accompagné de Labrie et de mon amour. Maintenant, mon ami, ton attention prendra la peine de me suivre à travers champs, et de rouler avec ma chaise de poste, si mes aventures t'intéressent; car je suis très-déterminé à ne pas lui épargner une circonstance, pour me conformer à la routine de nos romanciers modernes. Garde-toi, cependant, de censurer l'abondance de mes épisodes, et la prolixité de mes détails. Il n'y a rien que d'essentiel dans ma narration, et mes incidents sont tissus avec tant d'art, que je fais marcher de front mon Iliade et mon Odyssée.

D'abord, pour ne te laisser aucun doute sur mon exactitude, tu sauras que je demeurai dix-huit heures en route de Strasbourg à Chaumont. Comme pendant tout ce temps-là je n'avois pu dormir, et que le froid devenoit piquant, je résolus d'y passer la nuit. Voilà, j'en suis certain, de ces circonstances dont tu ne te soucies guère; mais ne te récrie pas trop sur leur sécheresse, car, encore une fois, je ne dis rien que d'utile, et tu touches aux grands événements. Il y a même de l'art à cacher sous ces formes minutieuses, des combinaisons graves et importantes. Le résultat en est plus piquant, le dénouement plus inattendu, la surprise plus vive; et cela s'appelle ménager habilement l'intérêt.

Il étoit dix heures, et j'achevois un souper impromptu, tout en rêvant à mon adorable prétendue, quand l'hôtesse me tira de ma méditation, en entrant dans la salle à manger d'un air inquiet. — Monsieur pense-t-il coucher ici, me dit-elle ?

— Sans doute, madame, lui répondis-je, plus étonné de son trouble que de la singularité de la question.

— Je suis au désespoir, monsieur, mais cela n'est pas possible.

— Pas possible.... voilà qui est étrange; et pourquoi donc, s'il vous plaît ?

— Par un motif très-puissant, monsieur : je n'ai pas de lit.

Et pendant qu'elle disoit cela, je la parcourois de l'œil, pour savoir jusqu'à quel point un honnête homme pouvoit se compromettre en partageant le sien; et je répétois : *pas possible*. La bonne femme crut que je révoquois son assertion en doute, et elle s'empressa de la justifier avec une élocution bavarde qui m'auroit peut-être diverti en toute autre conjoncture. Enfin, au bout d'une demi-heure, elle arriva à sa péroraison, et me notifia, de la manière la plus démonstrative, qu'il falloit me résoudre à partager un mauvais grabat avec mon valet de chambre, si je n'aimois mieux passer une nuit poétique, à la belle étoile.

La proposition me paroissoit malséante, et je ne savois trop à quoi me décider, quand l'hôtesse me dispensa de réfléchir, en s'écriant comme par inspiration : — Il y a bien le lit jaune du numéro 8; mais non, continua-t-elle avec une pruderie solennelle, cela ne peut pas se faire !

— A d'autres, et pour quelle raison, de grâce ?

— Parce que le lit vert....

— Eh bien! Le lit vert? Qu'y a-t-il de commun entre le lit vert et le lit jaune ?

— Monsieur, le lit vert est occupé.

— J'y suis : madame couche au numéro 8 !

— Non, monsieur, mais c'est la même chose : il y a une jeune personne si jolie, si intéressante....

La même chose : non, de par tous les diables.

— Dix-huit ans au plus !

J'écoute de toutes mes oreilles.

— Et une douceur d'ange !

Vois-tu comme je m'enflamme ?

— Il y a huit jours qu'elle arriva ici avec une dame fort respectable, qui y tomba dangereusement malade, et qui est à peine rétablie. Si vous saviez quels soins elle lui a prodigués; comme elle étoit attentive à ses moindres desirs; avec quelle patience elle l'a gardée constamment, sans souffrir que personne partageât cet emploi....

Ici, pendant que l'hôtesse paraphrasoit ses pensées et enfiloit des périodes, l'ordre de mes idées s'étoit totalement interverti; mon amour naissant avoit fait place à un sentiment presque aussi tendre, et beaucoup plus respectueux. Le récit d'une action touchante contient les fougues les plus luxurieuses de mon imagination, et mes transports s'évanouissent à l'aspect de la vertu, comme les farfadets devant le goupillon d'un exorciste. Crois-moi : je fais peu de cas d'une femme qui a assez d'attraits pour exciter les desirs, et qui n'a pas assez d'ascendant pour les réprimer. Cela souffre peu d'exceptions.

Ces réflexions se succédoient dans mon esprit avec la rapidité de l'éclair, et l'expression de mes traits se modifioit avec elles. Je conjecture, du moins, que cette disposition fortuite de ma physionomie contribua à m'assurer le succès d'un discours que je pourrai citer quelque part, comme un modèle d'éloquence insinuante et de précaution oratoire. En vérité, je le débitai d'un ton si mielleux, d'un air si composé, et avec une si transcendante hypocrisie, que Lavater s'y seroit mépris. Je concluois par m'en référer sur le tout à l'opinion de la belle étrangère, et par protester que je n'entendois point coucher au numéro 8 sans son assentiment.

L'hôtesse, ébranlée, accepta les conditions préliminaires, et les porta sur-le-champ à la ratification de mon juge en dernier ressort. Elle ne tarda pas long-temps, car cinq minutes après, je la vis rentrer, le front radieux comme un général qui vient de gagner sa première bataille, et la démarche assurée comme un plénipotentiaire qui va ouvrir un congrès. A peine m'eut-elle fait part du bon succès de son ambassade, que je me disposai à me retirer; mais elle me retint pour m'exposer les articles du traité. Par le premier, on exigeoit que je me couchasse sans lumière; par le second, que je partisse avant le jour; et par le troisième, que je n'entamasse aucune conversation; sans quoi, on refusoit toute espèce d'aveu à la condition proposée. Quoique cet arrangement me contrariât, je fus obligé d'y souscrire, et je jurai tout ce qu'on voulut. L'hôtesse m'indiqua avec beaucoup de précision le lit qui m'étoit destiné; je montai sans flambeaux; Labrie me déshabilla à tâtons, et je me mis en devoir de dormir. Mais quel ange dormiroit si près de la tentation? Les perfections de cette adorable inconnue venoient en foule se retracer à ma mémoire; je lui en inventois de nouvelles; et si tu veux du style précieux, l'amour occupoit tant de place dans mon alcôve, que Morphée avoit été forcé d'en sortir.

— Je te devine, vas-tu dire!

Je t'en défie: il te sied bien de prétendre à me deviner! La vie est si abondante en événements, la séduction si fertile en moyens, le cœur des femmes si foible, les nuits si longues! En moins de temps on mèneroit à bout une conspiration. Que sais-tu, d'ailleurs, si j'aurai la peine de méditer et d'entreprendre, et si la fortune, fidèle à ses favoris, ne me ménage pas une victoire facile? Serois-je le premier, à ton avis, qui eût obtenu les honneurs du triomphe sans avoir couru les dangers de la bataille?

Minuit sonnoit; j'entendois un léger mouvement, et une voix flûtée m'apostropha d'un *Monsieur*, timidement prononcé, auquel je ripostai sur le même ton.

— Monsieur, reprit ma charmante interlocutrice, j'avois oublié de vous faire prévenir que je suis somniloque, et qu'il m'arrive quelquefois de dire pendant la nuit les choses les plus bizarres. C'est que je fais des contes!...

— J'en suis charmé, répondis-je; et s'ils sont piquants, je les emploierai dans mes romans. Ce n'étoit guère le cas d'en parler, mais tu le sais, de ses enfants, ce sont les plus disgrâciés qu'on préfère; et c'est ainsi que la tendresse paternelle est ingénieuse à les venger de la nature. Au reste, soit que cette idée eût quelque chose de soporifique, soit qu'en tout cas notre conversation dût finir là, ma voisine du lit vert se contenta d'ajouter sèchement qu'elle seroit très-affligée d'interrompre mon sommeil; et je me contentai de penser que je me pendrois plutôt que de ne pas interrompre le sien.

En effet, au bout d'une heure, elle étoit profondément endormie, et le monologue alloit son train; mais d'une voix si basse que je n'en pouvois saisir une parole. Cependant la curiosité me poignoit : je prêtai l'oreille, je retins ma respiration, je me penchai hors du lit, j'en sortis, je fis un pas, puis deux, puis trois; enfin je trouvai le rideau, et je le soulevai; ensuite je rencontrai la couverture, et je passai dessous. Jusqu'ici je suis poussé par un desir louable de m'instruire, et ma conduite n'a rien que d'innocent. Je garantirois cependant qu'on va empoisonner mes intentions. La calomnie! Tu la connois. Heureux qui, comme moi, peut lui opposer le sentiment d'une conscience pure, et le courage de la vertu!

— Grands dieux! que faites-vous?

— J'écoute.

— Nos conventions...

— Sont intactes.

— Il y a de la fraude...

— Voyez plutôt.

— Je vous avois averti que je suis somniloque...

— Mais j'avois oublié de vous avertir que je suis somnambule.

— Vous êtes un monstre....

— Cela vaut mieux que d'être un impertinent.

— Ah!...

Exerce-toi mon ami; voilà le moment de la lacune.

Labrie vint m'éveiller à quatre heures du matin.

— C'est étrange, dit-il, monsieur est couché à droite, et je l'entends à gauche!

—C'est qu'il y a de l'écho, lui répondis-je, et Robertson t'expliquera cela dans ses illusions d'acoustique.

Je pris congé de ma belle, et comme il faut te dédommager de la longueur de mes récits par la rapidité de mes transitions, me voilà à une demi-lieue de Troyes, et à quatre pas de ma chaise, qui vient de se briser; incident qui ne te paroîtra pas très neuf, mais que tu me permettras de trouver indispensable. Je sais tout le parti qu'un esprit industrieux pourroit tirer d'une ressource aussi féconde. Par exemple, il ne tient qu'à moi de me blesser légèrement, et de me faire transporter dans quelque château voisin qui sera habité par la plus jolie femme de toute la Champagne; sur ce fondement, tout léger qu'il paroisse, je puis construire à mon aise une intrigue des plus laborieusement compliquées, qui se dénouera au bout de trois ou quatre volumes par un mariage que tout le monde devine à la première page, et si ce canevas me paroît encore trop simple, je suis le maître d'y broder des épisodes bien ou mal amenés qui ne manqueront pas de produire un effet merveilleux, et de tourner la tête à toutes les marchandes de modes de la capitale.

Mais je me suis fait une loi de ne rien dire que de vrai; et au lieu de t'égarer dans les longs corridors de l'habitation *romantique* de ma dame châtelaine, il faut te résoudre à me suivre dans une ville qui ne donnera pas si belle carrière à ton imagination, et où je reste huit jours.

Cependant je n'ai pas l'ame assez méchante pour me complaire à t'y retenir si long-temps; et j'attache trop de prix à ta bonne humeur pour la compromettre dans cette cité gothique, où l'on auroit peu de chose à regretter, si une femme charmante, que tout le monde nommera, ne l'embellissoit de sa présence. En la voyant adorée de tout ce qui l'entoure, on se souvient que les peuples les plus barbares ont érigé des temples à Vénus; et je crois que l'antiquité se seroit moins émerveillée sur le voyage de Psyché aux enfers, si elle avoit pu prévoir que les Grâces se fixeraient un jour à Troyes.

Entre le Tartare et le chef-lieu du département de l'Aube, le rapprochement n'est pas si bizarre que tu crois. Je ne sais du moins si les limiers de la police de Rhadamanthe sont d'une humeur plus implacable et plus soupçonneuse. L'un accusoit mon passeport d'irrégularité; l'autre juroit qu'il avoit vu mon signalement quelque part; celui-ci prenoit dans mes tablettes l'énumération des personnages d'un vaudeville pour une liste de conjurés; et je ne sais quel autre, sur ce que je lui alléguois (pour me faire valoir) mes bouquets à Cloris et mes brevets de Lycée, me répondoit, avec une gravité plaisamment magistrale, qu'on ne connoissoit point de gens de lettres à Troyes, mais qu'on y avoit une académie.

Dès que je fus échappé de ce dédale de juridictions, j'ordonnai qu'on préparât ma voiture; et comme cela exigeoit quelque temps, j'allai me divertir, en attendant, à la représentation de *Mahomet*, dans une salle d'une construction si commode, qu'on peut facilement se transporter, d'une seule enjambée, de l'avant-scène à l'amphithéâtre. Le législateur de l'Arabie avoit la main droite tronquée depuis le métacarpe, ce qui n'est pas d'une petite importance en déclamation; Zopire étoit paralytique, Séide affecté d'une extinction de voix; et Palmyre, enceinte de huit mois, ne pouvoit dissimuler les témoignages de son amour incestueux. Mais ce qu'il y avoit de plus réjouissant dans cette parade, c'étoit l'engouement du parterre, qui trépignoit d'enthousiasme et mugissoit de longues acclamations, chaque fois que ces Roscius de tréteaux suspendoient leur débit ampoulé pour commander le brouhaha.

J'étois si empressé de quitter Troyes et d'arriver à Paris, que je n'aurois pas remis, à quelque prix que ce fût, mon voyage au lendemain. Neuf heures sonnoient quand je m'élançai dans ma chaise, où Labrie dormoit déjà profondément; et j'en tirois la portière après moi, lorsqu'une femme voilée m'appela doucement, et me pria de lui tendre la main pour me suivre. Tout étonnante que cette proposition me parût, j'y accédai sans proférer un mot. Je ceignis de mes deux bras une taille charmante, et je déposai mon joli fardeau au fond de la voiture, dont je pris le devant à côté de mon valet-de-chambre.

Un quart d'heure entier se passa en remerciments de la part de ma compagne de voyage, et en compliments de la mienne; et nous étions fort loin de la barrière quand ce mystère, qui t'inquiète probablement, me fut expliqué. C'est à propos d'un ronflement très-prononcé de Labrie que la jeune personne, croyant que sa tante étoit déjà endormie, il me fut démontré fort clairement qu'elle n'étoit point où elle pensoit être, et qu'elle avoit pris tout bonnement ma berline pour une voiture publique. Je me rappelai en avoir vu une à la porte, à quatre pas de la mienne; je présumai que la tante y avoit précédé la nièce, et que celle-ci ne s'étoit adressée à moi que par un quiproquo facile à comprendre. J'en ris si fort et de si bon cœur que je ne pus me dispenser de donner la clef de ce mystère, et tu devines bien que la scène prit un nouvel aspect. La belle éplorée s'épancha en plaintes du pathétique le plus touchant, et en exclamations sur son étourderie. J'eus beaucoup de peine à la rassurer, et à lui persuader que son aventure n'avoit rien de désespérant. Heureusement sa tante suivoit ainsi que nous le chemin de Paris, et nous pouvions l'attendre au premier relâi, où elle la rejoindroit avant peut-être qu'on se fût aperçu de son absence. Je terminai par des protestations si vives et si respectueuses, que ses regrets m'en parurent fort adoucis, et qu'elle crut à propos de m'assurer de sa reconnoissance. Je saisis cette occasion, pour lui parler, d'un ton pénétré, des sentiments passionnés qu'elle m'inspiroit. du tendre attachement que je me sentois le besoin de lui vouer dès ce jour, et j'eus même la scélératesse d'ajouter timidement que je n'avois de ma vie rien éprouvé de pareil à ce qui se passoit dans mon cœur. Elle soupira. Je pris ses mains dans les miennes : elle fit un léger effort pour les retirer, mais je les pressai avec plus d'énergie; et le mouvement que je fis pour les retenir à moi l'entraîna elle-même. Un étourdi auroit brusqué la circonstance, mais j'avois encore trois heures de bonne guerre, et les préliminaires ont leur prix. Je ne gagnai donc à cette escarmouche que quelques pouces de terrain et une position avantageuse. Nos mains étoient unies, nos jambes croisées, nos haleines confondues. Labrie dormoit, il faisoit nuit; nous ne parlions pas, mais cela donne le temps de réfléchir et de desirer. Je n'entreprenois rien; mais cette communication familière endormoit petit à petit la pudeur, éveilloit peu à peu la volupté. Ajoute à cela qu'il n'y a point de femme qui pardonne le respect en pareille conjoncture, et qu'à force de souhaiter l'attaque, on oublie de s'en défendre. Ici, tout me favorise; et, à ce prix, j'entreprendrois une Pénélope.

Cela duroit depuis vingt minutes, quand une secousse violente de la voiture transporta ma voyageuse de sa place sur mes genoux. J'abandonnai ses mains, pour faire passer les miennes derrière elle, et elle alloit employer sa liberté à m'opposer toute la résistance dont elle étoit capable, quand une nouvelle secousse en détermina autrement, et la força à me saisir au lieu de me repousser. Ma bouche rencontra la sienne, et y colla un baiser de feu qu'elle n'avoit pas le droit de me reprocher, puisqu'il ne tenoit qu'à moi de m'en prendre au hasard; mais j'ai lieu de croire qu'il produisit un tout autre effet que la colère, car elle pencha tendrement sa tête sur mon épaule, en soupirant de langueur et de volupté. Déjà les choses étoient dans la meilleure disposition du monde ; mais la Providence, qui me favorise d'une manière si éclatante, ne voulut pas me laisser l'honneur d'achever à moi seul cette délicieuse aventure, et une troisième secousse, plus heureuse encore que les deux autres, m'épargna les frais de l'entreprise. Je savourai longuement ma victoire, au bruit des gémissements de la pudeur vaincue et des murmures de Labrie, qui, tout froissé par les cahots, maudissoit, en dormant à demi, les grands chemins ; les chevaux et les postillons.

La voiture où étoit la tante fut aussitôt que la mienne au relai. J'embrassai ma belle inconnue ; je lui fis un tendre adieu, et je lui laissai le soin de l'éclaircissement, dont je ne pensois pas qu'il fût prudent de me mêler. A cinq heures du soir, j'arrivai à Paris, et je descendis à mon logement ordinaire, l'hôtel de Hambourg, rue de Grenelle-Saint-Honoré, n°*. 69 et 70, vis-à-vis l'hôtel des Fermes.

Quoique je connusse déjà Paris, j'étois certain d'éprouver des sensations neuves sur cet immense théâtre, où des scènes toujours variées se succèdent à l'infini, et où la mode, ce Protée infatigable, multiplie avec tant d'activité ses métamorphoses. Pendant un an d'absence, tout devoit avoir changé de forme; et en effet, Paris fut pour moi une ville nouvelle, où je sentis le besoin d'un guide qui m'instruisît des résolutions de goût, et qui m'indiquât les bonnes manières; car ces notions frivoles sont indispensables pour être bien vu dans le monde, et même pour y être entendu. Conduisez un étranger de cercle en cercle, du faubourg Saint-Germain au Marais, et de la Chaussée-d'Antin à la Cité, cet homme aura le droit de se persuader qu'une nomenclature de chiffons et de bateleurs fait tout le fond de la langue, et qu'excepté quelques mots de convention, qui ne signifient rien dans aucun idiôme, nous n'avons d'autre vocabulaire que le Journal des Modes et la Feuille des Spectacles. Il pourra garantir, du moins, qu'il a entendu peu de conversations de la veille qui n'eussent besoin d'être traduites dans le style du lendemain, pour se faire encore comprendre; et que si toute la France s'étoit avisée d'obéir à une pareille impulsion, les chefs-d'œuvre du siècle passé devroient être aussi surannés que nos paniers et nos falbalas.

Comme je savois que notre ami Frantz étoit très-répandu dans la société, je résolus de m'en rapporter à lui sur l'emploi de mes instans, la nature de mes habitudes, et le choix de mes plaisirs. Au bout de quelques jours j'allai le voir, et je le trouvai fidèle au goût que tu lui connois pour des voluptés plus faciles que délicates, où le sentiment du péril trouble toujours celui du succès. Clara disputoit la porte à Honorine; Pauline se pâmoit dans l'antichambre, à la lecture d'un roman nouveau; et Frantz, étendu sur un lit de repos, entre Laurence et Virginie, comme le Diégo du *Compère Mathieu*, promenoit de droite à gauche ses énergiques amours. Ma présence déconcerta un peu l'éloquente démonstration, et je parvins à arracher mon Renaud des bras de cette demi-douzaine d'Armides qui ne pouvoient se résoudre encore à le quitter. Nous passâmes la journée ensemble, et nous allâmes la terminer à un thé, auquel il avoit été vivement pressé de se rendre, et où il obtint, sans difficulté, la permission de m'introduire, quoiqu'il s'y présentât lui-même pour la première fois.

La réunion étoit nombreuse, et les femmes de la plus élégante parure ; je ne te dis rien de leurs appas; car ils étoient d'une maturité si avancée que l'œil le plus judicieux auroit eu peine à en retrouver des vestiges, et je me crus, dès le premier abord, transporté au milieu de la cour de la reine Berthe. Cependant, le croirois-tu ? ces nymphes sexagénaires, qui devoient leurs formes à la lingère, leur haleine de rose au parfumeur, et le carmin de leur teint délabré au coloriste, étoient entourées d'un essaim empressé d'adorateurs qui les enivroient, à qui mieux mieux, de fadeurs et d'encens. J'aurois pris volontiers ce culte extravagant pour un sacrifice aux Parques, ou pour les mystères des sorcières de Thessalie, si je ne m'étois souvenu de ce roi de la fable qui avoit le pouvoir de tout convertir en or : c'est grâce à une faculté semblable que, chez nous, la vieillesse la plus décrépite peut encore obtenir des hommages, et qu'on voit nos élégants pratiquer avec tant de zèle la plus belle des vertus de Lacédémone.

Nous avions remarqué, dans le même moment, Frantz et moi, une femme qu'il faut mettre à part dans ces observations, et dont les charmes piquans s'embellissoient encore par l'effet du contraste, comme l'éclat d'une rose paroît plus vif quand le printemps l'a fait naître parmi des ronces. Nous profitâmes du mouvement que notre arrivée avoit occasioné, pour nous emparer assez brusquement des places de ses voisins, et nous mettre à portée de l'observer de près. — En général, cette femme est moins belle que jolie; mais ses traits semblent gagner en douceur ce qu'ils perdent en régularité, et l'expression de sa physionomie s'est enrichie aux dépens des formes; des nudités habilement ménagées, et dont elle sait dispenser la vue avec tout l'art d'une coquetterie ingénieuse, fixent quelque temps les regards; mais les faveurs qu'elle promet font oublier celles qu'elle donne. Tout en elle respire la tendresse et la volupté; sa tête, mollement penchée sur une épaule d'albâtre, exprime l'abandon; ses lèvres, qui s'entr'ouvrent avec un doux frémissement, paraissent balbutier le langage tremblant et incertain du plaisir, et ses yeux roulent sur leur cristal humide une larme de desir dont l'amour fera ce soir une larme de bonheur....

—Arrête, s'écria Frantz, à qui je disois tout cela, en passant de la salle de compagnie à la salle du thé; tu abuses étrangement de ta facilité pour la description, où nous avons vu cette femme sous des points de vue bien différents. Elle est jolie, à la vérité, mais le caractère de sa figure a plus de hardiesse que de grâce, et plus de finesse que de suavité; ce que tu appelles en elle de la coquetterie pourroit passer pour du cynisme, et je trouve qu'elle accorde trop aux yeux pour laisser désirer quelque chose à l'imagination. Toutes ses manières ont un air d'affectation et de symétrie qui ne ressemble en rien à l'abandon; et ses regards, où tu as lu une expression si touchante, me semblent, à moi, d'une indécente assurance; au reste, ce n'est pas sa faute, et je ne crois pas que son œil noir, couronné d'un sourcil d'ébène, puisse être jamais l'interprète d'un sentiment doux et délicat.

— Pour cette fois, tu n'y penses pas, repris-je avec chaleur! Ses yeux réfléchissent le pur azur du ciel, et ce n'est point de l'ébène, mais de l'or, que ses sourcils ont emprunté leur couleur.

La dispute s'échauffoit, quand le reste de la société se réunit à nous. Chacun prit sa place autour de la table ronde; et, pour la seconde fois, la femme qui venoit d'être l'objet de notre discussion se trouva assise entre Frantz et moi.

Dès que nous fûmes libres, et qu'on se disposa à passer à la bouillotte, nous volâmes au-devant l'un de l'autre, pour en venir à notre explication, mais avec des intentions toutes différentes. Frantz avouoit qu'il avoit mal vu d'abord, et que ma description étoit seule conforme à l'original, tandis que, ramené à ses idées, je prétendois tout le contraire. Ma blonde timide étoit devenue une brune provocante, et sa fière Junon une modeste Hébé. Ainsi nous avions changé d'opinion sans changer de querelle, et la même cause animoit encore les mêmes combattants.

As-tu vu dans Homère les deux armées rester immobiles à l'aspect d'Hélène? l'arrivée de notre Hélène produisit un pareil effet sur nous. Elle me sourit ; je répondis à cette faveur par un signe d'intelligence, et elle termina ce dialogue muet en relevant lentement son bras, de manière que sa main décrivait un arc d'environ quatre-vingt-dix degrés, géométriquement parlant. Je la suivis ; car, dans tous les pays, ce signe énergique veut dire : *suivez-moi*, ou *venez ici* ; et il est particulièrement en usage aux fenêtres de l'entresol, dans beaucoup de quartiers de notre bonne ville de Paris. Comme le salon de compagnie étoit resté libre, nous nous y arrêtâmes ; elle s'assit, et !... Juge de ma surprise, lorsque je reconnus, à n'en pas douter, que cette femme étrange étoit en effet brune et blonde, et que la nature l'avoit traitée, à peu de chose près, comme Janus, en collant l'un à l'autre deux profils très-étonnés de se trouver ensemble. Cette singularité absorboit toutes mes facultés pensantes, quand je fus tiré de ma stupéfaction par un grand éclat de rire, auquel elle fit succéder les paroles suivantes, sur un ton dont les inflexions me parurent aussi mobiles que ses traits et son caractère.

— Vous voyez, me dit-elle, que le hasard m'a singulièrement dotée, ou plutôt que la nature a voulu manifester, d'une manière très-bizarre, la versatilité de mon esprit. Quoi qu'il en soit de la cause, j'ai remarqué que cette observation vous frappoit; et que seroit-ce, si vous pouviez apercevoir aussi facilement tout ce qu'il y a de disparate entre mes principes et ma conduite, mes idées et mes actions? Grave ou étourdie, prude ou libertine, bonne ou méchante par caprice, il ne me souvient pas d'avoir été la même deux jours de suite, et je ne vous en fais point un mystère, car je suis quelquefois franche, mais toujours sans plus de conséquence. Vous m'avez plu au premier abord, et j'ai voulu vous en avertir; demain, vous vous y prendriez trop tard pour vous faire accueillir; et il y a cent à parier contre un que dans vingt-quatre heures vous me paroîtrez détestable. Aujourd'hui je vous aime à la folie, et il ne tient qu'à vous d'en profiter; au reste, vous me sauriez gré de cette démarche, si je vous apprenois que j'ai fait par-ci, par-là, des Saint-Preux et des Werther, et qu'entre tous les ta-

lents dont un ciel prodigue m'a douée, j'ai eu
de temps en temps celui de la résistance ; de
sorte que, pendant une bonne partie de ma
vie, je n'ai fait que passer du rôle de madame
de Lignolle à celui de Paméla, et de l'extravagance à la pruderie. Mon langage vous semble
extraordinaire : à la bonne heure ; il seroit
plaisant que vous me comprissiez, moi qui
ne me suis jamais comprise... Cependant, telle
que vous me voyez, je suis capable de résolutions solides. Il y a deux ans qu'il me prit fantaisie de me marier avec un homme que j'ab-
horrois. On s'y opposa. J'insistai. Si toute la
terre l'avoit voulu, je n'aurois jamais cédé ;
mais mon projet déplaisoit à tout le monde,
et je l'exécutai par esprit de contradiction.
Mon époux étoit ennuyeux à la mort. C'étoit
un sot qui s'avisa de se croire noble après
la suppression des titres, et qui se consti-
tua un marquisat posthume en dépit de tout
Paris. Je ne gagnai à mon hymen que le titre
et la particule. Cela ne me suffisoit point, et
je brûlois déjà de changer d'existence. Je me
fis enlever par un hussard, et entretenir par
un banquier de trente-un. Les lois sont com-

modes pour les infidèles, et j'avois assez goûté du mariage pour être curieuse de la viduité. Je présentai une demande de divorce, et j'obtins ma liberté définitive, en alléguant une incompatibilité d'humeur, qui ne surprit personne. Depuis ce temps j'ai eu beaucoup d'amans ; mais de tous les hommes que j'ai vus, aucun ne m'a inspiré plus d'intérêt que vous. Je voudrois pouvoir vous promettre une passion, et me sentir capable de vous rendre heureux huit jours; cela m'est arrivé trois fois, et pourtant je me défie tellement de ma frivolité, que je suis bien décidée, comme je vous l'ai dit, à ne pas vous renvoyer à demain.

Fort bien, continua-t-elle, je vois que votre empressement répond à mes bontés, et je m'y attendois, car vous avez la physionomie avantageuse; mais je veux mettre votre tendresse à l'épreuve, et vous prouver que ma possession n'est pas un bien qu'on obtienne sans l'acheter. J'exige deux heures de soins, et un dénouement romanesque, d'abord parce que cela est piquant, ensuite parce que cela est presque indispensable. Vous avez vu cet homme au teint basané, à la figure ignoble, au ton tranchant, qui parle de tout sans rien savoir, et qui se pique d'avoir des manières; c'est mon amant en pied; il s'en faut de beaucoup, à la vérité, qu'il ait eu le privilége de me rendre constante. Si c'étoit une chose facile, il feroit encore exception; mais il me convenoit, parce qu'il est assez libéral pour mériter qu'on le ménage, et assez gauche pour souffrir qu'on le trompe. Je n'ai jamais connu de dissipateur plus maladroit et d'enrichi plus inepte. J'ajouterois que je ne connois point de jaloux plus soupçonneux, et à qui il convienne mieux de l'être. Il me possède par ostentation, et non par goût; par mode, et non par tempérament; mais il a la fureur de la propriété, et il me tient sous clef comme sa bibliothèque, dont il ne fait pas plus d'usage. Vous concevez qu'un pareil amant m'obsède rarement de ses feux; mais en revanche, il est aussi assidu à l'entrée de mon appartement qu'un eunuque à la porte du sérail. Il faut donc vous résoudre à y pénétrer au moyen d'une échelle de corde que je vous jetterai à minuit. Voilà mon adresse. Soyez exact, et faites-moi grâce des fadeurs que vous vous disposez à me débiter. Je devine que cela seroit triste à périr, et j'ai mal aux nerfs d'y penser; adieu.... Je vous attends. —

Ce discours fut bavardé avec tant de volubilité, que je ne pus manifester les émotions d'étonnement, de plaisir, de crainte et d'incertitude qui m'occupoient, que par des gestes plus ou moins significatifs, et malgré la scrupuleuse exactitude avec laquelle j'ai cherché à en conserver toutes les expressions, je n'oserois m'en rendre garant tout-à-fait. Dès que je fus seul, j'essayai de réfléchir, ce qui ne m'arrive guère, et je finis par faire le contraire de ce que j'avois résolu, ce qui m'arrive toujours; c'est-à-dire que j'allai à mon rendez-vous, au hasard d'y subir le sort de Psyché. Dans le boudoir d'une courtisane, c'est Vénus qui tient le ciseau de la Parque.

La marquise habitoit, aux environs de l'Opéra, une de ces maisons dont le rez-de-chaussée est surmonté d'une corniche assez saillante. A l'heure précise la fenêtre du premier s'ouvrit, l'échelle de corde me fut jetée, je la franchis, je la détachai, je la lançai dans la cham-

bre, et je me disposois à l'y suivre, quand quelque bruit se fit entendre à la porte opposée.
—Seroit-ce lui? s'écria la marquise. Et c'étoit si bien lui qu'il parut au même instant, et qu'on ne parvint à me dérober à ses regards, qu'en refermant durement la croisée sur moi. Je présume qu'il auroit été assez plaisant de me voir ainsi élevé à vingt pieds de haut sur une base de dix pouces, à la manière de ces statues *d'Hermès* dont les anciens décoroient le devant de leurs maisons; mais la saison étoit si avancée, le temps si rigoureux, et l'issue si incertaine, que je n'eus pas la moindre envie de trouver ma position divertissante, et que je ne pensois qu'à en sortir. Je parcourus donc avec précaution, toute la longueur de ma corniche, en mesurant d'un œil effrayé, la hauteur de la muraille; je revins sur mes pas, puis j'essayai de nouvelles tentatives aussi impuissantes que les premières, et je finis par m'arrêter, frissonnant, transi et trébuchant d'ennui, d'accablement et de sommeil, auprès de la fenêtre d'où il me sembloit que je fusse parti.

Elle ne tarda pas à s'ouvrir au bruit de ma

promenade nocturne; une femme nue y parut, et je ne doutai pas que mon rival n'eût laissé le champ libre à nos plaisirs. D'autant plus ravi de cet heureux événement qu'il étoit plus inespéré, je passai dans la chambre avec une vitesse incalculable; je m'emparai de ma proie, et je la portai palpitante sur le trône de l'amour. Cependant elle mêloit des cris d'effroi à mes cris de triomphe, et elle m'accabloit de plaintes et de prières, que j'interrompois par autant de baisers. Jamais on ne m'avoit opposé une résistance plus formelle; mais je me souvenois de la conversation du soir, et j'étois bien décidé à vaincre le génie capricieux qui me disputoit avec tant d'opiniâtreté une victoire promise. Je l'avois, d'ailleurs, trop chèrement achetée pour la céder sans combattre, et mon ardeur impétueuse brisa bientôt la barrière, quoiqu'un foible obstacle auquel j'avois moins droit de m'attendre qu'à tout autre vînt un peu retarder mes succès; mais cet obstacle incompréhensible rendit la défaite de mon adversaire plus précieuse, et centupla l'audace de mon attaque. Au reste, si la défense étoit devenue nulle ou du moins très-légère, des larmes abondantes y avoient succédé, et je ne savois que penser de cette manière d'agir à un rendez-vous.

— En vérité, madame, lui dis-je, il paroît que toutes vos actions se ressentent de la bizarrerie de votre esprit, et que vous avez l'habitude de ne rien faire comme les autres. Qui auroit cru que vous pleurassiez en pareille occasion ?

— Monsieur, reprit-on, d'une voix sanglottante et entrecoupée, je me doutois bien de votre erreur ; mais vous ne vouliez rien entendre.

— Que dites-vous ?

— Que vous avez pris ma croisée pour celle de ma voisine.

— Vous ne seriez point la femme qui m'attendoit ?

— Non, monsieur.

— Vous ne m'avez point vu ce soir ?

— Jamais.

— Vous ne m'avez pas fermé votre fenêtre, il y a une heure, à l'arrivée de votre jaloux ?

— J'ai eu le malheur de vous l'ouvrir, il y a dix minutes, au bruit que vous faisiez.

— Vous n'êtes point brune et blonde ?
— J'ai les cheveux cendrés.
— Et c'est contre votre consentement ?...
— Oui, Monsieur.
— Et je suis peut-être le premier...
— Pas tout-à-fait, mais il s'en faut si peu !...
— Je m'en doutois.
— Je suis bien malheureuse.
— Il falloit me prévenir.
— Il falloit m'écouter.
— Il faut vous résoudre.
— Cela est sage.
— Je ne suis pas responsable d'un quiproquo.
— Cela est vrai.
— Et au besoin, je réparerai ma faute.
— Cela est impossible.
— Je viendrai vous voir.
— Je change de logement.
— Je vous suivrai partout.
— Je me marie.
— A la bonne heure, et l'observation est sans réplique.

Ses larmes se séchoient, ses regrets commençoient à se calmer; je la consolai tout-à-fait, et je partis, après m'être engagé, par serment, à ne faire aucun effort pour la retrouver. Je retournai à mon hôtel, et j'y arrivai avant le jour, tout en réfléchissant aux vicissitudes de la vie, et aux coups singuliers du sort. Tu verras cela dans mes œuvres morales.

Frantz étoit allé à la campagne, et une semaine s'écoula sans que je le revisse. Enfin, un jour il entra chez moi au retour du spectacle, et m'engagea à l'accompagner au bal masqué de la société Olympique, où il devoit passer la nuit. J'y consentis volontiers, car j'aime ces plaisirs bruyants et tumultueux qui subjuguent l'attention sans trop intéresser le cœur, et où des distractions rapides et variées interdisent à l'âme jusqu'au loisir de se replier sur elle-même. Tout me plaît dans un bal masqué : c'est une fidèle image du monde; mais la vie semble s'y accélérer en raison de la multiplicité des événements : à l'imitation des saturnales, l'égalité, bannie du reste de la société, paroît s'y être réfugiée; et elle peut au moins, quelquefois chaque année, y revendiquer ses droits. On se confond, on se presse, on s'entretient; le langage de l'amitié familière vole dans toutes les bouches; la laideur peut se faire adorer à la faveur de l'esprit; la vérité peut se faire entendre sous la protection de la folie; et la leçon sévère qui eût ailleurs effarouché l'amour-propre, se fait accueillir au bal masqué. Là seulement il est permis de tout dire; là seulement la franchise est une chose commune, et le masque est ce talisman célèbre qui force la parole à devenir l'interprète de la pensée. Cet homme puissant qui a froissé vos intérêts par un jugement inique; ce mauvais écrivain qui a trompé votre attente par un pamphlet ennuyeux; ce journaliste insolent qui vous fatigue tous les matins de ses extraits diffamatoires; cette bégueule surannée au visage recrépi, qui vous écrase de son dédain; cet enrichi, qui, du haut de son char éclatant, fait rejaillir sur vous la boue dont il est sorti, consolez-vous; le hasard, en les rassemblant au bal masqué, vous promet une vengeance qui sera facile sans être lâche, et piquante sans être cruelle. Rassurez-vous aussi, vous dont le cœur neuf et timide s'est épris d'un feu respectueux pour quelque dame de haut parage; l'amour fera, ce soir, un miracle en votre faveur; il va aplanir toutes les difficultés, étouffer toutes les préventions, et concilier les convenances du rang avec les intérêts du bonheur. Profitez de ce moment que la liberté dérobe à l'étiquette. Au bal masqué, il n'y a plus de témérité dans l'aveu, il n'y a plus d'orgueil dans l'espérance; et la mode fait pour vous les frais de l'entreprise et les avances du succès. Si la plupart des affections du monde finissent sous le masque, il n'est pas rare de les voir commencer de la même manière; et cette douce intimité que le mystère favorise a révélé plus d'une tendre sympathie. En un mot, et je le prouverois par de bonnes raisons, le bal masqué est le chef-d'œuvre de toutes les institutions humaines, et la dernière tradition de l'âge d'or.

Comme l'empressement de Frantz ne me laissoit pas le temps de songer à ma toilette, j'y suppléai par un domino gris de lin, et je me cachai le visage sous un masque de Venise. Soit que je pressentisse, tout en entrant, les plaisirs que je devois goûter dans ce lieu d'enchantement ; soit qu'en effet il y eût quelque chose de ravissant qui agisse sur toutes les âmes, l'aspect de la salle du bal me remplit d'un trouble délicieux et d'une émotion inaccoutumée. Pardonne-moi cet élan de sensibilité puérile. Je sais combien de pareils mouvements sont indignes de nous ; mais Achille a pu se cacher parmi des femmes, jusqu'à ce qu'on lui rappelât sa valeur, en lui présentant des armes.

Frantz avoit beaucoup fréquenté cette réunion pendant le cours de l'hiver précédent, et il avoit acquis des notions si parfaites sur la tenue, l'allure et le déguisement de tous les habitués, qu'il se chargea de me nommer les masques, et de devenir pour moi un guide aussi instructif que le fut le diable Asmodée pour l'écolier Cléofas. En conséquence, nous nous assîmes dans un des endroits les plus fréquentés du théâtre, et nous commençâmes notre inspection.

— Il seroit assez superflu, me dit-il, de te nommer tous les personnages qui vont se succéder devant nous. Il y en a un grand nombre qui sont attirés au bal par la curiosité, par l'envie de se faire voir, ou par le besoin de remplir quelques heures d'oisiveté qu'ils ne savent pas mieux employer. Tu as rencontré ces êtres-là partout, et ils sont partout également indignes d'attention. En indiquer un seul, c'est les indiquer tous; et la nature a tellement négligé leur caractère et leur esprit, qu'on peut dire, sans trop d'exagération, que ces automates à la mode sont sortis tout faits des mains de Catel.

» Il serait peut-être aussi inutile de m'étendre sur des hommes que tu as devinés aussitôt que moi, et dont la physionomie caractéristique ne doit point échapper à ta perspicacité. A quoi servirait-il que je désignasse particulièrement ces originaux que tout le monde reconnoît, et dont la livrée est déjà signalée à l'opinion publique? Cet homme à la figure bouffie, aux cheveux noirs et crépus fraîchement taillés en rond, qui porte gauchement une mise à la mode, qui étale avec ostentation une demi-douzaine de diamans à chaque main, et qui croit du bon ton de provoquer toutes les femmes par un regard scandaleux, ai-je besoin de dire que c'est un fournisseur?

» Quand je t'ai montré ce grand jeune homme qui marche avec embarras dans la foule, qui tremble de froisser son habit neuf, et qui heurte les passants en regardant les cariatides, est-il nécessaire d'ajouter que c'est un provincial à son premier voyage ? Cette femme au corsage épais, qui promène gravement les restes d'une beauté jadis chèrement payée, et qui se berce dédaigneusement dans sa parure de cérémonie, ne vois-tu pas que c'est une fille entretenue, réformée par le temps, qui cherche des enchérisseurs ? Tu connois déjà la plus grande partie de ces jeunes gens que nous apercevons d'ici, près d'une table chargée de punch et de liqueurs, et qui font retentir la salle des éclats de leur joie bruyante. Mais si tu les voyois pour la première fois, je ne doute pas qu'à l'abandon maniéré de leur conversation bruyante, et au rire réciproque qui s'élève à chaque trait, tu ne les reconnusses pour quelques-uns de ces auteurs à la douzaine qui végètent fièrement dans une orgueilleuse obscurité. Ce sont des auteurs en effet ; et ne t'étonne point si les fades bons mots dont leur entretien petille causent une gaieté si universelle. Ils ont l'usage d'applaudir à tout ce qu'ils disent, et ils parlent tous à la fois. J'en excepte celui-ci, qui les écoute d'un air modeste, et qui les admire par condescendance. C'est un petit littérateur de département, qui est venu s'essayer dans la capitale, et qui en est à son début. Aussi n'a-t-il encore mis que trente-deux mille trois cent cinquante feuilles de papier en circulation.

» Parmi les hommes qui nous restent à examiner, tu as sans doute remarqué celui-là qui, le chapeau rabattu, les bras croisés et l'air pensif, s'égare tristement de groupe en groupe, sans adresser la parole à qui que ce soit. Il porte un pantalon jaune et un habit bleu de ciel, pour avoir une conformité de plus avec Werther, dont il a fait son héros ; mais cette manie lui a procuré des aventures si plaisantes, que j'ai eu souvent envie de les recueillir, et que je ne puis me dispenser de t'en parler quelque temps. Cet enthousiaste, qui est d'ailleurs doué de qualités aimables, et qui a plus d'esprit qu'il n'en faut pour se passer d'originalité, étoit arrivé à l'âge de vingt ans sans éprouver aucun sentiment violent; et bien venu dans tous les cercles qu'il lui plaisoit de fréquenter, il s'étoit borné jusque là à la routine ordinaire de la galanterie. C'est à cette époque que le hasard fit tomber entre ses mains le roman dont je t'ai parlé, et qu'il conçut le projet extravagant d'en faire l'agenda de sa conduite. Dès ce moment il s'occupa exclusivement de toutes les études qui pouvoient le rapprocher de son modèle. Il acheta un Homère de Westein, en attendant qu'il sût le lire; et à force de travail, il parvint en peu de temps à dessiner assez passablement le paysage. A une Charlotte près, l'imitation étoit déjà frappante de vérité; mais il étoit bien décidé à compléter la ressemblance, et son imagination splénétique se familiarisoit tous les jours de plus en plus avec le fatal dénouement. Enfin il ne s'agissoit plus que de découvrir son héroïne et de fixer la durée de l'attaque. Il compulsa toutes les éditions de Werther pour se déterminer sur ce point essentiel; mais faute d'y rien trouver de précis, il s'arrêta à un mois pour terme moyen, et se précipita, de toutes les puis-

4

sances de sa volonté, dans cette périlleuse entreprise. Tu sais, continua Frantz, que j'ai reçu le nom de Guillaume sur les fonts baptismaux; et c'est en vertu de cet heureux rapprochement, qui me valut sa correspondance, que je suis instruit des divers incidents de son histoire.

» La première femme qui obtint l'honneur bizarre de représenter auprès de lui la Lucrèce de Werther, étoit une nouvelle mariée infiniment sentimentale, qui avoit formé son esprit et son cœur dans les romanciers anglais, et qui venoit de s'unir, par inclination, à un homme charmant. Elle ne sortoit point, ne dansoit point, ne paroissoit point au spectacle sans son époux. Présent, elle l'accabloit de ses caresses; absent, elle ne tarissoit plus sur ses louanges : en un mot, notre philosophe fut aussi ravi d'une semblable rencontre qu'impatient d'en profiter ; et après huit jours d'assiduité, il risqua la déclaration. Elle fut reçue, comme il s'y attendoit, avec toute la colère qu'un tel outrage peut inspirer à la vertu; mais bientôt on s'adoucit en considération de sa jeunesse et de son inexpérience. On lui pardonna la hardiesse de sa démarche par égard pour la violence de sa passion, et on alla même jusqu'à lui promettre de l'amitié, s'il pouvoit s'en contenter. Il capitula sous cette condition, et déguisa ainsi ses poursuites sans les interrompre. Peu à peu les entrevues devinrent plus fréquentes, les relations plus affectueuses, et la confiance plus intime. Au bout de trois semaines, un écueil adroitement ménagé fit échouer l'amie, et elle céda à l'amant, en protestant encore de sa tendresse pour le mari.

» Ce revers ne le déconcerta point. Il savoit que le caractère du sexe a d'étranges inégalités, et qu'on peut s'y tromper à la première fois, quand on cherche une femme fidèle. Il fit la cour à une dévote. Maintenant, disoit-il, je suis certain d'être rebuté, car celle que j'aime est à la fois pieuse et constante, et le ciel est en tiers dans les intérêts de l'hymen. Son espoir le trompoit comme auparavant, et le résultat l'a démontré. Il choisit le temple du Très-Haut pour son champ de bataille; il séduisit la sainte par des grimaces; il l'attaqua de cantiques et d'homélies; il lui adressa des romances passionnées sur des airs de plain-chant; et cette Charlotte mystique succomba au tentateur en soupirant des *oremus*.

» Nous avons trop de choses à voir, pour que je puisse le suivre avec la même précision dans toutes les escarmouches de sa campagne; il me suffira de t'apprendre que l'amour, obstiné à le désespérer de ce qui fait le bonheur des autres, n'a pas encore cessé de lui prodiguer des faveurs qu'il n'a pas cessé de maudire, et que, jusqu'ici, tous ses essais ont obtenu le même dénouement. Trois femmes seulement l'ont fait perdre à beau jeu. La première est une coquette qui s'affiche pour tout le monde, et qui ne se donne à personne : le vingt-huitième jour, un caprice en décida. La seconde est une femme à principes, qui déteste son mari, mais qui tient à sa réputation, parce qu'elle lui vaut le droit d'être hautaine et médisante. Une occasion favorable et mystérieuse la fit succomber un jour plus tard. Enfin la troisième est une jolie fermière des environs de Paris, qui avoit toujours vécu d'une manière si irréprochable, qu'on s'en prenoit généralement à quelque défaut caché, ou à des dispositions négatives de tempérament. Ces motifs n'étoient pas de nature à déterminer la mort de notre original; il me les soumit, et il attendoit ma réponse, quand la vanité lui livra sa conquête, une heure avant que la révolution du mois fût achevée. C'est la trente-sixième de ses tentatives; et dans le dépit qu'il éprouve de n'avoir point trouvé son phénix au village, il vient le chercher au bal masqué.

» Le hasard nous sert à souhait, reprit Frantz : il s'est plu à rassembler ici tout ce que Paris a de plus aimable, et les Grâces se sont donné rendez-vous au bal, où je viens de les voir pénétrer en dominos couleur de rose. Je ne pourrai pas te montrer parmi elles cette beauté célèbre que tous les hommes adorent, que toutes les femmes estiment, et qui seroit encore la première par ses vertus, quand elle ne le seroit point par ses charmes. Elle est absente, et un autre pays lui prodigue les hommages auxquels elle essayoit de se dérober. Ainsi la déesse des Amours habite tour à tour Gnide, Amathonte et Paphos; mais ses appas la trahissent, et partout elle a des autels.

» Tu ne serois pas en peine de deviner quelles sont les femmes charmantes sur lesquelles je viens d'appeler ton attention. Elles doivent à l'éclat de leurs attraits, de leur fortune et de leur esprit, une célébrité trop universelle, pour que leurs noms ne te soient pas parvenus. Que dis-je? La calomnie te les auroit appris, au défaut de la renommée; et nouvellement encore un lâche diffamateur les a traînées dans la fange de son libelle. Mais abandonnons au mépris cet Érostrate littéraire, qui croit acquérir des droits à la gloire, à force de brûler des temples, et d'outrager des divinités.

» Celle-ci réunit toutes les qualités qui peuvent séduire les yeux, flatter l'esprit, et fixer le cœur; sage sans pruderie, bienfaisante sans ostentation, belle sans le savoir, aimable sans effort, jamais on n'allia plus de perfections à plus de modestie. Protectrice éclairée des arts qu'elle cultive, sa vue inspire le talent, ses libéralités le favorisent, et elle est à la fois la Muse et le Mécène de nos poètes. Les gens sévères lui reprochent ses fêtes et ses prodigalités ; mais ses défauts même sont d'une belle âme, et elle n'a pas de tort, quelque léger qu'il soit, qu'elle ne rachète par une vertu.

» On ne peut pas s'y méprendre sur celle qui la suit. Son nom est dans toutes les bouches, parce que tout le monde l'a reconnue à la vivacité de sa démarche et à la grâce de son maintien. Elle est gaie jusqu'à la folie, mais son enjouement ne nuit point à sa sensibilité, et ses charmes s'embellissent de son étourderie. Tantôt douce et réservée, tantôt fougueuse et pétulante, elle a tous les travers d'un jeune homme à la mode, et tous les agréments d'une femme aimable ; le matin elle dompte un coursier ou fait voler un phaéton ; le soir, elle attire tous les regards par sa danse enchanteresse. Ses goûts variés ne conviennent pas à tous les caractères ; mais tous ceux qui la voient ne peuvent se dispenser de l'aimer.

» Immédiatement après elle, tu vois deux phénomènes du sexe. C'est une jolie femme qui n'a point de coquetterie, et une femme auteur qui n'a point de prétention. La personne qui l'accompagne est une Suédoise charmante qui joint le jugement à l'imagination, et la finesse au sentiment. Je ne connois pas de femme qui possède plus éminemment le double talent de plaire et de toucher, et de gagner successivement, ou le cœur par l'esprit, ou l'esprit par le cœur.

» Mais passons à une autre partie de la salle, continua Frantz, et nous ne manquerons pas d'y trouver matière à de nouvelles observations. »

— Non pas, s'il te plaît, lui répondis-je, et toute l'estime que je fais de tes doctes entretiens ne me détermineroit point à sortir d'ici. J'y suis retenu par un lien trop puissant ; et pour t'épargner une question, je vais t'instruire d'un seul mot : ce lien, c'est l'amour...

— Quoi, tu aurois reconnu....
— Je n'ai reconnu personne.
— Tu aurois vu....
— Qui que ce soit.
— Et tu te passionnes....
— Pour un masque.
— Plaisanterie !
— Comme tu voudras ; mais jamais je n'ai rien senti de pareil à ce que m'inspire cette

femme en domino noir, qui est assise à quatre pas de nous....

— Bon, une vieille!...
— Cela se peut faire.
— Une laide....
— Que sait-on?
— Ou une sotte...
— Je n'en réponds pas.
— Et tu l'aimes!
— A la fureur.
— A ton aise.
— Bonne nuit.

Je me rapprochai de ma belle, et j'entamai la conversation par un madrigal. Sa réponse acheva de m'enflammer; sa voix douce et timide produisoit sur mon cœur l'effet d'une voix déjà connue, et j'aimois sa présence, comme celle d'une amante adorée dont on fut séparé long-temps.

Cette idée m'enhardit. J'animai le dialogue, et je m'aperçus bientôt que la jeune personne avoit l'imagination romanesque et le cœur inflammable; cette nuance de caractère est commune à la plupart des femmes, et cela m'étonne peu. Douées d'une sensibilité ardente, qui cherche partout des alimens ; livrées à l'oisiveté par leur faiblesse, et aux séductions de la flatterie par leur vanité ; avides d'un bonheur qu'elles n'ont jamais pu calculer que sur de fausses appréciations, parce que leur éducation les a trompées sur le monde et sur elles-mêmes, elles apportent presque toujours dans la société des jugements exagérés qu'elles ne rectifient qu'au prix d'une coûteuse expérience.

Dans des circonstances pareilles, et elles se présentent souvent, la séduction est si facile, qu'elle n'a pas besoin d'être réduite en principes, et le triomphe si immanquable qu'il appartient au premier venu. Ces sortes d'âmes sont expansives et confiantes ; dans un moment d'entretien, elles se sont dévoilées à l'œil le moins pénétrant ; et au besoin, quelques mouvements bien préparés les contraignent à avouer le reste de leur secret. Alors il est aisé de calculer tous les moyens, de prévoir tous les obstacles, et d'arriver à son but sans contradiction ; vous savez déjà quel est le côté foible de ce cœur naïf ; c'est par là qu'il faut l'attaquer ; caressez les erreurs, car vous pouvez en tirer parti; louez ce qui est vicieux, car les femmes aiment mieux leurs défauts que leurs qualités; calquez toutes vos pensées, toutes vos paroles, toutes vos manières sur celles de l'objet aimé, et ayez soin de vous récrier à chaque instant sur cette conformité sympathique. Avez-vous produit quelque émotion : cherchez à la faire croître; passez de la tristesse à la joie, de l'abandon à l'emportement; jouez le trouble de la passion; saisissez une main qu'on n'ose vous refuser; essayez un aveu qu'on brûle d'entendre; mais que votre langage soit inégal, peu réfléchi, entrecoupé; que toutes vos intonations soient prises dans la gorge, et que votre poitrine, gonflée à force de poumons, paroisse pleine de soupirs. Si vous n'avez pas l'art de pleurer à volonté, feignez du moins d'essuyer des larmes prêtes à s'échapper, et de contraindre votre douleur. Si on vous console, devenez téméraire; il est certain que vous êtes aimé, et qu'on ne vous opposera plus qu'une résistance d'usage. Mais que vos efforts soient vifs, sans cesser d'être délicats; vous pouvez perdre tout le fruit de l'entreprise, en vous laissant reconnoître avant qu'elle soit achevée. Rappelez-vous qu'on abandonne à la séduction ce que l'on dispute à la force, et qu'une politique insinuante se fait ouvrir plus de villes que l'audace d'un conquérant. Ainsi défiez-vous d'une ambition trop impatiente, et assurez votre succès sans le brusquer. Quand vous commandez l'ivresse, feignez d'y céder vous-même, et d'obéir malgré vous à l'impulsion que vous avez donnée. Il faut que les premières faveurs soient dérobées, et non pas ravies : mais dès l'instant où l'émotion est parvenue jusqu'au désordre, ne tardez plus ; une minute mal employée vous perdroit, et vous n'auriez touché au port que pour le voir fuir sans retour. Interrogez toutes les femmes ; il n'y en a pas une qui n'ait un moment marqué pour succomber, et votre tactique se réduit à l'amener et à le saisir. J'en conclurois volontiers que la classe des femmes sages se compose de celles qui ont assez de sang-froid pour déguiser l'heure du berger, et la classe des amants malheureux, de ceux qui n'ont pas assez de pénétration pour la deviner.

Quoi qu'il en soit, je mis en pratique ce

que je viens d'établir en théorie; et je produisis tout l'effet que j'avois lieu d'espérer. Il y a quelque chose d'original dans un amour né sous le masque, et cela exalte l'imagination. Il y a quelque chose de désintéressé dans un sentiment qui ne doit rien à la vue, et cela rassure l'innocence; il y a quelque chose de flatteur dans un triomphe dont on est redevable à son esprit, et cela éveille l'amour-propre. Enfin la raison se met du parti du cœur; on réfléchit, ou plutôt on croit réfléchir. On a tout balancé, tout prévu; on est sûr de n'être pas connue; on est bien décidée à ne pas se laisser voir; on ne hasarde ni son repos, ni sa réputation; on ne met point son bonheur à la merci d'un inconstant, son honneur à la merci d'un indiscret; et l'on peut goûter les plaisirs les plus doux de l'amour, sans en craindre les moindres chagrins. Connois-tu beaucoup de femmes qui, à ce prix, ne tentassent pas l'aventure !

Dans la chaleur de la conversation, j'avois adroitement changé de poste, et nous étions arrivés, comme involontairement, de la salle au jardin. C'est que c'étoit une cohue, n'est-il pas vrai, une confusion, un tumulte! On est exposé à de si insipides plaisanteries; on est distrait par des gens si importuns! Parlez-moi des plaisirs de la nature, du recueillement de la solitude, de l'épanchement de deux âmes qui se conviennent! cela est délicieux. Il fait froid, mais cette saison me plaît; j'aime ses jours nébuleux, ses nuits glaciales, ses brises piquantes et ses tapis de neige....... M'y serois-je trompé?... impossible! Je jurerois que vous êtes mélancolique...

Eh! quelque sot s'y tromperoit! Convoque tout le sexe; fais un appel exact; scrute, examine, interroge, et dis-moi si tu as rencontré un individu de l'espèce, qui ne fût point mélancolique, ou ne se piquât pas de l'être? Il le faut bien : la mélancolie est, dans ce cas-là, prise pour de l'amour; et l'amour est la seule occupation des femmes.

Cette jeune fille, qui n'a quitté que depuis quelques jours ses hochets de douze ans, et qui se promène sous les grands arbres du parc, en rêvant à son cousin l'officier.... Mélancolie!

Cette blonde à l'œil mourant, qui regarde

tout le monde d'un air inquiet, parce qu'elle tremble qu'on ne devine celui qu'elle préfère... Mélancolie !

Cette coquette qui a perdu un de ses adorateurs, et qui songe à le remplacer ; cette brune éveillée qui a reçu un billet doux, et qui prépare la réponse ; cette vierge modeste qui a résisté dans l'occasion, et qui brûle de la voir renaître ; cette femme âgée qui regrette le passé, et qui gémit sur le présent ; cette épouse qui compare son amant à son mari ; cette prude qui veut cacher une intrigue ; cette Agnès, qui veut couvrir un faux pas.... Mélancolie, mon ami ! mélancolie ! demande plutôt.

Mes digressions ne m'écartent point de mon sujet, ou, tout au moins, je donne champ libre à l'imagination, qui peut aisément remplir de ses conjectures les intervalles que laisse ma plume. Dirai-je que deux heures sonnoient quand nous nous assîmes sous ce berceau de charmille ? Dirai-je qu'il est cinq heures maintenant, et tenterai-je d'esquisser ?.... Non : je vous l'ai déjà dit ; je prétends à passer dans le monde pour un libertin du bon ton, et pour un mauvais sujet d'assez bonne compagnie.

Nous rentrâmes au bal, fort satisfaits l'un de l'autre. La foule commençoit à s'écouler, et soit par hasard, soit à dessein, mon inconnue se perdit dans l'affluence des masques. Elle m'avoit parlé d'un amant brutal et jaloux, qui l'obsédoit de ses poursuites, et qu'elle détestoit à tel point, qu'elle pensoit à s'en débarrasser par un mariage de convenance..... J'attribuai son éloignement subit à l'apparition de ce galant malencontreux, et après quelques recherches inutiles, je pris le parti de me retirer.

Cependant, il faut l'avouer, j'aurois voulu voir mon Eurydice, au hasard de la perdre pour jamais, et je commençois à me lasser de mes bonnes fortunes occultes. Les aventures de ce genre ont bien un côté avantageux, et il y a certainement du charme dans ce vague de souvenirs et de conjectures confuses : notre pensée, active créatrice d'illusions, rassemble, comme ce peintre ancien, les traits de cent beautés, pour en composer une; elle assortit à son gré ces perfections idéales; et fière de sa chimère, elle la substitue à la réalité.

Ainsi, le mystère qui avoit enveloppé mes conquêtes me donnoit le droit d'en choisir partout les objets, et cela m'est arrivé dix fois dans les loges de l'Opéra et dans les salons de Frascati. Mais qu'il est désagréable, en revanche, et tu vas en convenir avec moi, de ne compter pour toute aubaine que des jouissances anonymes, sur lesquelles notre amour-propre peut s'être abusé, et dont le monde ne nous tient pas compte! Dieu me préserve, pourtant, d'approuver ces misérables qui se font un jeu de l'honneur des épouses et du repos des familles; qui calculent le nombre de leurs plaisirs par celui de leurs perfidies, et qui font de la réputation des femmes qu'ils ont obtenues comme autant de trophées pour autant de victoires!..... L'homme qui abuse de la confiance, et qui trahit l'amour pour livrer un être foible au désespoir et aux larmes, n'est, selon moi, qu'un lâche et un scélérat : ces atrocités gratuites, grossier aliment des petites âmes, ne sont pas faites pour nous; et je ne veux point de cette gloire barbare, qui dévore ses victimes, ainsi que les Dieux de Carthage. A la vérité, cet art délicat de tromper les femmes sans les perdre, de les asservir sans les opprimer, et de montrer son triomphe sans le dire ; ces ingénieuses combinaisons de circonstances, qui apprennent à tout le monde le secret que vous affectez de cacher ; cette logique merveilleuse au moyen de laquelle on peut démontrer ce que l'on nie ; ces distractions méthodiquement préparées, qui laissent échapper des notions qu'on n'avoit point encore aperçues ; tout cela est d'une plus ou moins grande utilité dans les intrigues d'appareil, où les parties sont à deux de jeu, et où il est besoin de se ménager à l'avance une issue honorable et une retraite savante. En tout autre cas, je penche pour la discrétion ; et rassurez-vous, chastes bourgeoises, innocentes provinciales, naïves déités du premier âge ; vous à qui je dus tant de beaux jours, sans parler des nuits ! rassurez-vous ! je ne graverai point vos noms sur les autels que je me plais à vous élever ; et ils resteront vides comme ceux que les Romains érigeoient aux dieux inconnus.

Je prévois d'ici un des plus graves reproches que puissent faire à mon livre mes lecteurs de tous les pays, mes Aristarques de tous les temps, mon siècle enfin, et la postérité.

— Point de plan, s'écrie-t-on!
— Un chef-d'œuvre!
— Point d'intérêt!
— Il ne fait que croître!
— Il a déjà oublié sa maîtresse.
— Cela m'arrive tous les jours.
— Et son mariage!
— C'est autre chose. Le mérite de la dot me fait souvenir de l'excellence du sacrement.

Suspendez donc votre décision, censeurs sévères, qui condamnez sans avoir entendu; sachez que de tous les ouvrages que je connoisse, le mien est celui qu'il est le plus indispensable de terminer, quand on aspire à le comprendre; et c'est le seul moyen que j'aie trouvé de le faire lire jusqu'à la fin. Ce raisonnement me paroît même si victorieux, que, si on me réimprime jamais, je le ferai intercaler dans ma préface où il ira mieux qu'ici.

Quelque temps après le bal masqué, je reçus une lettre de ma mère. Elle m'envoyoit l'adresse de mademoiselle de la Reinerie, qui venoit de fixer sa demeure dans la rue Neuvede Berry, faubourg Saint-Honoré; mais elle ne me rassuroit point sur les craintes que nous avions conçues avant mon départ; elle avoit même d'autres raisons de croire que les bruits de mariage qui s'étoient alors répandus n'étoient que trop vraisemblables; et il paroissoit que ces fatales nouvelles la faisoient absolument désespérer de mon entreprise.

Je commençai par céder au découragement, et je finis par exhaler ma fureur en invectives contre la destinée. Après ce transport peu philosophique, j'essayai de raisonner; mes idées se rectifièrent, mes forces se remirent en équilibre avec ma fortune, et j'entrevis des consolations. Bientôt la présomption s'en mêla; certain sentiment de moi-même, qui m'est très-favorable et très-familier, releva mon audace et rétablit mon espérance; l'orgueil aplanit les difficultés, l'horizon s'embellit, et je m'engageai, avec plus d'assurance qu'auparavant, dans les projets que j'avois été prêt à abandonner.

Cependant je sentois la nécessité de hâter mes visites, et de donner une grande activité à mes sollicitations. Tout en réfléchissant, j'étois sorti de la rue de Grenelle; j'avois suivi la rue Saint-Honoré jusqu'à la rue Saint-Florentin; j'avois traversé la place Louis XV, et je m'avançois dans les Champs-Élysées; il étoit dix heures du soir, mais le temps étoit précieux, l'empressement légitime, l'entrevue indispensable, et je doublois le pas du côté de la rue de Berry.

Je n'en étois plus qu'à une légère distance, lorsqu'un homme qui me suivoit depuis quelques minutes, et que j'avois à peine remarqué, me saisit brusquement par le bras; je me détournai à ce geste impoli, et je reconnus, autant que l'obscurité put me le permettre, que j'avois à faire à un officier de hussards, dont la physionomie hostile et rébarbative ne me présageoit rien d'agréable.—Où allez-vous, me dit-il, en faisant vibrer mélodieusement son épée sur ma tête?

— La question est singulière !
— J'ai mes raisons pour la faire.
— Et moi pour n'y pas répondre.
— Vous allez à la rue de Berry?
— Soit, puisque vous le savez.
— Et il s'agit de mariage.

— A la bonne heure, puisque vous êtes au fait.

— On ne m'y trompe point, en garde!

— Vous défendez donc l'entrée de la rue de Berry?

— Pas de défaite; en garde!

— Et vous en voulez aux gens qui se marient?

— Je vous l'ai prouvé, en garde!

— Mais je n'ai point d'arme!

— En second, et point d'arme! en garde!

— Je ne suis point en second, c'est un quiproquo.

— Cela m'est égal, en garde!

Un plus brave auroit reculé; ce maudit homme m'attaquoit d'estoc et de taille, et m'étourdissoit tellement de ses provocations furibondes, qu'il n'y avoit pas moyen de placer un mot d'éclaircissement. J'avois déjà rompu de cinq ou six toises, quand mon pied heurta quelque chose de sonore, et je ramassai une épée. A cette rencontre inespérée, je rassemblai toutes mes forces pour justifier la faveur de la providence, et j'opposai une défense opiniâtre à une attaque vigoureuse. Nos fers étincelants se pressoient, se croisoient, et s'entrechoquoient en tous sens; et à nous voir si acharnés à ce débat homicide, on l'auroit pris pour la suite d'une inimitié ancienne, envenimée par de nouvelles injures; mais mon étoile me servoit d'une manière également bizarre dans tous les genres de combats; et, après m'avoir livré des plaisirs que je n'avois pu prévoir, elle me créoit des adversaires que je ne pouvois haïr; je me bornois donc, autant qu'il m'étoit possible, à me préserver des atteintes du militaire, et à déjouer ses tentatives par des parades plus heureuses que savamment combinées. Je ne perdois rien de mon sang-froid, mais la chaleur de l'action sembloit augmenter l'emportement de mon antagoniste; il s'élançoit comme un lion, se reploit comme un serpent, et se multiplioit autour de moi par la rapidité de ses mouvements et la variété de ses positions. J'allois succomber à la fatigue, lorsque, haletant, épuisé, et toujours furieux, il se précipita lui-même au-devant de mon épée, et s'en traversa de part en part. Je la retirai toute sanglante de la blessure, je déchirai mes vêtements, et je m'empressai d'en préparer un appareil, hélas inutile; il venoit de rendre le dernier soupir...

Je m'assis pour reprendre haleine, et pour méditer sur cet étrange événement; mais l'aspect de ce malheureux m'inspiroit une si forte émotion, que je fus obligé de détourner mes regards de l'endroit où il étoit étendu. Quel fut mon étonnement, quand je retrouvai d'un autre côté le spectacle que je fuyois; et de quelle terreur mes sens ne furent-ils pas saisis, quand je me vis placé entre deux cadavres! Cette circonstance m'expliquoit la rencontre fortuite de l'épée que j'avois prise à quelques pas de là; mais elle doubloit mes incertitudes et le danger de ma situation. Je n'avois rien fait que d'irréprochable; et cependant, ce concours inattendu d'incidents extraordinaires compromettoit d'autant plus gravement ma sûreté, que personne ne pouvoit témoigner de ma conduite, et me disculper de ce double assassinat, si on s'avisoit de me l'attribuer. Je pris le seul parti que devoit me suggérer la prudence, et je m'éloignai, avec toute la vitesse dont j'étois capable, de ce théâtre de mésaventure.

Mais la frayeur couroit avec moi ; et ma bravoure, qu'une rixe imprévue n'avoit point trouvée en défaut, ne tenoit pas à l'idée des poursuites de la justice ; le bruit le plus léger, l'apparence la plus incertaine, me faisoient craindre un accusateur, et je voyois partout des commissaires et des prévôts. Parvenu à un fossé de peu de largeur que je me disposois à franchir, je crus apercevoir plus distinctement les formes d'un homme debout, mais immobile, qui sembloit m'attendre au passage et me regarder fièrement. Après une minute de perplexité, je me composai de mon mieux, et je marchai à l'ennemi. Heureusement, ce nouveau péril n'étoit pas de nature à justifier mon effroi, et je ne pus m'empêcher d'en sourire lorsque je me fus convaincu, par une rapide inspection, que l'objet qui m'avoit tant ému n'étoit autre chose qu'un habit noir surmonté d'une perruque de cérémonie, et symétriquement fiché au haut d'un pal, comme la cotte d'armes de quelque noble chevalier. Je n'essayai point de me rendre compte des motifs qui avoient nécessité l'érection de ce singulier mannequin, et d'expliquer comment il se faisoit qu'on eût arboré au milieu des Champs-Elysées la dépouille d'un juge d'appel ; mais je pensai que je pouvois me l'approprier innocemment, et qu'il n'y avoit pas de meilleur moyen pour me mettre à l'abri des soupçons que je tremblois d'exciter. Il auroit été par trop extravagant de chercher un spadassin sous cet accoutrement pédantesque, et je m'en emparai sans façon, en rendant grâces au ciel de ma découverte.

Je continuois mon chemin avec sécurité, et je me croyois certain de n'être point reconnu sous mon heureux déguisement, quand un homme accourut à moi avec les plus vives démonstrations de joie, et m'embrassa de manière à m'étouffer. — C'est à faire à vous, s'écria-t-il, de bien morigéner un impertinent, et vous avez des façons expéditives !

— Que dites-vous ?

— J'étois à quelques pas, et je ne vous aurois pas manqué dans le besoin, mais vous vous passez de second !

— Comment se fait-il ?...

— Au reste, cette catastrophe ne doit pas

vous laisser la moindre inquiétude, et l'agression est bien prouvée.

— Vous m'expliquerez...

— Soixante personnes en déposeront comme moi.

— Soixante personnes!

— Des banquiers très-distingués et des femmes de la plus haute considération!

— Des banquiers et des femmes?

— Sans doute, et rien désormais ne porte obstacle à vos plaisirs.

— Ah! ah!

— Vous êtes attendu avec impatience.

— Bon!

— Rassurez-vous donc, et venez au plus vite.

— Mais où? de par tous les diables!

— Belle question! venez coucher avec ma sœur!

— Avec votre sœur?

— Vous hésitez...

— Vous vous moquez!

— Eh! non vraiment, c'est vous qui n'y pensez pas. Au reste, je conçois que vous n'ayez pas la tête à vous le jour de vos noces!

A ce mot, qui avoit l'air d'une épigramme, je jetai les yeux sur mon costume impromptu; je me doutai du quiproquo, et l'énigme me fut expliquée.

Tu gagerois, en cas de besoin, que ma pénétration en fut quitte pour un léger effort. En effet, diras-tu, il est assez clairement démontré que l'homme à la perruque étoit marié d'aujourd'hui; qu'il avoit déposé son harnois d'université pour se battre en duel, et que c'est lui dont tu as vengé la mort, sans le savoir, en tuant un officier de hussards à côté de la rue de Berry. Il est tout naturel que celui-ci se soit trompé à tes réponses, et t'ait pris pour le second de son adversaire. Il est plus naturel encore que le nouveau venu, qui n'a vu le duel que de fort loin, se soit trompé à ton travestissement, et t'ait pris pour son beau-frère. Jusqu'ici cela saute aux yeux!...

J'en conviens; mais il est tout aussi bien démontré, selon moi, qu'en semblable occasion les idées doivent se caser difficilement dans le cerveau, et qu'il n'est pas aisé de mettre de l'ordre dans ses jugements, lorsqu'on vient de tuer un homme; qu'on en représente un autre; qu'on est obsédé par un troisième, et qu'il ne s'agit de rien moins que de violer un sacrement! Ce qu'il y a de certain, c'est que j'en étois encore à réfléchir sur cette complication interminable d'événements, quand mon introducteur me poussa brusquement dans un salon meublé avec élégance, et en referma la porte sur moi en me criant : — Bon soir, docteur, voilà le lit de la mariée...

A compter de ce moment, l'irrésolution ne m'étoit plus permise, et il ne me restoit qu'à consommer courageusement le mariage, quelle que fût l'aubaine que le ciel m'eût réservée. Cependant je n'étois pas sans inquiétude sur ce point, et la curiosité qui me talonnoit m'avoit déjà conduit jusqu'à la couche nuptiale. Enfin le bruit doucement cadencé d'une respiration égale me rassura. La mariée dormoit ou feignoit de dormir, ce qui me fit penser qu'elle n'étoit point instruite des chances que son époux devoit avoir courues, ou qu'elle s'en soucioit peu ; mais comme il ne m'importoit guère de savoir quelle espèce de sentiments elle lui avoit voués, je passai promptement de cette idée à l'exécution de mon dessein ; et après m'être presque entièrement masqué de la perruque volumineuse du docteur, je soulevai lentement le rideau, tremblant de ne recueillir, pour prix de mon indiscrétion, qu'une certitude désagréable. Ma destinée m'avoit mieux servi ; et quoique la position de mon adorable épousée ne me révélât pas la dixième partie de ses attraits, je ne sais à quoi il tint que les éclats de mon enthousiasme ne décelassent l'amant, et ne lui fissent perdre les droits du mari.

Sa tête, couchée sur un bras et couverte de l'autre, ne laissoit apercevoir qu'un menton moulé par les graces et la moitié d'une bouche de rose. Sur son épaule d'ivoire, des cheveux cendrés flottoient en larges anneaux, et leurs boucles ondoyantes suivoient avec mollesse les doux mouvements de son sein, qu'un lin jaloux me cachoit à demi. Les yeux fixés sur ce globe voluptueux, délicatement nuancé de quelques traits d'azur, j'en épiois avec ardeur les palpitations amoureuses, quand ma main, frémissante et mal assurée, quitta le rideau, dont un long froissement accompagna la chute, et l'instant du réveil me fut annoncé par un soupir.

Je n'avois pas un instant à perdre; mais en moins d'une minute j'avois éteint toutes les lumières; je m'étois débarrassé de ma toilette grotesque, et je me disposois, brûlant d'impatience et d'amour, à remplir les devoirs du défunt et à conquérir son héritage.

Si je ne m'étois pas attendu à jouir d'une nuit aussi délicieuse, j'ai lieu de penser du moins que l'enchanteresse à qui j'en dus les plaisirs n'en avoit pas conçu des espérances plus favorables; j'avois à peine réussi à familiariser sa pudeur avec mes caresses, qu'elle s'écrioit déjà du ton de l'étonnement : « Ce cher docteur!... ce cher docteur! » répétoit-elle chaque fois que je lui garantissois mes feux par un hommage éloquent; et lorsque le sommeil eut appesanti ses paupières, les bras enlacés autour de moi, la poitrine soulevée, la bouche brûlante, rêvant toujours la volupté qu'elle ne goûtoit plus, elle balbutioit encore : « Ce cher docteur ! »

Ces heures charmantes s'écoulèrent trop vite ; et les premiers rayons du jour, en éclairant l'appartement d'une foible lumière, vinrent dissiper le prestige de mon bonheur. L'ivresse de l'amour fit place aux angoisses de la crainte, et je ne me souvins de mes transports que comme d'un songe évanoui. Je m'échappai sans bruit de l'alcôve ; je m'approchai de la fenêtre, qui n'étoit heureusement qu'à une petite élévation, et d'où la chute ne me parut pas périlleuse ; et après avoir reconnu au tact mes vêtements d'emprunt, et m'en être lestement affublé, j'ouvris la croisée, et je m'élançai du premier étage dans la rue ; mais, soit que j'eusse mal jugé de la distance, ou que mon attirail incommode eût gêné mes mouvements, j'allai mesurer la terre de toute ma longueur, et je ne me relevai qu'au bout de quelque temps, couvert de fange et de contusions.

J'étois aux Champs-Élysées. Je revis de loin le sanglant théâtre de mes altercations nocturnes, et je m'en éloignai par un long détour. La douleur que je ressentois dans toutes les parties que mon dernier accident avoit offensées ralentissoit encore ma marche, et quand j'arrivai au centre de Paris, ma montre marquoit huit heures. Cependant j'observai, avec un effroi dont je n'étois pas le maître, que tous les regards se fixoient sur moi, et que chacun s'arrêtoit à mon passage. Bientôt la foule augmenta, et s'ouvrit au-devant de ma route en deux rangs parallèles, d'où s'élevoient mille cris confus, qui me sembloient autant de menaces et d'imprécations. Enfin, glacé d'épouvante, et sans espoir de salut, j'essayai pourtant de hâter ma fuite, en écartant du coude la populace insolente qui m'obsédoit de sa curiosité barbare, et je parvins à mon hôtel, poursuivi par l'affluence qui s'étoit grossie sur mes pas.

Labrie ne sut long-temps que penser de l'état où il me voyoit; mais dès que je lui eus fait remarquer le nombreux cortége qui s'étoit amassé à ma suite, et que j'eus attribué à cette cause la terreur mortelle dont j'étois saisi : — Parbleu, s'écria-t-il, avec des atours si burlesques, monsieur devoit s'attendre à ameuter toute la canaille du quartier ; vous venez sans doute, ajouta-t-il gravement, de Paphos ou de la Veillée !

— Insolent !

— Et la mascarade est si neuve, qu'elle doit avoir produit grand effet....

— Misérable !

— Quoi, ce ne seroit point en l'honneur du mardi gras....

— C'est aujourd'hui, dis-tu...

— Précisément : et, sur mon âme, tout le monde peut s'y être trompé comme moi.

En parlant ainsi, Labrie m'avoit conduit à mon miroir ; et l'œil fixe, la bouche béante, la respiration suspendue, j'essayois de détailler les pièces disparates de mon étrange ajustement. Mon pantalon de peau de daim, et mon habit de velours noir, largement marbré de boue, quelle que fût la singularité du contraste, faisoient la partie la moins extraordinaire de cette monstrueuse décoration. Dans le trouble où j'étois plongé, et à la clarté encore incertaine du matin, j'avois pris un schall ponceau pour ma cravate, endossé en manière de gilet un spencer terre d'Egypte, et mis de force une paire de gants nacarats ; mais, ce qui rendoit la bigarrure plus complète, c'étoit la perruque blonde de la mariée, dont je m'étois coiffé au défaut de celle du docteur, et dont les tresses, artistement distribuées, s'échappoient en flots d'or d'un turban de dentelles.

Dès que je fus rassuré sur les dangers les plus pressants, je communiquai à Labrie mes inquiétudes sur l'avenir, et je lui fis un récit exact de toutes mes catastrophes. Il trouva l'affaire si grave, et les inconvénients si fâcheux, qu'il ne crut point que je pusse raisonnablement subordonner des intérêts d'une telle importance, au projet d'un mariage douteux. Mon avis fut conforme au sien : je payai mes dépenses, je commandai des chevaux, et je partis pour Strasbourg, où je te ramènerai, peut-être, sans digressions, quoiqu'il me soit facile de barder mon récit d'une cinquantaine de notices topographiques, à l'exemple de certain écrivain, qui, à défaut de pensées pour nourrir ses volumes, les amplifie aux dépens de Vosgien !

—Sans digressions, interrompit Labrie, qui m'entendoit relire ce passage ! je crois que l'ouvrage de monsieur n'y perdroit pas, s'il faisoit imprimer ici mes aventures.

MOI.

Comment, faquin, vous aviseriez-vous d'avoir des aventures ?

LABRIE.

Écoutez plutôt : vous souvient-il de ce vieux baron, qui vous estimoit particulièrement, et à qui vous alliez rendre visite à sa petite maison de Brumpt, quand vous étiez sûr qu'il n'y étoit pas, et que vous n'y trouveriez que madame ?

MOI.

La petite baronne de Valdeuil ?

LABRIE.

Justement. L'autre jour, en traversant la terrasse des Feuillans, j'aperçus à dix pas de moi un minois ravissant, que j'avois déjà vu quelque part. Je regarde ; le minois sourit. Je m'approche, le minois s'arrête, et je reconnois....

MOI.

Madame de Valdeuil ?

LABRIE.

Pas tout-à-fait ; mais Adèle, son ancienne femme de chambre, tendron piquant, brune agaçante, et faite au tour, avec qui je passois le temps autrefois à l'office, pendant que monsieur le faisoit passer à madame dans la chambre à coucher. J'apprends que ma belle est depuis quelques mois camariste de la femme d'un parvenu, et qu'elle est conséquemment sur le trottoir de la considération. Je la suis jusqu'à son hôtel ; je reconnois les localités, et j'ai rendez-vous pour minuit. Voulez-vous, monsieur, que je fasse une invocation à la nuit?

MOI.

Je t'en dispense.

LABRIE.

Je viens cependant de faire une grande faute; mais l'amour est aveugle et étourdi. L'hôtel a quatre étages, et je n'ai point demandé à Adèle quel est celui qu'elle habite.

MOI.

Te voilà fort embarrassé.

LABRIE.

Jugez-en par vous-même?

MOI.

Tu n'iras pas.

LABRIE.

J'irai.

MOI.

Et où la chercheras-tu ?

LABRIE.

Partout. Me voilà au premier étage ; je frappe : la porte cède. Je pénètre, il y fait sombre. Je marche ; j'entends du bruit ; je fais halte. On soupire ; je nomme Adèle : on me répond.

MOI.

Tu es fort heureux.

LABRIE.

Pas trop. Je rencontre une main décharnée qui veut être caressante ; j'entends une voix cassée qui veut être mielleuse. Je tombe sur le lit, et je mesure de toute ma longueur un squelette de soixante ans passés.

MOI.

Tu recules !

LABRIE.

J'avance, et j'arbore le pavillon de triomphe sur cette forteresse démantelée.

MOI.

La belle victoire !

LABRIE.

Je vous la donne en dix.—Hélas ! me dit-on avec un soupir passionné, que je fus bien inspirée, quand je vous pris pour précepteur de mon neveu.

MOI.

Tu passes pour un abbé.

LABRIE.

J'ai fait tout ce qu'il falloit pour qu'on s'y méprît. — Ayez en bien soin de ce cher enfant ! Cela est d'un naturel doux et timide ; cela ne se doute de rien. On peut tirer parti de cela ; je vous l'avoue ingénuement, je le préfère à mes deux filles. Et puis, mon cher petit, soyez discret. Personne ne saura rien de notre amour, pas même Adèle ; c'est une fille intelligente, mais c'est si jeune...

MOI.

Oh ! la mauvaise nuit !

LABRIE.

Oh ! la bonne nuit !

MOI.

Tu te moques.

94   LE DERNIER CHAPITRE

LABRIE.

Je parle sérieusement.

MOI.

Tu n'es donc plus au premier étage?

LABRIE.

Non, je suis au second.

MOI.

Bon voyage !

LABRIE.

Est-ce vous, mon petit cousin ?

MOI.

Qui est-ce qui dit cela ?

LABRIE.

C'est la petite cousine.

MOI.

Fort bien.

LABRIE.

Vous êtes un infidèle, un traître, un perfide....

MOI.

La petite cousine change de ton.

LABRIE.

Vous aimez toute la maison.

MOI.

Le petit cousin n'est pas si timide.

LE DERNIER CHAPITRE

LABRIE.

Vous me rendez la plus malheureuse des femmes !

MOI.

Que répond le petit cousin ?

LABRIE.

Il se justifie et se sauve.

MOI.

Où va-t-il ?

LABRIE.

Au troisième étage.

MOI.

Et au troisième étage ?

LABRIE.

Il trouve le troisième ciel !

MOI.

On y attendoit encore le petit cousin ?

LABRIE.

On l'attend partout.

MOI.

Voilà un petit cousin qui a bien de la besogne.

LABRIE.

Je vous en réponds. Quant à celle-ci, elle est blonde.

MOI.

Pour cette fois, je te prends en défaut. Il n'y avoit pas de lumières...

C'est parbleu bien de lumières qu'il s'agit. Les cheveux fins et déliés, la peau douce et délicate, la bouche fraîche et humide, la respiration lente, l'haleine suave, la voix moelleuse et tendre, l'*andatura*, comme nous disions à Florence, souple mais un peu paresseuse. Est-ce une blonde ou non ? qu'en dit monsieur ?

MOI.

Que se passa-t-il au troisième étage ?

LABRIE.

Merveilles sur merveilles.

MOI.

Et que disoit la petite cousine ?

LABRIE.

Elle disoit que je ne l'aimois plus comme

je l'avois aimée, et que je changeois tous les jours à mon désavantage.

MOI.

Il paroît que la petite cousine est exigeante...

LABRIE.

Et que le petit enragé de cousin a le diable au corps.

MOI.

Tu as raison, Labrie; voilà une assez bonne nuit.

LABRIE.

Vous ne savez pas le *tu autem*.

MOI.

Et le *tu autem*?

LABRIE.

C'est Adèle que je viens de rencontrer.

MOI.

L'enragé n'en rabattroit pas d'un étage, fût-il à la tour de Babel !

LABRIE *soupirant*.

Ahie ! Ahie !

MOI.

Qu'est-ce qui t'arrive ?

LABRIE.

Hélas ! monsieur, il ne m'arrive rien.

MOI.

Que dit Adèle ?

LABRIE.

Adèle peste et moi, d'un ton piteux, et d'un air interdit, je lui demande si elle connoît aussi le petit cousin; je gagerois qu'elle le connoît.

MOI.

Voilà, en effet, une plaisante histoire.

LABRIE.

Adèle dit que non.

MOI.

La vieille dit que si.

LABRIE.

Les petites cousines ne savent trop qu'en dire.

MOI.

Et le public en décidera. Ce soir je préviens mon libraire; demain j'écris, et après-demain, on imprime : fouette cocher, nous sommes à Strasbourg.

J'appris, en descendant de voiture, que je n'aurois rien gagné à reculer mon départ, et que mademoiselle Aglaé de la Reinerie s'étoit récemment unie en légitime mariage au médecin Raffour, un des plus illustres membres de la faculté. A cette nouvelle, je souris sur la bizarrerie de mon étoile, qui avoit si plaisamment approprié ma vengeance à mon injure, et qui, tout en livrant ma maîtresse à l'un des suppôts de l'art d'Esculape, me réservoit le droit de m'en dédommager sur la femme d'un de ses confrères. Au reste, je supportai avec une résignation philosophique le revers qui ruinoit mes espérances et mes créanciers; et ces distractions innombrables qui assaillent ordinairement un nouveau venu de la capitale, suspendirent le sentiment de ma tristesse, et jusqu'au souvenir de mon amour.

Depuis que j'avois revu Paris, je tenois un rang distingué dans tous les cercles; j'étois appelé dans toutes les sociétés, et il ne s'élevoit pas un seul différend sur les beaux usages, dont je ne fusse l'arbitre. On s'empressoit pour m'entendre et pour m'interroger; on citoit toutes mes paroles, on copioit toutes mes manières, et on convenoit unanimement que j'avois beaucoup profité à voir le monde. Une vieille coquette me demandoit si la couleur amaranthe n'avoit pas diminué de sa vogue; une figurante de la comédie, s'il étoit vrai que les chapeaux à la Paméla fussent déjà tombés dans la classe des filles, un courtier, si les bons de deux tiers perdoient encore les trois quarts, un important, si Martin faisoit moins de roulades, et Brunet plus de calembours : tous à la fois, si l'on avoit doré les coqs, si l'on achevoit les ponts, si l'on exécutoit la colonne, si l'on songeoit à perfectionner les cravattes élastiques, ou à réparer le carillon de la Samaritaine, et si le Journal des Modes et les énigmes occupoient toujours la première place parmi les productions de la littérature moderne. Mais plus émerveillée de mes progrès que tous les autres ensemble, ma petite veuve de la rue de la Mésange s'écrioit avec effusion, cinq ou six fois chaque jour, que c'étoit une chose merveilleuse que les voyages, et qu'ils formoient prodigieusement l'esprit et le cœur des jeunes gens.

Trois mois s'étoient écoulés depuis mon retour, lorsqu'un jour ma mère entra chez moi, l'œil pétillant, le front radieux, et la physionomie éclatante de gaieté. Elle s'assit à quelque distance de ma table, et me jeta une lettre à son adresse, fraîchement timbrée de Paris, et signée de Léopold de la Reinerie : il lui faisoit savoir, par cette missive importante, qu'il avoit reçu trop tard la nouvelle de mes prétentions, et les recommandations signalées dont elle avoit fait appuyer ma demande; qu'à cette époque, le mariage de sa sœur avoit été nouvellement conclu, et qu'il ne lui étoit déjà plus possible de disposer autrement de sa main; mais il ajoutoit que la mort de l'époux, arrivée dès le lendemain de leur union, lui rendant sa liberté, et le pouvoir de faire un nouveau choix, il avoit, sans efforts, déterminé sa volonté en ma faveur; de manière que si je persistois dans mes premières intentions, et que l'alliance que j'avois projetée n'eût pas cessé d'être agréable à ma famille, rien ne s'opposeroit désormais à ce que je la contractasse.

Cet événement imprévu me remplit de joie. Je décidai facilement ma mère à presser toutes les démarches convenables, et un mois après, mon mariage étoit définitivement arrêté. Monsieur Léopold de la Reinerie, et mademoiselle Aglaé sa sœur, firent le voyage de Strasbourg où je devois entrer en possession de ma future; je la trouvai charmante; elle daigna me trouver aimable. On convoqua les familles, on dressa le contrat, on paya mes dettes, je me mariai, et tout le monde en parut ravi, depuis mes créanciers qui y gagnoient beaucoup, jusqu'à mes maîtresses qui n'y perdoient rien.

Les premières heures de la première nuit de nos noces se passèrent comme à l'ordinaire. Enfin, j'indiquai le temps du repos, en exécutant un quart de conversion sur moi-même, et en souhaitant à ma femme *la bonne nuit* que je n'étois plus en état de lui donner.

— Mon cher ami, me dit-elle comme par réflexion, j'ai peut-être oublié de vous prévenir que je suis somniloque, et que j'ai la mauvaise habitude de rêver tout haut.

— Madame, lui répondis-je, c'est un défaut qui vous est commun avec la plupart de nos philosophes et de nos faiseurs de projets. Mais, continuai-je, cela me rappelle une aventure que je pourrai vous raconter quelque jour.

— Une aventure !...

A ce mot, elle s'endormit profondément; mais, soit qu'il eût produit sur les fibres de son cerveau une irritation que le sommeil ne put calmer, soit pour toute autre raison, que je remets à la décision de nos idéologues, elle le répéta long-tems d'une voix sourde, et avec ces inflexions interrogatives, qui semblent marquer le dessein de se souvenir. — Une aventure, s'écria-t-elle tout à coup : deux, trois, quatre.... En effet, reprit-elle, en déployant toute sa main qui reposoit sur ma poitrine, et en la refermant promptement à l'exception du pouce, voilà bien la sixième fois qu'il m'est arrivé de goûter les plaisirs de l'amour.

— Que le ciel maudisse le jour où j'ai pris une femme somniloque, murmurai-je en achevant le demi-tour et en enfonçant la tête dans mon oreiller ! je me passerois volontiers de savoir cela.

— La première fois, dit-elle en élevant la voix, j'étois à Chaumont, et on fit coucher dans ma chambre un enragé de somnambule !

— Bon, du moins pour cette fois, je sais ce que c'est; mais qui diable s'en seroit avisé !

— La seconde fois, je passois à Troyes ; je me mépris de voiture, et Dieu sait ce qui en arriva.

— Je le sais aussi, repris-je en respirant un peu plus librement, et en me retournant de son côté; mais aussi qui l'auroit cru ?

— Elle ne dit plus rien : mon cœur battoit, mon sang bouillonnoit ; j'écoutois, je calculois, je me perdois dans mes supputations ; et, au bout de tout cela, il étoit encore démontré très-arithmétiquement que, qui de six ôte deux, reste quatre...

Une heure après, je fus tiré de mes réflexions par un grand éclat de rire. Cette fois-là, dit ma femme, je fus violée.

— Cela est vraiment plaisant.
— Je pleurai à chaudes larmes.
— Le beau désespoir !
— Et je finis par m'apaiser.
— Le bon caractère !
— Il n'y avoit pas lieu à se fâcher...
— En effet.
— Car il s'étoit trompé de fenêtre.
— C'est encore moi.
— Oh ! la quatrième fois, ma foiblesse fut excusable.
— Comme vous y allez ?
— Il étoit si aimable !
— Je lui ai de grandes obligations.
— Et si intéressant !
— Tubleu, quelle sensibilité !
— J'étois au bal masqué.
— Ha ! ha !
— En domino noir.
— Ha ! ha !

— Et il étoit....
— Eh bien !
— En domino gris de lin.
— *Vivat !*
— Pour le cher docteur, continua-t-elle en se rapprochant de moi.
— A d'autres !
— S'il n'avoit pas été tué en duel....
— Bon !
— Aux Champs-Élysées...
— Précisément.
— Par ce brutal d'officier....
— M'y voilà.
— Le matin du mardi gras.
— Non, c'étoit la veille....
— Je me serois peut-être accoutumée à sa laideur.
— Je le crois.
— Car il avoit des qualités !
— Je m'en flatte.
— C'étoit un cœur...
— Justement.

Tu sens que je n'avois pas pu contenir les éclats de ma joie, et ils étoient d'autant plus vifs, que je ne m'attendois guère à en être quitte à si bon marché. Je m'élance du lit ; ma femme s'éveille subitement.

— Que faites-vous ?

— J'écoute.

— Je vous avois prévenu que je suis somniloque....

— Mais, j'avois oublié de vous avertir que je suis somnambule.

— Je suis perdue....

— Vous trouverez votre tante au premier relai.

— Croyez que vous vous trompez.

— De fenêtre.

— Et que c'est le hasard....

— Qui vous a fait céder à un masque en domino gris de lin.

— Vous me désespérez !

— Rassurez-vous.

— Pourriez-vous me pardonner....

— Mon bonheur !

— Les fautes que j'ai commises ?....

— C'étoit pour moi !

— Quoi, vous seriez....

— L'enragé de somnambule, le voyageur de Troyes, l'homme aux escalades, l'amant gris de lin, et, qui plus est, le suppléant du docteur Raffour.

— Vous m'expliquerez...

— Volontiers.

Que dit cette prude au ton rauque, à l'œil éraillé, au maintien méthodique, à la démarche composée, qui joue de l'éventail, et qui se mord les lèvres ?...

Elle dit que votre Aglaé fait sottise sur sottise, et que c'est, au moins, une femme sans principes.

— Elle a peut-être raison; mais je veux qu'elle convienne avec moi, qu'on en sauroit bien d'autres, si toutes les femmes étoient somniloques.

Heureux le mari qui n'est trompé qu'en herbe !

Que dit cette dame au jargon sentimental, qui se croit une honnête femme, parce qu'elle n'est pas tout-à-fait une femme perdue, et qui prétend à régenter son sexe, parce qu'elle n'a eu que deux amans !

Elle dit que votre Aglaé est une étourdie, qui n'a aucun respect pour les bienséances, et qui se livre au premier venu.

Cela n'est pas sans fondement; mais je n'ai pas le droit de me plaindre des foiblesses dont j'ai profité.

Heureux le mari dont on n'a sacrifié les droits qu'à lui-même!

Que dit cet élégant qui se balance sur le jarret et qui se caresse le menton d'un air capable?

Il dit que votre sort l'épouvante, et que *le dernier chapitre de votre Roman* pourroit bien ne pas être le dernier chapitre du Roman de votre Aglaé.

Cela n'a pas le sens commun, et il me permettra de lui rappeler que ma femme a l'usage de raconter toute la nuit ce qu'elle a fait tout le jour. Où trouvera-t-il un meilleur garant de la fidélité de la sienne ?

Heureux le mari dont la femme est somniloque !

FIN.

www.ingramcontent.com/pod-product-compliance
Lightning Source LLC
Chambersburg PA
CBHW050248230426
43664CB00012B/1879